高等法律职业教育系列教材
审定委员会

主　　任　　万安中

副主任　　王　亮

委　　员　　陈碧红　刘　洁　刘晓晖　陈晓明

　　　　　　刘树桥　周静茹　陆俊松　王　莉

　　　　　　杨旭军　黄惠萍

高等法律职业教育系列教材

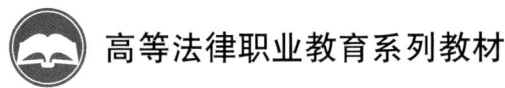

侦查策略与措施

ZHENCHA CELÜE YU CUOSHI

主　编○周小凤　刘　洪

副主编○李亚可　周亚萍

撰稿人○（以撰写项目先后为序）

周小凤　刘　洪　李亚可

曾德梅　周亚萍　刘四海

中国政法大学出版社

2020·北京

图书在版编目（CIP）数据

侦查策略与措施/周小凤，刘洪主编. —北京：中国政法大学出版社，2020.8
ISBN 978-7-5620-9596-5

Ⅰ.①侦…　Ⅱ.①周…　②刘…　Ⅲ.①刑事侦查学　Ⅳ.①D918

中国版本图书馆CIP数据核字(2020)第140027号

出　版　者	中国政法大学出版社
地　　　址	北京市海淀区西土城路 25 号
邮　　　箱	fadapress@163.com
网　　　址	http://www.cuplpress.com (网络实名：中国政法大学出版社)
电　　　话	010-58908435(第一编辑部) 58908334(邮购部)
承　　　印	固安华明印业有限公司
开　　　本	787mm×1092mm　1/16
印　　　张	16.25
字　　　数	337 千字
版　　　次	2020 年 8 月第 1 版
印　　　次	2020 年 8 月第 1 次印刷
印　　　数	1~4000 册
定　　　价	43.00 元

总　序
Preface

　　高等法律职业化教育已成为社会的广泛共识。2008年，由中央政法委等15部委联合启动的全国政法干警招录体制改革试点工作，更成为中国法律职业化教育发展的里程碑。这也必将带来高等法律职业教育人才培养机制的深层次变革。顺应时代法治发展需要，培养高素质、技能型的法律职业人才，是高等法律职业教育亟待破解的重大实践课题。

　　目前，受高等职业教育大趋势的牵引、拉动，我国高等法律职业教育开始了教育观念和人才培养模式的重塑。改革传统的理论灌输型学科教学模式，吸收、内化"校企合作、工学结合"的高等职业教育办学理念，从办学"基因"——专业建设、课程设置上"颠覆"教学模式："校警合作"办专业，以"工作过程导向"为基点，设计开发课程，探索出了富有成效的法律职业化教学之路。为积累教学经验、深化教学改革、凝塑教育成果，我们着手推出"基于工作过程导向系统化"的法律职业系列教材。

　　《国家中长期教育改革和发展规划纲要（2010~2020年）》明确指出，高等教育要注重知行统一，坚持教育教学与生产劳动、社会实践相结合。该系列教材的一个重要出发点就是尝试为高等法律职业教育在"知"与"行"之间搭建平台，努力对法律教育如何职业化这一教育课题进行研究、破解。在编排形式上，打破了传统篇、章、节的体例，以司法行政工作的法律应用过程为学习单元设计体例，以职业岗位的真实任务为基础，突出职业核心技能的培养；在内容设计上，改变传统历史、原则、概念的理论型解读，采取"教、学、练、训"一体化的编写模式。以案例等导出问题，根据内容设计相应的情境训练，将相关原理与实操训练有机地结合，围绕关键知识点引入相关实例，归纳总结理论，分析判断解决问题的途径，充分展现法律职业活动的演进过程和应用法律的流程。

法律的生命不在于逻辑，而在于实践。法律职业化教育之舟只有驶入法律实践的海洋当中，才能激发出勃勃生机。在以高等职业教育实践性教学改革为平台进行法律职业化教育改革的路径探索过程中，有一个不容忽视的现实问题：高等职业教育人才培养模式主要适用于机械工程制造等以"物"作为工作对象的职业领域，而法律职业教育主要针对的是司法机关、行政机关等以"人"作为工作对象的职业领域，这就要求在法律职业教育中对高等职业教育人才培养模式进行"辩证"地吸纳与深化，而不是简单、盲目地照搬照抄。我们所培养的人才不应是"无生命"的执法机器，而是有法律智慧、正义良知、训练有素的有生命的法律职业人员。但愿这套系列教材能为我国高等法律职业化教育改革作出有益的探索，为法律职业人才的培养提供宝贵的经验、借鉴。

2016 年 6 月

前　言
Foreword

　　《侦查策略与措施》是以对公安和监狱工作中的刑事犯罪案件采用的侦查策略与侦查措施为内容，为培养侦查技能而编写的实用性和操作性很强的教材。通过对教材的学习，学生可以掌握刑事犯罪案件侦查的基本方法及程序，了解和掌握刑事案件的侦查策略和侦查措施，并能在司法实践中加以灵活运用。

　　本书作为司法高等职业院校教材，在确定实用性专门人才培养目标的同时，根据现代教学的特点，主要以"项目引导、任务驱动"为体例、"工作过程导向"为内容进行编排，将侦查策略和侦查措施知识点分三部分进行阐述，着重培养学生的行业技能。第一部分阐述侦查策略的基本内容，以侦查策略的概念、与相关行为的区别、法律规范、与侦查措施的关系、反侦查行为、侦查策略的分类、侦查策略实施技巧及侦查策略的实施步骤等为主要知识点展开介绍。第二部分以具体的侦查措施的概念、方法、实施程序、审查评断等为主要知识点展开介绍，从而让学生掌握调查取证性侦查措施、查缉控制性侦查措施、强制到案性侦查措施、特殊性侦查措施等。第二部分介绍了几类特殊犯罪案件的侦查策略，让学生学会如何运用和实施侦查策略与措施。同时，每个项目是结合实践部门具体岗位的特点进行编排的，如侦查岗、缉捕岗、技术岗、情报岗等，有利于学习者充分理解知识点，掌握较好的侦查技能，满足行业实践部门的能力要求。

　　本教材严格根据新《中华人民共和国刑事诉讼法》《中华人民共和国人民警察法》《人民检察院刑事诉讼规则》《最高人民法院关于适用〈中华人民共和国刑事诉讼法〉的解释》《公安机关办理刑事案件程序规定》《公安机关刑事案件现场勘验检查规则》等基本法律要求和规则进行编写。注重理论与实践结合，注意两个基本结构：一是知识结构；二是能力结构。力求做到知识点"精要"，技能点"实用"，注重教材的可操作性，突出对学生技能的训练。同时，将学习任务设计成工作任务，以体现"工学结合"的理念及"任务＋能力""任务＋训练"的特色。通过精选典型情景案例，提炼工作要点，开展工作程序，拓展知识点，模拟实操等环节，培养学生掌握工作要点、工作实操技能和运用能力。同时，每个环节注意汲取最新学术观点、理念，引导学生去思考问题、挖掘精要，具有一定的理论研究价值。因此，本教材也是一部实用价值和学术价值较高的侦查学教程。

本教材突出以下特点：一是基本理论知识点"精要简明"。通过精简各项侦查措施的基本理论知识，突出学生应知应会的知识，尽可能用通俗易懂的语言表达出来。二是强调能力的培养。教材在编写过程中注意培养学生分析问题、解决问题的能力，学生通过运用侦查策略与措施的基本原理去分析和解决侦查过程中的专门问题。三是教材的通用性。本书不仅可以作为刑事侦查技术专业、刑事执行专业学生的指定教材，还可以作为侦查实战一线同志研究侦查策略与措施相关问题的参考书籍。四是体例新，形式多样化。本教材采用工作目标、工作情景、工作准备、工作程序、知识链接、能力训练、总结与思考、参考阅读的体例，让教师在教学过程中，通过基本的知识理论引导学生去分析问题、解决问题，调动学生的学习积极性和主动性；让学生通过知识链接，拓展相关知识，了解时政热点，提高学生对社会和行业的关注热情。

本教材由周小凤、刘洪主编，李亚可、周亚萍为副主编，曾德梅、刘四海参编。具体写作及分工如下（以撰写项目先后为序）：

周小凤：项目一，项目二工作任务一，项目八；

刘　洪：项目二工作任务二、三，项目三；

李亚可：项目四；

曾德梅：项目五；

周亚萍：项目六；

刘四海：项目七。

周小凤对全书进行修改、统稿与整理。

当然，本教材不可能纯属独家创作，只能在已有的学术成果上有不同程度的创新。为此，我们特别感谢那些为本教材提供原始研究成果和参考文献的同行和朋友们。通过拜读和学习他们的成果，我们对侦查策略与措施有了新的认识。本教材能顺利出版得到了中国政法大学出版社、广东司法警官职业学院的大力支持和密切合作，在此一并表示感谢！欢迎广大读者和专家对本教材提出批评和建议。

编　者
2020 年 5 月

认识侦查策略与侦查措施

　　侦查活动是一种特殊复杂的社会活动，是我国侦查机关一项重要的专门工作。侦查策略与侦查措施是特定的侦查工作的主要内容和重要组成部分。侦查策略是侦查主体为达到一定的侦查目标，在实施侦查行为的过程中对一定的侦查对象采取的灵活有效的方法，它具有多层含义与特征。侦查策略的思想渊源来源于军事策略、侦查实践经验、现代科学理论和方法。侦查措施是指侦查机关在刑事案件侦查的过程中，为了查明案情、收集证据和查获犯罪嫌疑人依据法律和法规所采用的各种侦查活动与方法，侦查措施种类繁杂、手段众多。由于侦查措施运用的方式、时机、法律性质不同，所以分类方法复杂多样。侦查策略在实施过程中，可能采用一些欺骗、引诱、威胁等手段，但是侦查策略与欺骗、引诱和威胁在目的、基础、程度和结果上是不同的。侦查策略与夜间审讯和夜间搜查、道德界限、非侦查主体行为具有某些共同性，但更具有差异性。侦查策略与侦查措施相辅相成，侦查策略是侦查措施的指导，侦查措施是侦查策略的实现。侦查策略的目的要以法律规范为导向，侦查策略的实施要遵循法律规范的规定，侦查策略实施的结果要接受法律规范的评断，侦查策略相对于法律规范具有独立价值。

工作任务— 了解什么是侦查策略

工作目标

　　知识目标：熟悉侦查策略的概念、特征及渊源。

　　能力目标：能熟悉侦查策略的多层含义，了解侦查策略的渊源。

工作情景

"世纪悬案"，警方如何侦破

　　白银市连环杀人案，是指从 1988 年至 2002 年的 14 年间，在中国甘肃省白银市、内蒙古包头市有 11 名女性惨遭入室杀害、性侵害案件。凶手专挑红衣女性下手，作案手段残忍，极具隐蔽性，造成巨大的社会恐慌。从 1988 年案发直到 2016 年抓获犯罪嫌疑人，跨度长达 28 年，所以一度被称为"世纪悬案"。

2004 年 8 月 5 日，公安部组织专家对案件进行会诊，将白银、包头两地案件并案，确定为甘蒙 "8·05" 系列强奸杀人残害女性案。尽管各级公安机关全力侦破此案，但案件迟迟没有取得实质性突破。

2016 年 3 月，公安部刑侦局组织开展疑难命案积案攻坚行动，对甘蒙 "8·05" 系列强奸杀人残害女性案展开新一轮的侦破工作。公安部工作组先后 4 次带领刑侦专家赴白银市、包头市研讨案件，认真分析犯罪嫌疑人特征，对其活动地域进行科学判定，确定了利用新科技手段对原有生物物证再利用的主攻方向。专案组按照公安部的工作要求加强科技攻关力度，很快取得了重大突破，在高承勇家族某名男性成员因其他案件被警方抓获时，通过海量的数据比对发现，他的 DNA 和当年犯罪嫌疑人留在犯罪现场的 DNA 有高度相似性。因为男性基因中的 Y 染色体和其父亲的 Y 染色体相同，同一个家族中具有血缘关系的男性 Y 染色体相同。于是警方提取高承勇的指纹和 DNA，经过比对发现其与当年命案现场留下的指纹和 DNA 高度相似，最终凭借此线索锁定了犯罪嫌疑人，自此，侦查机关通过基因族谱法解开了这个世纪谜团。

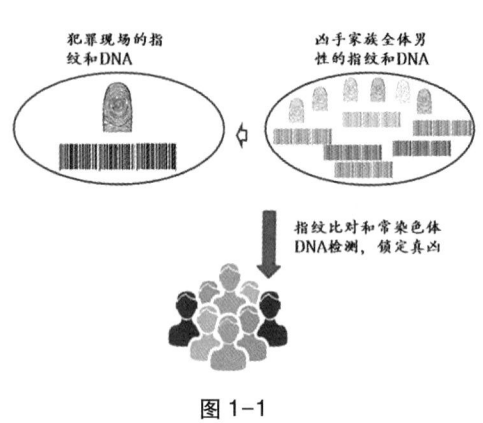

图 1-1

思考：1. 上述案例侦查机关采取了什么侦查策略？
　　　2. 侦查策略有什么特征？

📝 **工作准备**

一、了解侦查策略的概念

侦查策略是指侦查主体在侦查活动中，为达到一定的侦查目标，在一般策略原理指导下，在法律允许的范围内，围绕侦查手段、措施的使用对侦查对象采取的智谋运筹艺术和斗争的方式方法的总称。

二、了解侦查策略的渊源

侦查策略作为提高侦查工作效率的灵活有效的方法，不是凭空产生的，而是有着广泛的科学理论渊源。就整体而言，中国侦查策略思想的理论来源主要有军事策略思想、侦查实践经验和现代科学理论与方法。

工作程序

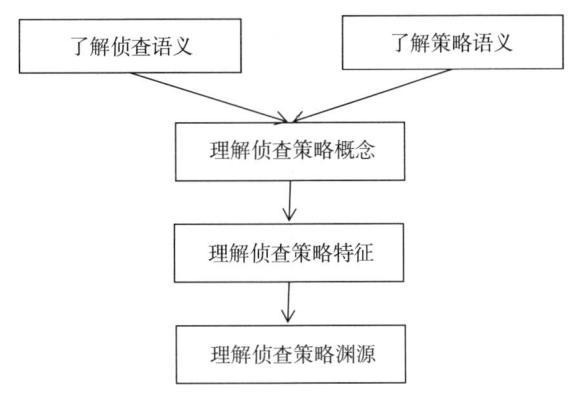

图 1-2 侦查策略工作程序图

一、了解侦查策略的概念、特征

（一）了解侦查语义

1. "侦"字字义。"侦"最早见于《易经》，据《辞海》称：侦，探伺；暗中察看。从中可以看出"侦"字有两种含义：一种是探视、伺机而动的意思；一种是指秘密进行的察看。《现代汉语词典》称：侦，暗中察看；调查；探查。可见，"侦"字具有调查、暗中察看的意思。

2. "查"字字义。"查"字，《辞海》称：查，寻检，如查究、查核。可见，"查"字有查看、考察、检点的含义。

3. "侦查"词义。"侦查"，古汉语中尚未见这一词条。而"侦察"，《辞海》称："侦察"，暗中察看，"为获取军事斗争所需敌方或有关战区的情况为目的而采取的相关行为措施"。现代意义上的"侦察"一词也是作为军事术语使用。从古汉语的有关词条可以看出，"侦察"多数与军事斗争有关，其余则用于政治斗争术语，均没有法律术语。而"侦查"这一术语是引进国外法律规范与制度时，结合"侦"与"查"的字义组合起来的新词，其目的就是将"侦查"这一法律术语与运用于军事和政治的"侦察"区分开。在司法实践中，无论"侦察"还是"侦查"，都是指刑事诉讼中对案件的侦办工作，它们的词义相同，但使用习惯不同。考虑到法律术语的严肃性和规范性，目前有关刑事诉讼中案件办理工作的法律都尽量统一使用"侦查"一词，而不是在此法律见"侦查"，彼法律用"侦察"，或同一法律中混用"侦察"或"侦查"。目前，我国《刑事诉讼法》中统一使用"侦查"这一术语。

（1）侦查概念的法律规定。不同国家和地区的刑事诉讼法或侦查法规对侦查的法律规定受不同的政治、文化、法律等背景的制约，表现出不同的侧重。我国 2018 年第十三届全国人民代表大会常务委员会修订的《刑事诉讼法》第 108 条第 1 项规定：

"'侦查'是指公安机关、人民检察院对于刑事案件，依照法律进行的收集证据、查明案情的工作和有关的强制性措施。"

（2）侦查概念的学理解释。在学理上有各种各样的解释，如"措施说""工作说""活动说""行为说"等，但一般认为侦查是警察机关或检察机关为了查明刑事案件情况、收集犯罪证据而对与案件有关的人、物、场所采取的调查性措施和强制性措施。

（二）了解策略语义

1. "策"字字义。"策"字最初的含义是马鞭子，后引申为主意、计谋、方法。

2. "略"字字义。"略"字古典上有多种解释，疆界或地域者有之；巡视者；经略或治理者；侵略或夺权者。从字意上考查，具有计谋、方略之意。

3. "策略"词义。"策"和"略"两个字不是同时出现，也不是一开始就并联在一起使用的，经初步考证，"策"字的出现略早于"略"。根据《辞海》的解释，"策略"即计策谋略，是人们在社会生活中智力斗争的表现形式，是为了达到一定的目的而采取的机智、巧妙的斗争方法。自古以来，人们对"策略"有许多解释，一般的解释是"策略即计策韬略"，或"计策谋略"。在现代汉语中对策略有两种不同的解释，其中一个含义是指人们事先的筹划活动，就是思维主体运用知识、智慧和能力，进行思考的过程，另一含义指思维活动的结果。

（三）理解侦查策略的概念

邹明理教授认为，侦查策略是侦查主体在一般策略的原理指导下，在法律允许的范围内，为解决刑事案件中的专门问题，围绕着侦查手段措施的使用对侦查客体采用的智谋运筹艺术和斗争的方式方法的总称。也有学者提出："侦查策略是指侦查主体为了达到一定的侦查目标，在实施侦查行为的过程中对一定的侦查对象而采取的合法、灵活而有效的方法体系。"可见，侦查策略是侦查人员与犯罪嫌疑人两者之间侦查与反侦查的斗争，是以智慧克敌制胜的斗争方式和方法体系。它指引着侦查程序的方向，是侦查决策的核心，也是侦查理论的精髓。因此，它的制定既遵循真理又尊重价值，注意客观规定性和主观创造性、合规律性和合目的性、保障权利与行使权力的多重统一。

根据上述定义，侦查策略包含如下几层含义：

1. 侦查策略的实施主体是侦查机关和侦查人员。虽然策略在一般情况下具有广泛的普适性，但是一旦用于侦查实践，形成侦查策略时，便附属在侦查行为之中，具有了侦查的属性。因此，侦查策略的主体必须是由法律规定或授权的具有侦查主体资格的机关，同时侦查策略还必须由具有侦查主体资格的人实施，非侦查主体或侦查人员在非侦查过程中，均不能实施侦查策略。一般情况下，简单的侦查策略制定主体和实施主体是同一的，例如侦查讯问过程中简单问题的讯问策略的制定主体和实施主体都是负责审讯该案的侦查人员。而复杂、重大的侦查策略一般事先经过一定的制定程序，还要经过审查批准，再由专门的侦查人员去实施，例如在侦破有组织犯罪过程中对某关键人物的拉拢逆用，则需要经过集思广益再按照一定的程序由特定的侦查人员负责去实施。

2. 侦查策略实施的对象是侦查工作指向的有关的人、物或场所。由于侦查策略自始至终是用于与反侦查行为、犯罪行为斗智斗勇的方法艺术，它以思维的方式产生，以侦查措施、侦查手段的方式出现，体现在具体的侦查行为之中，因此其实施对象也只能是侦查行为所指向的具体的人、物或场所。而侦查行为所牵涉的人是指犯罪嫌疑人、被害人、证人等，物是指犯罪工具或赃物等，场所是指犯罪行为发生地、犯罪结果发生地等。在实践中，为了侦查目标的顺利出现，有时采取"声东击西"的策略，其中"西"是侦查策略的真正对象，而"东"为侦查主体真正意图服务的示假对象。有时采取"打草惊蛇"策略，其中"蛇"是真正对象，而"草"为迂回对象，是利用其他对象来促成真正对象的出现。

3. 侦查策略的目标是保证侦查行为及整个侦查工作的有效实施。当保障人权与防止对抗侦查行为的侦查制度和有效的侦查技术都已不能保证侦查目的的实现时，侦查机关和人员就需要防止和利用对抗侦查行为的侦查策略。因此，侦查策略的实施目标有宏观和微观目标。宏观目标是保证整个侦查工作的有效进行，推进刑事案件的及时侦破，其作用的范围涉及由许多侦查措施行为构成的整个侦查方法体系。微观目标是具体侦查行为所要达到的目标，或者是具体侦查行为的某一环节所要达到的目标，如具体的某个犯罪嫌疑人、某个证据的线索、某个犯罪嫌疑人藏身落脚的地方。

4. 侦查策略的内容本质上是一种灵活有效的方法。"一般而言，侦查策略是侦查主体为了实现一定的侦查目标，在实施侦查行为的过程中对一定的侦查对象采取的灵活有效的方法。"侦查策略作为融入侦查行为的方法不同于侦查行为的法律规定，没有限定性和禁止性的内容，是灵活有效的方法。但是这种方法仍然有一定的限度，即必须局限于法律或社会的容许范围之内。

（四）理解侦查策略的特征

侦查过程是侦查人员与犯罪嫌疑人对抗与反对抗的过程，犯罪嫌疑人趋利避害的心理会驱使其实施一定的对抗侦查的活动，而为了使犯罪嫌疑人的这种对抗心理转化为合作心理或利用其对抗心理推动侦查，侦查人员会根据案件的具体情况制定相应的侦查策略。当保障人权与防止对抗侦查行为的侦查制度和有效的侦查技术都已不能保证侦查目的的实现时，侦查策略就伴随着防止和利用对抗侦查行为而产生。一个健全的侦查制度应该既能限制侦查权的不当运用从而保障人权，又能授权侦查人员可以使用与犯罪行为和对抗侦查行为相应的侦查技术和侦查策略。

1. 侦查策略是建立在对抗模式下的辩证方法。

（1）对抗性。由于犯罪理应受到惩罚，从犯罪开始的第一天起，就和代表国家法律追诉犯罪的侦查活动进行着对抗性的斗争。这种对抗性表现为犯罪方千方百计地利用各种手段掩盖犯罪行为，推测侦查意图，转移侦查视线，进行反侦查、反施策或者在罪行暴露后仍然企图逃避惩罚。作为侦查方表现为如何根据犯罪现场，根据各种侦查措施收集的各种线索，迅速发现犯罪嫌疑人及犯罪事件的蛛丝马迹，在分析犯罪嫌疑人心理和各种情节的基础上，设计具体侦查措施的计划，并根据侦查情势的发展和犯罪嫌疑人反侦查行动的变化情况及时调整方案。

（2）辩证性。侦查策略的辩证性，主要是指侦查主体对有关案件占有各种翔实资料的情况下，根据辩证法的要求去分析判断案情，得出符合实际案件真实情况的判断并制订方案，在实施方案过程中充分而有效地运用侦查措施和计谋，正确地选择突破口，突破犯罪案件。这个过程具体又表现为侦查人员如何正确处理共性与个性、原因与结果、必然性与偶然性、形式与内容、现象与本质等关系。例如，每一个具体的刑事案件都具有鲜明的特性，另一方面，同一类案件由于共同属性的一致，其特征总和区别于其他类案件，并且同一类案件又存在类似的带有规律性的现象。因此，任何一个具体的刑事案件都是共性与个性的统一，每一个具体案件所具有的这种特性，要求侦查人员在分析判断案情时必须以具体案件为基点，在共同规律的指导下，结合具体案件的时间、空间、手段和方法，动机及目的和作案人具体的特点，采用逻辑推理的方法客观地认识具体案件的具体情况，方能正确地采用侦查措施。

2. 侦查策略是建立在科学基础上的有效方法。

（1）科学性。侦查策略有深厚的哲学基础，是哲学辩证思想和思维方法的具体体现，它不同于主观臆想和随意猜想，是对具体问题具体分析的客观结果。从理论渊源上考察，侦查策略是社会实践经验的高度概括和总结；从科学依据上分析，侦查策略是建立在一定的科学原理和方法的基础上逐步形成和发展起来的。

（2）有效性。侦查策略的有效性是一种客观存在，这种客观存在是侦查主体人员的主观优化决策、科学部署、灵活运用的结果。但侦查策略的有效性又具有相对性。有时一项侦查策略的实施可能对整个案件的侦查发挥作用，有时侦查策略的实施只在某一侦查环节或对某一侦查行为产生影响，有时侦查策略的实施只会在某一侦查行为的某一方面有着功效。因此，并不是任何侦查策略都是万能的和普遍适用的。单纯地依靠某一项侦查措施或实施某一项侦查策略就能完全达到侦查目的在客观上是不可能的。

3. 侦查策略是建立在合法前提下的灵活方法。

（1）合法性。侦查策略的合法性是侦查的性质决定的，侦查本身是一项法律活动，受一定的法律规范的调节和制约，所以侦查策略的设计和运用都必须在法律规定的范围内进行：首先，侦查策略的运用对象只能是与犯罪案件有关的人、事、物；其次，侦查策略的实施的具体方式和方法必须遵循刑事诉讼法对侦查的程序规定；最后，侦查策略的实施还需要遵循有关侦查职能部门制定的侦查法规。另一方面，侦查策略的合法性就排除了一些非道德性的方法，例如美人计、恐吓、欺诈。

（2）灵活性。侦查策略的灵活性表现在侦查策略的设计是一个优化选择的过程。由于侦查策略措施的多样性和侦查思维的多样性，侦查策略在运筹过程中根据具体侦查情势，从客观存在的若干侦查策略中选择花费时间短、侦查代价小、侦查效益大的策略付诸实施。同时，在具体实施过程中没有固定模式，需要根据不断变化的侦查情势因事施策。

二、了解侦查策略的渊源

侦查策略是侦查主体与犯罪嫌疑人侦查与反侦查的对抗过程中所产生的一系列心智思维活动，是基于侦查实践需要而产生的。它的产生不是主观臆想或随意猜想的，而是以客观存在的犯罪事实为依据。所以，侦查策略的产生和发展依赖于一定的思维方法和科学方法。我国侦查策略的思想理论来源主要有军事策略思想、侦查实践经验和现代科学理论和方法。

（一）军事策略思想

中国古代军事都是纷繁复杂、此起彼伏的，人们在军事斗争中总结了诸多经验教训，例如"知己知彼、百战不殆""出其不意、攻其不备""兵不厌诈""有备无患"等。另外，中华人民共和国成立以后，在吸取和借鉴中国古代兵法精华和长期革命战争的实践经验的基础上，毛泽东同志主持并制定了一系列镇压反革命的方针和政策，形成了肃反斗争的策略思想，如"利用矛盾、各个击破""有理、有力、有节""打得稳、打得准、打得狠"等策略原则。拥有悠久历史的军事思维一方面是人们千百年来智慧经验的结晶，另一方面也为现代的侦查策略提供了较高的参考价值。由于军事斗争和侦查与犯罪的斗争的基本态势和特点尤为相似，加之我国古代和近代侦查的职能部门曾一度与司法、行政、军事有着千丝万缕的关系，高度发达的军事策略思想自然而然地融入司法领域乃至侦查实践中，成为当今侦查策略思想的重要来源之一。

（二）侦查实践经验

侦查策略的理论方法也源于侦查实践，纵观我国侦查策略的理论方法，主要源于古代和近代执法办案的实践经验。我国古代和近代的侦查策略思想极为丰富，涉及侦查活动的各个领域。例如中国古代的审讯策略就与古代纠问式诉讼制度和侦审合一的办案体制相适应，同时带有浓厚的宗教色彩和民主议事性质。侦审合一的纠问式诉讼制度一方面带来了古代讯问策略方法的繁荣，但另一方面也促成了刑讯逼供方法的产生和发展，在一定程度上限制了调查访问策略方法的深化。由于刑事案件复杂化和隐蔽化的特性使得刑讯逼供并非万全之策，调查访问和现场勘验等才是查明案情和缉捕犯罪人的重要措施，因此司法人员转而通过察访来断狱讼的情形屡见不鲜。此外，早在我国汉代，以耳目侦查、跟踪监视侦查、狱内侦查、化装侦查等为代表的秘密侦查方法就逐步形成和发展起来，并在古代侦查策略方法体系中占据侦查策略的重要地位，是中国古代侦查策略和方法的典型。

1949年以后，侦查机关在同犯罪活动作斗争过程中，根据犯罪活动的规律和特点，发动和依靠群众，采取有针对性的措施，有效地打击了犯罪活动，积累了许多成功经验，形成了一些宝贵的侦查策略思想和方法。例如，在侦查破案过程中，积极贯彻"依靠群众、抓住战机、积极侦查、及时破案"的方针，强调通过调查走访、公布案情及吸收群众协助侦查等方式，发挥群众在侦查中的作用。在治理严重暴力性犯罪案件时，确定主动进攻、先发制敌的指导思想，加强值班指挥，改善交通、通信设备条件，建立犯罪资料档案中心和犯罪情报网络，在暴力性犯罪案件的侦查中做到及时交流和传递信息，密切协同行动，临场处置有序等。在面临治安乱象和日益严峻的犯罪活动中，强调公检法密切配合，集中各方面力量，开展有计划、有目标、有准备的专项斗争。在面对各地情况不一，流动犯罪、流窜犯罪及流动人口犯罪日益突出的情况下，强调侦查工作的跨区域协作，进行并案、联合侦破跨区域重特大案件；追捕堵截严重暴力犯罪分子；加强横向联合，交流情报信息，"会诊"重特大疑难案件，开展侦查技术方法的相互交流与协作。

（三）现代科学理论和方法

侦查策略的思想理论的重要来源之一就是借鉴和移植其他科学的理论和方法。如侦查策略的实施既要涉及侦查主体的心理问题，又要涉及侦查对象的心理问题，因而心理学的研究成果对侦查策略的运用有重要影响。侦查策略的实施需要建立在对犯罪情报的分析判断基础上，因此是一种理性的思维活动，必须遵循思维的一般规律和方法，因此思维学研究的社会思维、逻辑思维、形象思维、灵感思维等对侦查策略的实施有重要作用。此外，侦查策略在分析判断犯罪情况的基础上，需要运用科学的理论和方法，系统地分析主客观条件，在掌握大量有关信息的基础上，提出若干优选方案作为行动指南，这就需要借助决策学的相关理论和方法。

 知识链接

我国哪些机关能行使侦查策略

侦查策略是侦查工作中侦查措施和手段实施的指挥棒，在策略的布局和使用上，究竟谁有资格行使呢？一般而言具有侦查权主体资格的人员才可实施。在我国，仅仅只有5个机关具有侦查权主体资格。1979年，第五届全国人民代表大会第二次会议通过的《中华人民共和国刑事诉讼法》明确将侦查权授予了公安机关和人民检察院；1983年，第六届全国人民代表大会常务委员会第二十三次会议通过的有关决定确立了国家安全机关的侦查主体资格；此后，全国人民代表大会及其常务委员会通过的《中

华人民共和国监狱法》和作出的有关决定又相继授予监狱和军队保卫部门侦查权。

同时，具有侦查权主体资格的机关，其内部职能设置时也对具有侦查权的机构和个人有一定的限制。例如在公安机关内部政治侦查、经济侦查、刑事侦查、预审、禁毒、文化保卫、交通管理等部门具有侦查职能。另外，许多行业公安机关（如民航、铁路、水上运输、林业、海关公安机关）和企业公安机关都承担着侦查的任务。

此外，为了深化国家监察体制改革，加强对所有行使公权力的公职人员的监督，深入开展反腐败工作，在2018年3月20日，第十三届全国人大第一次会议表决通过了《中华人民共和国监察法》。该法第11条规定，监察委员会依照本法和有关法律规定履行监督、调查、处置职责。

因此，以上具有侦查权的机关和部门可以授予特定的侦查人员行使侦查策略。在具体实践中，侦查策略一般是案情分析会议、专家座谈会议上众人群策群力制定的制衡犯罪嫌疑人的斗争方法和谋略，由侦查指挥人员发号命令，具体承担侦查任务的侦查人员去实施。

能力训练

1. 训练目的：通过练习，了解侦查策略的价值和意义。

2. 训练说明：分析案件的性质，总结侦查机关采取了何种侦查策略，下一步需要实施何种策略。

3. 训练内容：

某年12月8日上午9点，某市公安局接报：市内某区某号某单元302室居民单某在家中被害。

接到报警后，民警迅速赶到现场，对现场开展了现场勘验。现场勘验结果为：现场为一室一厅的居民住宅。门窗完好，无任何撬压破坏的迹象。客厅茶几上放有两只盛水的杯子，厨房的洗碗池内也有两副未来得及洗的碗筷。单某的尸体躺在卧室的双人床东端的边缘。卧室地面有被水冲洗过的痕迹。此外，勘查到现场丢失笔记本电脑、录像机、尼康照相机。

法医对尸体进行检验发现：死者是被凶手用菜刀砍断颈总动脉、静脉后，因失血过多死亡，死亡时间为最后一次进餐后两个小时左右。胃内尚留有最后一次进食的粉丝和牛肉。

现场访问得知：死者单某，男，31岁，离异，在市内某农贸市场从事香烟贩卖的个体生意，有一定的经济基础。

总结与思考

1. 侦查策略的概念是什么？

2. 侦查策略的特征有哪些？

3. 侦查策略的渊源有哪些?

参考阅读

1. 邹明理:《侦查与鉴定热点问题研究》,中国检察出版社 2004 年版。
2. 任惠华、熊鑫:"侦查策略概念探析",载《四川警察学院学报》2009 年第 6 期。
3. 蒋开富:《侦查策略正当性原理》,中国检察出版社 2010 年版。
4. 刘秋莲、任慧华:"论我国侦查策略的理论来源",载《铁道部郑州公安管理干部学院学报》2000 年第 3 期。
5. 郑晓均:"论侦查策略的本质及其特征",载《刑事侦查与技术》2008 年第 3 期。

工作任务二 了解什么是侦查措施

工作目标

工作目标:了解侦查措施的概念、特征及种类。

能力目标:能熟悉掌握侦查措施的含义,了解侦查措施的特征及种类。

工作情景

多种侦查措施联用 侦破飞车抢夺案

3 月 26 日晚上 9 点多,李女士下班后独自一人走在大街上,突然从其身后窜出一辆摩托车,车后座的人将李女士的挎包用力一抢,没等李女士反应过来,摩托车手突然加速扬长而去。4 月 1 日晚上 9 点,王女士下班后回家,打着伞行进在路上时,一辆白色摩托车飞驰而过,车上男子将王女士的挎包一把抓住,王女士死死拽住挎包,谁知该摩托车并未松手,反而将车加速并将王女士拉倒,拖行数米后方才放手离去,摔倒在地的王女士缓过神后才前往派出所报案。

自 3 月 26 日起,该城区连续发生多起飞车抢夺案后,立即引起警方的高度重视,但由于犯罪嫌疑人作案速度快,停留时间短,且在现场无任何遗留线索,这给破案带来不少的难度。针对这一特点,警方随即决定成立专案组开展调查取证、定点巡逻、蹲点布控工作。专案组还联合市公安局特警支队、市公安分局街面岗亭,在城区关键卡口布下隐蔽警力,并结合受害人描述试图通过视频监控锁定犯罪嫌疑人。

4 月 2 日晚 9 时 45 分,市公安局 110 指挥中心再次接到报警,称在城区环城路大东门菜场门口发生一起抢夺案件,嫌疑人作案后马上逃离现场。市公安局 110 指挥中心立即调取该路段监控,从监控中看到:晚 9 时 32 分,一名身着黑色衣服的女子经过环城路大东门集贸市场南口；晚9时33分，两名骑摩托车的疑犯出现，待该名女子走入监控死角时，犯罪嫌疑人开始实施抢夺。从视频中路灯的影子可以看出，抢夺案情已经发生，而整个过程持续不到10秒。警方迅速启动侦查预案，民警们接到指令后立刻赶到各交通要道等地段设卡，参与布控的7个便衣小组和街头巡逻特警迅速联动，合力开展追缉堵截。终于在晚10时，警方在某社区一路口将两名疑犯当场截获。

工作准备

一、了解侦查措施的概念

侦查措施是指侦查机关在刑事案件侦查的过程中，为了查明案情、收集证据和查获犯罪嫌疑人依据法律和法规所采取的各种侦查活动与方法。

二、了解侦查措施的特征及种类

侦查活动是一项特殊复杂的社会活动，是我国侦查机关一项重要的专门工作。侦查措施是侦查工作的特定内容和重要组成部分。侦查措施是实现侦查目的的有效手段，在缺少或不具备创造和使用侦查手段的情况下，要实现侦查目的是不可能的。侦查措施的运用还依赖侦查思维，在侦查措施实施的过程中，侦查人员必须思考和验证侦查措施使用得是否符合实际，是否合乎逻辑，是否与侦查推理判断相一致等。侦查措施又是侦查决策的具体形态，在侦查活动的整个过程中，都离不开侦查措施，侦查活动的顺利进行都离不开正确的侦查措施的设计、选用和实施。侦查措施种类繁杂、手段众多，本书主要根据侦查措施的直接目的，划分为调查取证性侦查措施、查缉控制性侦查措施、强制到案性侦查措施以及综合了秘密性和技术性的一些特殊侦查措施。

工作程序

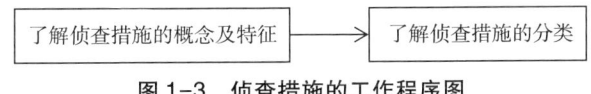

图1-3 侦查措施的工作程序图

一、了解侦查措施的概念及特征

（一）了解措施语义

在现代汉语中，"措施"是指为了解决某一问题所采取的办法，或是指对事物采取的方法。因此，所谓措施，就是为了解决某一问题所采取的办法或者方法。

（二）理解侦查措施的概念

侦查措施是指侦查机关在刑事案件侦查的过程中，为了查明案件、收集证据和查获犯罪嫌疑人依据法律和法规所采取的各种侦查活动与方法。任何侦查措施都是服务于侦查活动的，侦查措施是刑事侦查活动的实施手段，是各项侦查活动的具体体现。侦查主体为了完成侦查任务而去研究和制定侦查措施，通过侦查措施作用于侦查客体从而实现侦查目的和效果。

根据上述定义，侦查措施包含如下含义：

1. 侦查措施的实施主体必须是侦查机关。只有侦查机关才有侦查权，才可以采取各种侦查措施。我国现有的侦查机构有公安机关、人们检察院、国家安全机关、军队保卫部门和监狱。在侦查机关内部，只有侦查部门才可以使用侦查措施，而政治管理部门、行政管理部门、后勤管理部门以及业务管理部门都不能实施侦查策略。

2. 侦查措施的运用只能是以查明案情、收集证据和查获犯罪嫌疑人为目的。侦查措施是一项暴力工具或手段，运用不当会给侦查客体带来伤害和麻烦，所以只有在刑事案件侦查活动中查明案件、收集证据和查获犯罪嫌疑人时才能使用。侦查措施不能用来处理人民内部矛盾，尤其是一些秘密的侦查措施更不能随便滥用。

3. 侦查措施运用的依据是国家的法理和部门法规。国家的法理主要是《刑事诉讼法》《人民警察法》《国家安全法》。部门法规是侦查机关（主要是公安机关）为了适应侦查工作的需要，根据国家所赋予侦查机关的权力而制定的法规，如《公安部刑事侦查工作细则》《人民检察院刑事诉讼规则》《公安机关办理刑事案件程序规定》《刑事特权工作规定》等。

4. 侦查措施的运用不是单一的，是指各种措施的总和。有法律规定的措施，也有法规规定的措施；有公开的措施，也有秘密的措施；有一般常用的措施，也有特殊紧急的措施。所以在实践过程中，运用侦查措施时应综合考虑侦查案件的时机、条件等决定采用何种侦查措施。

（三）理解侦查措施的特征

侦查措施是侦查机关在侦查形形色色的刑事犯罪案件过程中，为了认定案情、发现线索、收集证据和查缉犯罪嫌疑人，完成侦查破案、打击犯罪的任务而对侦查客体采用的各种公开的和秘密的手段和方法，以适应侦查工作的现实需要。可见侦查措施是侦查主体联结侦查客体的桥梁和纽带，具有工具性作用。

1. 侦查措施是实现侦查目的的有效手段。侦查主体根据每起案件的现实需要设定明确的侦查目的，并根据侦查目的支配和控制自己的侦查活动。侦查措施作为实现侦查目的一种手段，必须由侦查人员严肃而认真地根据侦查实践的实际需要创设和使用。侦查措施必须服务于侦查目的，服从于侦查目的，合理合法地采用侦查措施实现侦查目的，是实现打击刑事犯罪、稳定社会治安秩序必不可少的要素。

2. 侦查措施是侦查思维的科学应用。侦查思维是对侦查人员随着自身知识和经验的丰富及发展，对各种刑事案件开展的综合性、逻辑性、推理性等判断，侦查思维有辩证思维、抽象思维、形象思维、直觉思维、灵感思维、逻辑思维、创造思维等，任何案件的具体发生、如何侦查等都离不开各种思维的协同配合。而思维仅是停留在大脑里的抽象加工，具体如何实施仍需要借助相应的工具，而这个侦查工具就是侦查措施，可以说侦查措施是侦查思维得以实现的载体，侦查思维是侦查措施产生的源泉。侦查措施的产生、应用、发展，都是侦查人员经过大量而反复地侦查实践，再把侦查事物反映到头脑里，经过思维加工处理后才形成的，可以说没有侦查思维就没有侦查措施。同时，侦查措施的具体运用仍需要侦查思维的引导，侦查措施实施的过程中，侦查人员必须思考和验证侦查措施使用得是否符合实际，是否符合逻辑，是否与侦查推理判断相一致等，以便加以修正和调整。

3. 侦查措施是侦查决策的具体形态。一个完整的科学侦查决策过程大致可以分为五个步骤：侦查目标的选择、犯罪信息的收集、侦查方案的设计与优选、侦查方案的实施和侦查方案的反馈。每个步骤都离不开侦查措施的作用，如侦查目标的选择和犯罪信息的收集必须经过一系列正确的侦查措施的实施才能完成，侦查方案的设计、评估和优选实际是对侦查措施的设计、评估和优选。而有的步骤，侦查措施本身属于侦查决策的范畴，具有侦查决策的特征，如打击犯罪的专项整治工作和破案战役就属于带战略性的侦查决策。显然，侦查决策是停留在方案上和侦查人员头脑里的活动，侦查决策的最终表现是通过侦查措施体现在侦查实践活动中。

4. 侦查措施是侦查学体系的重要组成部分。侦查活动必须以一系列科学方法为媒介，才能达到侦破刑事案件、打击刑事犯罪的目的。刑事案件一旦发生，侦查人员从现场勘查开始，进行调查访问、侦查讯问、查缉控制等一系列侦查活动。而侦查活动的基本过程都是由一系列方法组成的，这些方法既有思维的方法，又有具体的工具方法，而具体的工作方法主要就是侦查措施。同时，侦查学是一门动态性很强的学科，它是随着侦查实践的发展变化而必须不断更新理论内容；侦查学的内容体系中，有很大一个组成部分就是侦查措施；侦查学的研究与发展也很大程度上依赖于侦查措施的状况。随着刑事犯罪活动发展变化，打击犯罪的手段应采用更新更高的技术和新的方法，这就要去了解侦查措施的更新和发展。丰富的侦查实践内容，必须反映到侦查理论上来，这要求侦查理论要不断地总结发展、变化了的侦查措施和某些调整、改进、完善了的侦查方法，这就是实现侦查学自身的内容更新、提高的过程。

二、了解侦查措施的分类

（一）根据侦查措施运用方式分，可以分为公开侦查措施和秘密侦查措施

公开侦查措施是指侦查机关的侦查人员通过公开的身份或意图进行的各种专门调查活动，比如实地勘验、技术鉴定、调查访问、侦查讯问、摸底排查、侦查实验、搜查扣押、查询冻结、追击堵截以及各种强制措施等。秘密侦查措施是指侦查机关的侦查人员在不暴露身份或意图的情况下采取的各种侦查活动。比如：跟踪守候、秘密逮

捕、卧底侦查、特情侦查及密搜密取、密拍密录等各种侦查措施。

（二）根据科学技术在侦查措施中的适用情况，可以分为技术性侦查措施和非技术性侦查措施

从侦查手段的技术含量而言，侦查措施可以分为技术性侦查措施和非技术性侦查措施。传统的侦查手段如讯问犯罪嫌疑人、询问证人、搜查、扣押等基本上不涉及技术性装备的操作与使用，技术含量很低，因此成为非技术性侦查措施。而窃听、监听装置与技术、红外线望远镜及电子计算机技术等现代侦查手段则是通过运用现代科学技术装备来查明案情、搜集证据的，整个侦查过程就是技术装备的操作与使用过程，技术含量高，因此称之为技术性侦查措施。

（三）根据侦查措施的功能划分，可分为调查取证性侦查措施、查缉控制性侦查措施、强制到案性侦查措施、特殊侦查措施

调查取证性侦查措施是指侦查机关在侦查破案过程中，为了查明案情、搜集证据、证实犯罪而经常使用的侦查措施。调查性侦查措施主要包括现场勘查、调查访问、侦查实验等；取证性侦查措施主要包括侦查辨认、侦查讯问、搜查扣押等。查缉控制性侦查措施是指侦查机关在侦查过程中，为迅速查获犯罪嫌疑人、查明有关案情以及保护人民群众的人身和财产安全而采取的紧急控制性侦查措施，查缉性侦查措施主要有通缉通报、追缉堵截、缉捕逃犯等。控制性的侦查措施，主要是为了保证侦查活动的顺利进行而扣押、控制赃款赃物的各种强制性措施，主要包括查询冻结、控制赃物、留置盘问等。强制到案性侦查措施是指公安机关、人民检察院或人民法院为了保证刑事诉讼的顺利进行，依法对犯罪嫌疑人、被告人的人身自由进行暂时限制或剥夺的各种强制方法，我国《刑事诉讼法》规定了五种强制措施，包括拘传、取保候审、监视居住、拘留、逮捕。特殊侦查措施是指侦查机关在办理刑事案件过程中，针对特定的案件，在穷尽普通侦查措施的情况下，采取的隐蔽身份、目的和手段的方法，在侦查对象不知晓的情况下，发现侦查线索，收集犯罪证据，抓捕犯罪嫌疑人的活动。由于特殊侦查往往要使用一些专门的科学技术手段，所以又称为"技术侦查"。同时，特殊侦查往往是秘密进行侦查，所以又称为"秘密侦查"。

 知识链接

监察机关的调查措施是侦查措施吗

为了保证监察机关有效履行监察职能，监察法赋予监察机关必要的权限，分别规定了谈话、讯问、询问、查询、冻结、搜查、调取、查封、扣押、勘验检查、鉴定、留置常规性的调查措施和技术调查、通缉、限制出境三种特殊的调查措施，将纪检监察机关长期以来实践中运用的执纪审查手段确定为法定权限。根据《监察法》第28条，监察机关调查涉嫌重大贪污贿赂等职务犯罪，根据需要，经过严格的批准手续，

可以采取技术调查措施，按照规定交有关机关执行。批准决定应当明确采取技术调查措施的种类和适用对象，自签发之日起 3 个月以内有效；对于复杂、疑难案件，期限届满仍有必要继续采取技术调查措施的，经过批准，有效期可以延长，每次不得超过 3 个月。对于不需要继续采取技术调查措施的，应当及时解除。

考虑到国家监察体制改革前，技术侦查措施是监察机关在查办重大贪污贿赂案件时拥有的法定权限，是侦破案件的重要手段，监察法赋予监察机关调查涉嫌重大贪污贿赂等职务犯罪时可以依法采取技术调查的权限。为了防止技术调查权限被滥用，把权力关进制度的笼子，也需要对采取技术调查措施的程序和要求作出严格规范。监察机关采取技术调查措施主要有四个方面：一是涉嫌重大贪污贿赂等职务犯罪。这里的"重大"一般是指数额巨大，造成的损失严重，社会影响恶劣等。二是确有必要。技术调查措施应该"根据需要"而采取，并不是调查重大贪污贿赂犯罪的必须环节和程序，并不意味着监察机关只要办理上述犯罪案件，都必须采取技术调查措施，而是根据调查犯罪实际需要采取审慎的原则。三是履行批准手段。关于技术调查措施的适用条件和审批的规定，程序是非常严格的。四是按照规定交有关机关执行。监察机关经过严格的批注手续，可以采取技术调查措施，但必须交公安等机关执行。在这个特殊的调查措施执行过程中，监察机关与公安机关在办理职务犯罪案件时是相互配合、相互制约的。因此，可以看出为了查明案情，《监察法》赋予监察机关一定的调查权，监察机关可以实施一定的调查措施，虽然有些调查措施与侦查措施同名，但是具体在执行时所依据的法律不同，所以相应执行程序和意义也不同。调查措施不是侦查措施，调查过程中确有必要秘密进行的技术调查措施，经过审批后仍需要交公安机关严格按照规定的时间执行。

能力训练

1. 训练目的：通过练习，了解侦查措施的特征及作用。

2. 训练说明：分析案件情况，总结侦查机关采取了何种侦查措施，使用这种侦查措施时应满足什么条件？

3. 训练内容：

林某，是某农贸市场工作人员，经人介绍开始网络赌球，随后一发不可收拾，多年沉迷于网络赌球无法自拔。疫情防控期间，林某被安排负责对进出农贸市场人员进行身份登记、体温测量、健康码的查验等工作。某日，林某在查验被害人黄某健康码时，通过黄某的手机短信发现其银行卡内存有大额存款，即产生盗取钱财的贪念，遂以黄某需重新扫健康码为由，假意帮助黄某操作，拿到其手机后将黄某的银行卡与支付宝进行绑定操作，并将银行卡内人民币 30 000 元通过绑定的支付宝转账给其赌球同伙金某的支付宝账号用于自己赌球。次日，林某在查验陶某健康码时，发现陶某手机里有一笔 9100 元存款的银行端消息，遂故技重施，再次以帮陶某申请健康码为由，将陶某手机拿来操作，将其银行卡与支付宝进行绑定后将银行卡内 9100 元转账给赌博同伙金某的支付宝账号用于自己赌球。之后，被害人陶某报案，公安分局迅速立案侦查，并将林某抓获归案，对其采取取保候审强制措施，之后移送人民检察院审查起诉。检察机关在审查过程中，经调取案发现场监控录像和支付宝账号转账清单，发现林某可能还涉嫌以相同方式实施另一起盗窃犯罪，即被害人黄某被盗窃的实施。经与侦查机关沟通，人民检察院要求进一步侦查，查明遗漏犯罪事实。后在本案审查起诉期间，侦查机关将被害人黄某被盗窃的犯罪事实补充移送至人民检察院。

总结与思考

1. 侦查措施的概念是什么？
2. 侦查措施的特征有哪些？
3. 侦查措施的分类有哪些？

参考阅读

1. 郭晓彬：《侦察策略与措施》，法律出版社 2000 年版。
2. 马海舰：《刑事侦查措施》，法律出版社 2006 年版。
3. 孙延庆：《侦查措施与策略》，中国民主法制出版社 2007 年版。

工作任务三　认识侦查策略与侦查措施的关系

工作目标

知识目标：了解侦查策略的标准、侦查措施的种类、侦查策略和侦查措施的关系。

能力目标：学会如何在实践中运用侦查策略实施侦查措施。

工作情景

2008 年 9 月 3 日，某市中山区 81 号楼 503 房发生一起案件，居住在该房的金玉花（化名，女，67 岁）和董晓娜（化名，女，3 岁）被杀害，部分财产被劫，现场遭到破坏。

现场勘查是在现场遭到严重破坏的情况下，由室外（外围）向室内（中心）进行的。室外现场未见异常。进入 503 房间的门上有三把暗锁，均呈开启状，锁头未见异常（锁上时里面是用铁板加固的）。走廊东西走向，其北侧由西向东依次为厨房、厕所、卧室。走廊西南角的一把刀具的锯齿和锯面上及厨房门内西侧的红色塑料盆内均有血迹和粗细手套印痕，走廊和厨房内各有湿淋淋的扫帚一把、拖布一把、毛巾一条。

金玉花头西脚东仰卧在卧室门口处，董晓娜头西南脚东北仰卧在卧室地面中央，两具尸体均有卡、勒等手段反映，金玉花头部前额及头顶后部有六处钝器打击伤。董晓娜颈部有刀锯印痕并被一端带有三插座接线盒的双股电线缠绕三周，其双脚掌面有少量血迹。法医对两具尸体进行解剖检验和胃内容物检验，确定为最后一餐饭后1小时左右死亡。

卧室内东北角的铁床上，东侧和北侧摆放两个枕头，枕头及靠床北墙面和床与墙的空隙中，有滴落、喷溅、甩落的血点。床单中间部位有滴落血迹，呈向外运动状，床头南腿有喷溅血点，床下整齐摆放着一双布鞋。靠北墙摆放的长木箱及上面的两个小木箱均完好，箱盖及被褥有擦蹭的血迹及带有血渍的粗细手套印痕。床西侧向门方向的地面上依次有白色塑料折椅、熨衣架、茶几。折椅扶手上有血渍手套印痕和擦拭痕迹，手套印痕指尖向外，熨衣架上有滴落的血迹，茶几的一条腿折断。卧室门内侧北墙衣钩挂的衣裤下部有滴落和擦蹭血迹，卧室门内外侧及门框上有擦蹭血迹和带有血渍的粗细手套印痕。靠东墙摆放的写字台抽屉呈半开启状，桌上电视机完好呈开机状，黑色公文包和密码箱均被翻动，并有血渍手套印痕。室内地面上有一个带血迹的臂力器。地面及被犯罪分子触摸过的部位都被泼过水和擦拭过。

面对如此复杂且被破坏严重的现场，技术员没有气馁。他们重新调整勘查程序，全面细致勘查，特别是门、窗、桌、椅等被犯罪嫌疑人触摸擦拭过的部位和被翻动的物品，力求从破坏的现场中发现和提取未被破坏的痕迹物证。经过全面勘查，在卧室南窗拉手下方发现一枚被犯罪嫌疑人擦过而没有擦干净、具有鉴定价值的汗液指纹。

现场访问获知：

1. 503房户主为金玉花的女婿董振介（化名），系董振介3个月前借他人居住的。金玉花家住别处，每天早晨来，白天照看外孙女董晓娜，晚间回自家居住。

2. 董振介经营个体饭店，收入颇丰，交往复杂。

3. 董家平时只有金玉花、董晓娜两人，房门关得比较紧。

4. 其家中钥匙没有丢过、借过，也没有配过。

5. 臂力器原放在两个小木箱之间的缝隙中，比较隐蔽，外人一般不知道。

6. 9月3日金玉花早晨6点半吃的早饭，董晓娜早上7点左右吃的早饭，二人中午饭已经吃了（早晨在饭店带回的鱼不见了），但具体什么时间吃的不清楚。

7. 丢失的物品：一套女式皮夹克和皮裙、金利来衬衣和腰带各一件（条）、一双老人头皮鞋、一把进口剃须刀、现金300元及金玉花手戴的金戒指一枚（价值2000元）。

8. 经分析，现场指纹为右手中指，系关窗时所形成的，且汗液量大，为犯罪嫌疑人所留。

思考：

1. 上述案例中侦查机关运用了哪些侦查措施，这些侦查措施在具体案件侦查过程中有何作用？

2. 侦查机关采用了什么样的侦查策略，实施的侦查策略与侦查措施具有何种关系？

📖 **工作准备**

一、理解侦查策略的标准问题

每一起案件的特殊性和犯罪的复杂性决定了对具体案件采取侦查行为的种类和顺序问题。尽管在法律上没有关于顺序、时机等问题的规定，但在具体案件侦破过程中采取何种侦查措施、各种侦查措施使用的顺序、每种侦查措施具体的使用方法等关乎侦查成败问题，这些不是法律能全部进行规范的，而是侦查策略所要解决的问题。因此，哪些侦查策略、措施符合客观规律和道德标准而可以采用，哪些策略、措施不符合案件实际情况且与社会道德观念相悖，不应该使用，这是侦查策略和措施实施需要面临的标准问题。

二、掌握侦查措施的种类

侦查措施是指侦查机关在侦查过程中，为了收集证据、查证犯罪、查办抓获犯罪嫌疑人而依法采取的各种调查性方法和强制性措施。本书根据侦查措施的功能进行划分，分为调查取证性侦查措施、查缉控制性侦查措施、强制到案性侦查措施和特殊性侦查措施。其中调查取证性侦查措施包括现场勘查、调查访问、搜查扣押、侦查实验、侦查辨认、侦查讯问等；查缉控制性侦查措施包括通缉通报、追缉堵截、缉捕逃犯、查询冻结、控制赃物、留置盘问等；强制到案性侦查措施包括拘传、逮捕、取保候审、监视居住、拘留等；特殊侦查措施包括卧底侦查、刑事特情、技术侦查、外线侦查等。

📖 **工作程序**

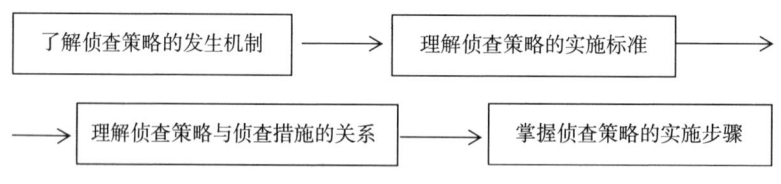

图1-4 侦查策略实施工作程序图

一、了解侦查策略的发生机制

侦查策略是侦查主体在侦查活动过程中为达到特定侦查目的而选择实施侦查措施的过程。由于每次侦查活动可能不同，特定侦查目的相对应的侦查措施只有一个，侦查主体就没有选择侦查措施的机会，受条件限制，侦查主体则只能选择这项侦查措施，无需考虑选择侦查措施种类的问题。但是大多数情况下特定侦查目的会对应多种侦查措施，侦查主体则需要依据一定的标准评价侦查措施的优劣，进而选择最优实施方案，此时侦查策略便具有了存在的价值。因此侦查策略的发生机制，即侦查主体在明确侦查目的的前提下，穷尽各种侦查措施，优化选择（研判），最后制订侦查计划并采取一定的策略方法实施侦查措施。

二、理解侦查策略的实施标准

侦查策略的实施需要考虑以下标准：侦查策略的合法性、效益性、策略性。

1. 合法性。侦查策略的合法性是由侦查的性质和任务决定的。侦查本身是一项法律活动，受一定的法律规范的调节和制约。侦查策略的实施是为了使侦查活动有效地实现揭露证实犯罪和防范控制犯罪以及保障公民合法权益的功能。因此，作为刑事诉讼活动重要组成部分的侦查活动，包括侦查策略的设计和运用都必须在法律规定的范围内进行，不得片面强调侦查策略的灵活性而忽视其合法性。

2. 效益性。侦查策略的制定和实施需要保证侦查效益——侦查投入和侦查产出之间复杂的动态关系。其中，侦查成本是投入侦查的基本资源，有侦查的经济成本和侦查的权力成本。侦查收益包括侦查的物质性收益和非物质性收益。投入侦查成本的目的在于获取侦查收益。这就需要考虑如何用最小的人力、物力、财力及风险成本去高效地实现侦查目的。

3. 策略性。侦查策略的策略性是侦查策略的本质特征，是侦查策略区别于侦查政策、法规的根本所在。侦查策略的策略性，是指任何侦查策略在具体的侦查情势下，经过分析判断后由侦查人员决定的用与不用、用哪种、如何运用侦查策略等的一种行为特征。首先表现在侦查策略的设计是一个优化选择的过程，即侦查策略需要在客观存在的若干侦查策略中选择花费时间较短、侦查代价较小、侦查效益较大的策略付诸实施。其次，由于侦查思维的多样性，即侦查策略实施主体需要运用全方位、多角度的综合性思维，而不是以单向定位的简单思维对刑事案件和侦查工作的各种可能性作出评价。最后，侦查策略实施过程中没有固定的模式，需要根据不断变化的侦查情势进行调整和修正。

三、侦查策略与侦查措施的关系

1. 侦查措施是侦查策略的素材、工具、材料，是被选择实施的对象。侦查策略要做的是对侦查措施的优化选择及实施，是侦查措施的灵魂，其直接决定了运用侦查措施的科学性和有效性。

2. 侦查措施的层次性决定了侦查策略的层次性。一方面侦查策略与侦查措施的关系体现在侦查策略对调查询问、讯问、辨认、侦查实验等侦查措施的选择实施上。另一方面在细节要素层次上，侦查策略与侦查措施的关系体现在侦查策略对侦查措施实施的细节的选择，例如侦查讯问是一项侦查措施，但是讯问过程中如何出示证据、出示什么证据、什么时候出示证据、出示证据用何种方式等都是由侦查策略决定的，侦查策略是否科学有效将直接决定该项措施能否成功运用。

3. 侦查策略与侦查措施相互依存，相辅相成。由于侦查认识活动是一种逆向思维，因而不可避免地带有模糊性和不确定性的特点，侦查的判断和推理也大多是一种或然性的结论，所以在推进侦查工作的过程中选用的侦查措施在具体运用中暴露出某些问题，或者侦查情势发生某些变化时，侦查人员需要对侦查策略进行某些调整，以确保侦查工作的顺利进行。同样，尽管侦查策略设计合理、正确，而犯罪活动是变化的，犯罪人往往采取各种反侦查方法转移侦查视线，将侦查工作引入歧途，陷入僵局。面对这种情况，侦查工作的基本策略要求是：及时调整侦查方向和侦查重点，选用合适的侦查措施适应变化的犯罪情况和侦查情况。所以只有两者都能巧妙地运用，才能使侦查的效能发挥得更大。

四、侦查策略的优化实施

侦查策略的实施不能只强调于对侦查方法、侦查措施和侦查手段进行优化选择后的既定结果，而忽视侦查措施选择过程和实施过程本身，要重视对侦查措施的选择和实施过程中细节要素的处理，这才体现了侦查策略合法性、效率性和策略性等策略的实施标准和价值。所以宏观来讲，侦查策略实施应该有两个环节：第一是优化选择侦查措施，第二是实施较优的侦查措施。

（一）优化选择侦查措施

侦查措施是侦查主体在侦查破案中的侦查行为，是侦查破案的途径、方法、手段。侦查措施之于侦查人员，犹如破案时的工具，而选择何种工具，则是侦查策略考虑的问题。此时的侦查策略，即"侦查主体为达到一定的侦查目标在实施侦查行为的过程中对一定的侦查对象而采取的灵活有效的方法"。由于特定的侦查目的有时可能只对应一种侦查措施，有时又对应多种侦查措施，则如下图所示。当侦查措施与侦查目的是一对一的关系时，侦查主体没有选择侦查措施的机会，所以侦查主体只能选择全部或否定全部。当侦查措施与侦查目的是多对一的关系时，侦查主体则需要评价侦查措施的优劣，如效益、风险、成本等，进行优化选择。

图 1-5　侦查措施与侦查目的一对一的关系示意图

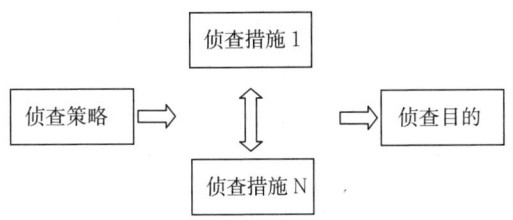

图 1-6 侦查措施与侦查目的 N 对一关系示意图

（二）优化实施侦查措施

为了更好地达到特定的侦查目的，当选择出最优的侦查措施后，仍需考虑如何实施的问题，即"侦查策略实质是侦查机关为力求查明案情、查获证据而对法定侦查措施的一种策略性、灵活性运用"。由于侦查措施的边缘是模糊的，不同的侦查措施之间会存在交叉部分，甚至侦查措施的外延也往往很难清楚地界定，因此侦查措施是一个具有层次性的概念。侦查策略是对侦查措施的选择实施过程，在细节要素层次上，侦查策略与侦查措施的关系体现为对具体措施的选择实施，还得考虑对调查访问、询问、辨认、侦查实验、鉴定等侦查措施的细节如何实施的问题。

 知识链接

传统侦查措施与新型侦查措施的融合

侦查措施是在侦查工作实践中不断完善和发展的，随着科技的发展与社会的进步，实践侦查工作中创造出、总结出结合现代信息技术的新的侦查措施，这赋予了原有的一些侦查措施新的内容，形成了多元的侦查措施体系。依据当前我国侦查实践的发展历程以及科技含量的差异，侦查措施可以分为传统侦查措施与新型侦查措施。传统侦查措施，是指侦查机关在侦查破案的过程当中，为了查明案情、收集证据、证实犯罪而经常采用的人力密集型、较少或基本不借助科技手段和设备的侦查措施，如现场勘查、调查访问、摸底排队、辨认等。它在侦查中使用率较高，是刑侦工作的基础，具有灵活性和易操作，更具公开性和群众性，获取的证据直接性强，但侦查人力成本大，侦查时效性差的特点。新型侦查措施，是指侦查机关在查办案件的过程中利用现代科学知识和方法，借助高科技设备、使用信息技术手段实施的侦查措施，如网上摸排、视频侦查、网上追逃等。新型侦查措施技术性较强，具有隐蔽性和秘密性，大大提高了侦查的水平与效能，为刑侦工作发展带来了更多机遇，是侦查工作今后的发展方向，但新型侦查措施同时也存在一定的缺陷，如对侦查人员的专业性要求更高，对资金投入的需求也较高，短期内无法得到普遍推广。传统侦查措施与新型侦查措施的融合，能取长补短，为侦查破案带来新的突破，但当前传统侦查措施与新型侦查措施的运用存在实施受阻，配合不当的现状：传统侦查措施在侦查中逐渐边缘化，新旧侦查措施

协作机制不顺畅、不能有效配合使用；侦查人员运用新型侦查措施的技术水平能力不高、应用能力不足等。因此，传统侦查措施与新型侦查措施的融合应以侦查实践的需要为前提，并随着社会形势的发展处于动态开放的发展过程中，创建打击犯罪的多种侦查措施组合方式新机制，实现侦查措施的拓展提升。另一方面，逐步增加对侦查措施的技术投入，加强对侦查人员的培训，增强其掌握和运用新型侦查措施与犯罪分子作斗争的能力，逐步完善传统侦查措施与新型侦查措施的联系与结合。

能力训练

1. 训练目的：通过分析具体案例，了解侦查策略和侦查措施在具体案件中如何运用及其具体要求及注意事项等。

2. 训练说明：认真分析下列案例，理解侦查策略与措施在具体案件运用过程中两者的关系。

3. 训练内容：

"碰瓷"团伙运用苦肉计进行敲诈勒索

警方接到报警电话称：两个多月前，摩的师傅梁某载一名陌生男子从某镇桂林村前往某街道许坑社区，陌生男子引来朋友后，三人乘摩的继续前行，在拐弯处，梁师傅的摩托车突然摇晃倒地，三人也随车倒地。梁师傅介绍说，人和车倒地后，陌生男子的朋友捂着手一直喊疼，还说要到医院检查。送医后，医生诊断男子左手无名指骨折，需要做手术治疗。一听说要做手术治疗，受伤男子的"亲戚"就对梁师傅说："我们已经买好票要回老家，在老家我们交了医保，做手术能省点钱，不如你拿8000块钱我们私了。"梁师傅想着和对方商量少赔点钱。没想到，才刚一开口，对方亲戚一下子就怒了，威胁梁师傅说报警会很麻烦，还列出一堆住院费、护理费、误工费。最后，梁某无奈地给了对方5000元。几天后，在梁师傅和朋友聊天中，意识到自己可能遇到碰瓷敲诈勒索团伙，随后报警。

警方在梳理警情中发现，还有类似警情，嫌疑人都以左手无名指骨折敲诈勒索钱财。经过对几起类似警情进行串并研判，警方初步判断这是一伙以伪造交通事故敲诈勒索钱财的团伙。随后，警方走访相关受害人，并调取相关监控录像进行排查，掌握到几名落脚在罗山街道社店社区的男子有重大作案嫌疑。

2月21日晚，民警在社店社区一举抓获5名犯罪嫌疑人，4男1女，年纪较轻，最小的只有18岁，来自四川、贵州等地。3月5日，警方又在厦门抓获1名嫌疑人周某。"他们内部分工明确，一人扮伤者，一人扮乘客，一人负责开车接送，还有一名组织者兼扮伤者家属。"办案民警介绍，该团伙来自不同地方，有些嫌疑人有吸毒前科，有些嫌疑人则因赌博欠了不少钱，"嫌疑人得手后则平分钱财"。

警方查明，自今年1月下旬以来，该犯罪团伙已在漳州、厦门、泉州等地作案20

多起，涉案金额数万元。目前，6 名嫌疑人涉嫌敲诈勒索罪已被刑事拘留。

总结与思考

1. 侦查策略和侦查措施实施的标准是什么？
2. 分析侦查策略与侦查措施的关系。

参考阅读

1. 王家恩："论侦查策略与侦查措施之关系"，载《福建警察学院学报》2016 年第 2 期。
2. 任惠华："法治视野下的侦查效益问题研究"，西南政法大学 2008 年博士学位论文。
3. 刘秋莲、任惠华："论我国侦查策略的理论来源"，载《铁道警官高等专科学校学报》2000 年第 3 期。
4. 万毅："侦查谋略之运用及其底线"，载《中国检察官》2011 年第 17 期。
5. 蒋开富：《侦查策略正当性原理》，中国检察出版社 2010 年版。
6. 郑晓均："试论侦查策略的概念和本质"，载《铁道部郑州公安管理干部学院学报》2000 年第 2 期。

工作任务四　辨析侦查策略与相关行为

工作目标

知识目标：了解侦查策略与欺骗、引诱、威胁、夜间搜查、道德界限、非侦查主体行为的共同性和差异性。

能力目标：学会在处理具体案件时，合法、正当、有效、灵活使用侦查策略。

工作情景

王允巧施美人计

董卓自从废少帝、立献帝后，一贯骄横无比，动辄滥杀无辜。一日又以谋反罪命养子吕布砍去司空张温的头颅，百官大惊失色。司徒王允顿生一计，利用一位色艺俱佳的歌妓——貂蝉，通过连环美人计，将其嫁吕布又献董卓，让他俩反目，使吕杀董，以成大业。

首先，王允设宴招待吕布，叫貂蝉为吕布斟酒。吕布见她貌若天仙，竟自心猿意马，王允即提出将貂蝉嫁与他为妾，吕布大喜而去。几天后，王允拜请董卓赴家宴，王允又叫貂蝉载歌载舞,以助酒兴。董卓见貂蝉美貌绝伦,赞不绝口。王允当即命人备好毡车,将貂蝉送至相府服侍董卓。

之后,吕布直入相府向董卓问安时,貂蝉在床后探出半身望他并以手指心,又以手指董挥泪不止。趁董卓入朝与献帝说话时,吕布便去相府找貂蝉。貂蝉哭诉道:"我自见将军,爱慕已极,能嫁将军真是如愿以偿,谁料太师顿生邪念,将我奸污。我已不洁,愿死于君前,以明我爱君之心!"说着就往荷花池里跳去,吕布慌忙将她抱住,两人依偎难分。董卓在朝不见吕布,心中生疑,忙向献帝告辞回府,见吕布与貂蝉依偎。不禁大怒,抢了画戟就要杀吕布,吕布忙逃走。貂蝉向董卓哭诉道:"吕布调戏我。"董卓发誓要杀掉吕布。

王允见时机成熟,便设下伏兵,唆使吕布杀死了董卓。

思考:美人计可否作为一项侦查策略在刑事案件侦破过程中使用?

📝 **工作准备**

一、认识侦查策略与侦查行为的关系

刑事案件的侦查总是需要相应的侦查行为来实现。孙长永教授说:"无论侦查的目的是出于审判的准备,还是为了查明案件事实以便作出起诉或不起诉的决定,都必须通过侦查行为来实现。"要合法有效地实施侦查行为,不仅需要遵循相关法律法规的规定,还必须在具体案件侦查过程中根据所需要获得的证据和查获犯罪嫌疑人的具体情况,选择与之相适应的具体实施办法。这种具体实施何种办法的问题就是侦查策略需要面对和解决的问题。因此,侦查策略是侦查行为的先导,侦查行为是侦查策略的载体。没有侦查行为作为载体,侦查策略只停留在侦查人员的头脑中,就无法转变为认识刑事案件的现实力量而发挥作用。

二、辨析侦查策略与相关行为

侦查策略本质上是一种认识方法,即侦查主体认识案件的方式方法,具有灵活有效的特征。因此,在具体实施的时候出于侦查需要可能会做出某些有悖于人们常规的思维或行为习惯的行为,这些行为往往与欺骗、引诱、威胁等某些行为相似,或许会引起人们的反感,更或许会挑战人们的道德底线。那么,这是否意味着侦查策略是非法的?是否需要对侦查策略进行严格限制?显然,在科技水平如此发达、犯罪分子反侦查手段如此高明的今天,假如侦查离开了侦查策略就会变成僵硬的法条和程序,侦查的目的、效能就没有办法实现。事实上,侦查机关在实施侦查策略时采取了一些灵活而有效的方法,但是这些方法是建立在策略合法、正当的前提下的,它与相关的行为有本质的区别。

工作程序

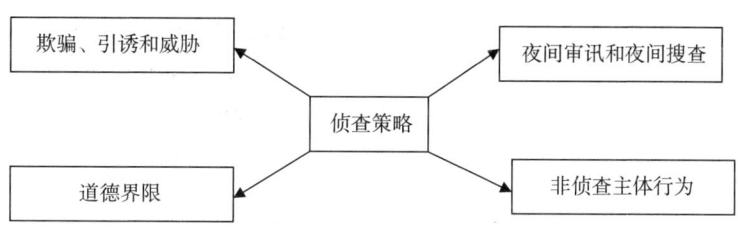

图1-7　侦查策略与相关行为的关系图

一、区分侦查策略与欺骗、引诱和威胁

我国《刑事诉讼法》第52条作为非法取证方法的禁止性规定，规定审判人员、检察人员、侦查人员必须依照法定程序，收集能够证实犯罪嫌疑人、被告人有罪或无罪、犯罪情节轻重的各种证据。严禁刑讯逼供和以威胁、引诱、欺骗以及其他非法方法收集证据，不得强迫任何人证实自己有罪。第56条作为非法证据的排除性规则，规定采用刑讯逼供等非法方法收集的犯罪嫌疑人、被告人供述和采取暴力、威胁等非法方法收集的证人证言、被害人陈述，应当予以排除。在侦查、审查起诉、审判时发现有应当排除的证据的，应当依法予以排除，不得作为起诉意见、起诉决定和判决的依据。可见，排除性规则里仅排除了以刑讯逼供这种方法获取的证据，而对以欺骗、引诱、威胁的方法获取的证据没有具体说明。实践中有时出于侦查工作的需要，侦查人员往往也会做出某些"隐瞒真相或捏造事实"等欺骗、引诱、威胁的方法取得证据。但这是否意味着这种侦查策略就是非法的，应该严格进行限制呢？笔者认为，实践过程中使用"隐瞒真相或捏造事实"等欺骗、引诱、威胁的方法不能绝对禁止，需要适当引导，可以依照容许性、原则性和谨慎性三个方面、三个原则进行评价而有条件地采用。

1. 侦查策略与欺骗、引诱和威胁有着本质的区别，在实际侦查过程中一定程度的欺骗、引诱、威胁等策略是容许的。①两者的目的不同。欺骗、引诱、威胁等目的是行为主体为了满足私利，获取非法利益，具有犯罪的故意。而侦查人员运用一些欺骗、引诱和威胁的策略方法是为了侦查破案，揭露证实犯罪，揭发犯罪人。②两者的启动依据不同。侦查过程中启用欺骗、引诱、威胁等方法必须在有刑事案件的前提下，也就是必须满足我国《刑事诉讼法》对立案的规定：有证据证明有犯罪事实的发生；或者在贪污贿赂等职务犯罪的初查中，至少有足够的线索，才能采取不具有强制措施的秘密初查等侦查策略。而欺骗、引诱、威胁等犯罪行为的实施不需要什么依据，往往是犯罪人随时随地物色不特定对象而实施的。③两者的结果不同。侦查过程中使用欺骗、引诱、威胁等方法实施的结果是获得案件线索、缉拿犯罪嫌疑人、追回赃物或物质利益。而欺骗、引诱和威胁等犯罪行为是获得非法的心理满足、金钱或物质利益等。

2. 如果笼统地绝对禁止不用，有时则会导致侦查工作无法开展，所以使用过程中需要有原则地采用，即遵循必要性、程序性、合理性原则。①必要性，即穷尽了其他方法不能达到侦查目的且不会给犯罪嫌疑人或侦查人员带来不必要损害的前提下才许可使用，不允许任意性使用。②程序性，严格按照法律法规和相关司法解释对欺骗、引诱、威胁等使用的条件、种类、程序、要求的规定进行采用，尽量减少盲目使用、任意使用、扩大使用带来的否定性评价。③合理性，侦查策略的使用尽管有利于侦查工作的开展，但往往也会有让犯罪嫌疑人"精神上产生剧烈痛苦，迫使其意愿作出"的意味。因此使用过程中需要权衡利弊，合情合理地设置方案。

3. 尽管侦查策略与欺骗、引诱和威胁有本质区别，但是侦查策略在实施过程中可能会异化而产生巨大风险，因此使用侦查策略需要进行谨慎性评价。①侦查策略的目的可能发生异化，即偏离了单纯地打击犯罪和保障人权的诉求而倾向个人或单位私利，或由于其他原因而在证据事实不足的情况下贸然不加区分地使用侦查策略等。如某个侦查人员为了个人私利而采用"犯意诱发型"的诱惑侦查令某人锒铛入狱，或侦查人员为了评优评先等单位私利而扭曲实施侦查策略，或迫于破案压力而枉法侦查等。②使用欺骗、引诱、威胁等方法可能超过了一定的限度而产生异化，其侵害性、危害性等大于间接的保护性，如侦查讯问中的政策教育变成了逼供、诱供，调查访问变成了暴力取证等。

二、区分侦查策略与夜间审讯、夜间搜查

夜间审讯，是利用犯罪嫌疑人在夜间受审时既想尽快摆脱讯问的缠扰，又经不住侦查人员的穷追猛击，既想认罪交代，又怕刑事处罚的动摇的矛盾心态，侦查人员趁热打铁、穷追猛打，一举击溃嫌疑人的最后心理防线，从而突破案件。夜间搜查，指侦查人员在特殊情况下或紧急情况下，采取非常手段进入居民住宅等场所进行搜查，以期获得与犯罪案件有关的物证和材料等。夜间审讯和夜间搜查是基于人们的生理、心理特点，尤其是夜间防备松懈、意志薄弱时，为了达到"出其不意、攻其不备"的侦查效果，采取的非常规手段实施行为。

实践中，侦查机关乐此不疲地使用夜间审讯和夜间搜查等类似的侦查行为，这种行为面临着不必要的成本付出，也面临着对法律的违反和规避。例如侦查人员夜间进入居民住宅进行搜查，很容易侵犯公民的人格尊严、隐私权、公民住宅不受侵犯等宪法赋予的权利，而夜间审讯也容易异化为变相的刑讯逼供。因此，讯问和搜查等强制措施一般不得在夜间进行。但是，当紧急搜查情况下，为了尽可能地维护合法权利或正当的权利，以最小的利益损失为代价来保护更大的社会利益，侦查人员可以在夜间进行搜查。如毒品犯罪案件中不及时对毒品藏匿的场所进行查处，毒品很可能就被转移，一旦被转移则会带来更大的社会危害，这种情形下进行的夜间搜查就是可行的。

侦查策略是人类应对犯罪的智慧结晶，是一种灵活有效、科学合法的方法，法律要求其实施的原则是力求以尽可能小的侦查成本换取尽可能大的侦查效益。因此，我

们在设计侦查策略时不仅强调有效、灵活、科学，还要讲究合法性，而衡量其是否符合法律的要求，可以通过侦查效益——对侦查成本与侦查收益之差值来评估。首先，侦查成本包括能计入成本的侦查活动所消耗的经济耗费，如基础建设费用、侦查人员薪金、办公费用等；社会成本，包括侦查活动消耗的、并未计入自身成本费用的社会资源或社会损失等。其次，经济收益指看得见的收益和看不见的收益。看得见的收益指直接的侦查收益，可以进行定量分析；而看不见的收益指间接的收益，只能进行定性分析。所以，我们在测算侦查策略的侦查效益时，如果只简单计算能计入的成本和看得见的收益，而不估算未计入的成本和看不见的收益，那么实施的侦查措施、侦查策略即使灵活、科学、有效，也丧失了合理性。所以在使用夜间审讯、夜间搜查时，需要固守侦查效益，否则就会受到法律和社会心理预防方面的否定评价。

三、区分侦查策略与道德界限

道德是通过行为规范和伦理教化来调整个人之间、个人与社会相互关系的准则，是以善恶评价的方式调整人与社会的关系。对道德的维护，就是对人的社会性的维护。侦查策略作为国家公权力运行的一种方式手段，同样受到道德的约束和制约，那么究竟侦查策略应该坚守何种道德界限呢？

侦查策略实际上是侦查权的一种运行方式，侦查权是一种侵权性和暴力性的权力，它体现的是一种政府公权力的行使，其目的和道德是一致的，即维护社会的良好运作，维护人们的普遍利益。如果侦查策略的实施，遵循了法律、维护了道德的界限，就能为社会和人们所认可，则具有合理性和科学性。如果是对社会规范的破坏，那么就会使人们的道德良知和法律意识顿失，进而导致社会规范的弱化，政府公信力的丧失，则必然导致社会失范。因此，侦查策略的运行，不仅要遵循相应的道德规范，更应该体现出对道德界限的维护。

四、侦查策略与非侦查主体行为

由于我国侦查实行单轨制，即只有具有侦查权的机关才能进行侦查，其他单位和个人不得从事侦查活动。因此非侦查主体的行为可能与侦查有关，但其法律效力完全不同。

非侦查主体行为，如法官的审判行为、检察官的审查起诉行为，这些行为与侦查行为的内涵大相径庭，其效力也不同。当然，其他法定相关主体也可以对侦查策略的实施进行监督或评价，如检察官可以监督侦查策略的运行，接受相关当事人的投诉，如果超越了这些事项就属于违法；法官可以对侦查策略的实施结果进行评价，确保侦查结果事实清楚、证据确实充分，但这种非侦查主体的行为与侦查策略有本质区别。此外在特定情况下，基于侦查机关侦查的需要，某些技术人员或其他专家还可以接受侦查机关的聘请来协助侦查。这时的非侦查行为主体由于侦查机关的授权也就成为某种意义上的侦查主体，他们可以进行特定侦查行为，这种行为就能受到法律肯定。

综上可知，一些非侦查主体的行为是更好地为侦查策略服务的，它不仅可以确保侦查策略合法合理地运行，还可以确保侦查策略的运行结果得到法律的公正评价，进而实现公平正义、打击犯罪和保障人权的目的。

 知识链接

实践中的侦查策略与非法侦查行为

一、"威胁型"侦查策略

在审讯过程中，面对对抗性极强的犯罪嫌疑人，侦查人员需要运用策略在气势和心理上震慑犯罪分子，从而突破其心理防线。这种气势和心理上的震慑类似于通常意义上的威胁，因而称为"威胁型"策略。"威胁型"策略一般限于心理强制，而诸如对犯罪嫌疑人以殴打、不给饭吃等相威胁的身体强制则不属于侦查策略，而是非法侦查行为。

实践中，以下三种方法的合法性存在争议：一是以某种不利的法律后果进行威胁，如不合作将导致法律的重判。二是以暴露犯罪嫌疑人的隐私相威胁，如公开不正当男女关系。三是以利益损害相威胁。如对行贿人说："你不指证他受贿，就让工商、税务查你"。在笔者看来，对于第一种情况则要区别对待：若以法律规定的内容或后果进行威胁，并不违法，至多算是一种法律后果提示；若以法律未规定之内容或故意夸大法律后果进行威胁，则可能构成违法。例如，以"抗拒从严"进行威胁即涉嫌逼供，因为刑法并未规定抗拒交代即应从严处置。对于第二种情况，显然是非道德的，有损司法机关形象，同时也会对犯罪嫌疑人造成强烈的心理强制，影响其供述的真实性，应当尽量避免使用。第三种方式可能使被讯问人因担心自己的利益受损而作出不实供述，因此也是不合法的。

二、"引诱型"侦查策略

"引诱型"侦查谋略以利益为诱饵，促使侦查对象作出有利于侦查的行为或供述。对于这种侦查策略，需要把握两点：一是引诱内容要合法。如以"坦白从宽"的刑事政策进行引导，属于合法的"引诱"；若以金钱、毒品等利诱之，则因为内容违法而丧失合法性，且以这种手段获取的证据很难保证真实性。二是侦查机关能兑现利益。如非法许诺或"开空头支票"，则可能破坏司法机关的公信力，使公民丧失对司法的信赖，应当是违法的。

三、"欺骗型"侦查策略

欺骗型侦查策略在反贪侦查中的运用是极为广泛的，这是由贪污贿赂案件的物证稀缺性和犯罪嫌疑人的反侦查能力强决定的。欺骗型的谋略分为"示假"和"隐真"两种方式。所谓"示假"，是指侦查人员通过虚构事实和证据使犯罪嫌疑人陷入错误认

识，从而查明真实案情和获取证据。一般情况下，这种侦查策略给予侦查对象较大的选择空间，绝大多数无辜者都能通过反证来证明自己的清白，应该予以认可。对于"隐真"即隐瞒真相型侦查策略，则应当区别对待。"隐真"型策略包括隐瞒目的和隐瞒身份两种方式。侦查人员隐瞒目的进行侦查，关键看是否造成侦查对象在不知情的情况下作出不真实、非自愿的意思表示。如侦查机关以上门了解情况为名，在侦查对象暂时离开之际，进行秘密搜查，显然这种搜查没有经过法律授权，侦查对象是在完全不知情的情况下错误地作出了"同意"的意思表示，明显侵犯了公民的合法权益，所以应当是非法的。对于隐瞒身份进行侦查，关键看是否越权使用了该身份特有的职业权利。如冒充纪委对犯罪嫌疑人进行"双规"，或化妆成律师利用会见机会套取口供等，必然侵犯了特定职业的专属权利，因而是违法的。但如果侦查人员化装成同监犯开展狱内侦查，则没有侵犯某种职业的专属权利，因此是合法的。

能力训练

1. 训练目的：通过对典型案例的分析，体会侦查策略与相关行为的区别，明白侦查策略在具体案件使用过程中的注意事项。

2. 训练说明：试分析下列案例中侦查机关采用的侦查策略是否合法合理。

3. 训练内容：

侦查机关智斗色魔

色魔2个月实施抢劫强奸16起。从10月3日开始，某区公安分局刑警支队以及几个派出所连续接到十余起报案，报案人称被人抢劫或强奸，报案人都是年轻女性。街头巷尾也开始议论恶魔劫财劫色的事，往日热闹的河堤和广场一到晚上就鲜见人影。警方经过连续三晚的布控，成功将连续实施抢劫、强奸16起的犯罪嫌疑人罗某诱捕归案。

11月15日，分局局长与副局长牵头成立专案组，展开调查。专案组认为，10余起案件中至少有7件系同一犯罪嫌疑人所为。作案时间大多选择在深夜11点至次日凌晨2点，作案对象均是单身女性，作案手法多是持刀威胁，进行抢劫并提出性要求。

11月16日，又一名女子报案。至此，已有16名女性受害者。专案组决定派出城西派出所女警扮成"红衣美女"，实施诱捕。

11月21日深夜，一名年轻女子在该区最热闹的大众广场上溜达。她长发披肩，打扮时尚，直到凌晨2点多钟才离开。22日深夜，女子又在广场上出现，在周围的大街小巷反复走了几圈，仍是凌晨2点才离开。

23日0点刚过，女子身穿红色高腰羽绒服，脚踩黑色高筒皮靴，再次走过广场。身后，一个瘦小的黑影时隐时现。当女子走入一片树荫下，黑影突然快跑，向她扑去。"站住！不准动！"广场周围的台阶下、树丛中冲出十余名民警，黑影一见，急忙掉头飞跑。民警当即鸣枪警告，其他设伏民警四面合围，将黑影按倒在地。

11月23日，民警将犯罪嫌疑人罗某抓获后，从其住所搜出作案刀具和受害人的手机3个。罗某供述了自10月初以来先后犯下的16起抢劫、强奸案。目前，已查明其所犯的抢劫案10起、强奸案3起、强奸未遂3起。

面对审讯，罗某某痛哭了好一阵。他说，别人告诉他，他妻子在外打工其实是做"小姐"，"我痛恨女人，我要报复"。

📑 总结与思考

1. 侦查策略与欺骗、引诱和威胁的区别是什么？
2. 侦查策略与夜间审讯、夜间搜查的区别是什么？
3. 侦查策略与道德界限的关系是什么？
4. 侦查策略与非侦查行为的区别是什么？

📑 参考阅读

1. 孙长永：《侦查程序与人权：比较法考察》，中国方正出版社2000年版。
2. 汪伟忠、尹学诚："反贪侦查谋略与非法侦查行为辨析"，载《犯罪研究》2015年第1期。
3. 杨宗辉、杨青玖："论非法取证与侦查策略——以欺骗取证立法取舍之辩为视角"，载《河南社会科学》2013年第9期。
4. 蔡艺生："侦查策略与欺骗辨析"，载《江西公安专科学校学报》2006年第5期。

工作任务五　熟悉侦查策略与法律规范

📑 工作目标

知识目标：熟悉侦查策略相关的法律规范。

能力目标：能在具体案件侦查过程中按照法律规范的要求实施侦查策略。

📑 工作情景

张某，无业青年，单身一人住。平时出手阔绰、穿着时髦。恰好该区频频发生入室盗窃案，根据群众的举报推测张某可能是犯罪嫌疑人，且张某具有重大嫌疑，公安机关依法立案侦查，在张某第一次接受公安机关的调查之后，畏罪失踪。侦查员李某、王某认为张某可能是犯罪嫌疑人，张某具有重大嫌疑，张某的家中一定还有赃物。为了及时地收集证据，获取破案线索，侦查员决定立即搜查其住所。于是，当天在没有惊动周围群众的情况下，侦查员李某、王某搜查了张某的居所。搜出彩电 5 台，国库券 3000 多元，洋烟洋酒一批。侦查员全部予以扣押，并作了登记。扣押物品的清单存入卷宗。

思考：上述案情，侦查机关采用搜查扣押等侦查策略是否妥当？

工作准备

1. 理解侦查策略的运用必须受到法律的规制。侦查策略实施的目的在于查清犯罪事实、获取证据、追缴赃物和抓捕犯罪嫌疑人等。侦查策略本身是一种侦查行为，具有侵权性和暴力性，其实施不能脱离法律的规制，必须受到法律的制约。

2. 理解侦查策略相对于法律具有的独立价值。侦查策略不是单纯的消极地服从法律，而是具有其独立的价值。

工作程序

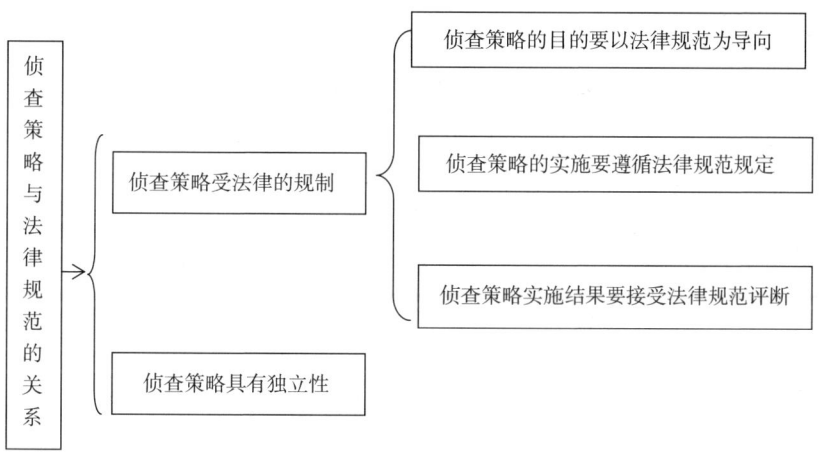

图 1-8 侦查策略与法律规范关系图

一、理解侦查策略如何受到法律的规制

（一）侦查策略的目的要以法律规范为导向

首先，侦查策略的运用必须以法律为导向，着眼于法律需要查清哪些事实、获取哪些证据，然后进行设计。如侦查策略的运用对象只能是与犯罪嫌疑案件有关的人、物、场所；侦查策略的实施对象必须是已经立案、需要侦查的犯罪事件；侦查策略的开展必须以刑法规定的犯罪的存在或可能存在为前提等。只有侦查策略严格按照法律的要求行使，其实施才具有充分的针对性和有效性，才能事半功倍，真正为侦查服务并取得实效。

（二）侦查策略的实施要遵循法律规范的规定

侦查策略本质上是一种刑事行为，其区别于民事行为。民事行为遵循自由原则，实行高度意思自治。这是由于民事行为绝大多数是私权行为，其事项内容大多仅涉及个人或数人的利益，而刑事行为不是人们个人的私事，是犯罪人对社会统治阶级的反对，是对社会秩序的破坏。刑事行为关系到社会公共利益，关系到具有强制力的公权力的行使，因此每个程序步骤都要受到法律的严格规制。

1. 侦查策略的效能发挥需要法律规范制约。由于侦查权行使的目的是恢复业已破坏的社会秩序，因此不能以对社会秩序的再次无理破坏为代价，而必须采取能为社会大众和法律所容许的手段方法，这就需要法律对侦查权的运行采取合理的制约。如对侦查主体资格的规定，对侦查程序的规定，对侦查结果的监督等。同时，侦查策略的实施必须体现法律的善良品格，即法律要求"正义不仅要实现，而且要以人们看得见的方式来实现"。具体案件侦查过程中如果单纯追求实体结果的公正，而程序上采取法律所禁止的恶性手段，则会最终否定侦查的权威，乃至法律和政府的权威。

2. 侦查策略的发展与完善需要法律规范的助益。侦查策略作为一种灵活有效的方法，其本质具有相当大的动态性，并要求给实施者以相当的资源裁量权。这种裁量就隐含着对权力滥用和对社会造成不必要危害的可能性存在。法律的合理性则会戒除侦查裁量的某种"侵权"动向，而将其制约于合理限度内，引导侦查策略不断合理化，使之能充分有效地发挥效能。

3. 侦查策略具体运行需要遵循法律规范。侦查策略的设计必须遵循刑事诉讼法对侦查的程序规定。如《刑事诉讼法》对于讯问犯罪嫌疑人、询问证人、勘验检查、搜查、扣押物证和书证的程序及采取逮捕、拘留等强制措施的条件、程序时限等都作了明确的规定。因此，在采取上述侦查措施、设计相关侦查策略时，需要严格按照《刑事诉讼法》的规定。同时，侦查策略的设计需要遵循有关侦查职能部门制定的侦查法规。如公安部主持制定的《刑事侦查工作细则》《刑事现场勘验细则》《关于刑事侦查部门分管的刑事案件及其立案标准和管理制度的规定》等。

（三）侦查策略实施结果要接受法律规范的评断

侦查策略的实施结果需要通过检察机关、法院等机构来进行评断。不管是职权主义国家还是当事人主义国家，侦查机关的权力都受到检察机关和法院的监督与制约，这就是对侦查的一种监督和评断。通过评断，能考察侦查策略是否确实发挥了作用，是否促使侦查目的的充分实现，侦查终结时事实是否查清，证据是否确实充分，法律手续是否完备。同时还是对侦查的结果是否合乎实体法律和程序法律的评断。

二、理解侦查策略相对于法律所具有的独立价值

虽然法律是现代国家和各地区的共同选择，其合理性必然是历史的选择。但是随着社会的发展，实践的不断进步，必然出现新的问题和新的矛盾，进而会出现法律不能与时俱进的矛盾，这就说明法律并不是全部合理的。"法律必须稳定，但不能僵化"，有些侦查策略在具体实施时与现行法律不断摩擦，往往是对现行法律的检验，甚至有利于推动新的法律的创制，这也使得侦查策略具有自身独立性的价值。侦查策略的广泛实践，能够不断地检验现有的刑事法律的合理性，并促进刑事法律的完善与发展。

 知识链接

非法证据排除规则

非法证据排除规则，即对非法取得的供述、非法程序获取的证据、非法搜查扣押取得的证据等予以排除的统称，也就是要求侦查机关、司法机关不得采纳非法证据将其作为定案的依据。在我国刑事诉讼制度"以侦查为中心"的背景下，刑讯逼供、非法取证问题非常突出，造成了一些冤假错案的发生，严重影响了司法公正和司法公信力。

为了避免刑讯逼供造成冤假错案，推进以审判为中心的刑事诉讼制度改革，最高人民法院出台《关于全面推进以审判为中心的刑事诉讼制度改革的实施意见》，严格试行非法证据排除规则，提示办案机关重视搜集、证明、取证合法性证据材料，减少不必要的证据争议。

该意见的主要内容有：一是在法庭调查取证之前，首先调查证据的合法性。采取刑讯逼供、暴力、威胁等非法方法搜集的犯罪嫌疑人、被告人供述和证人证言、被害人陈述以及非法搜查扣押取得的证据都依法予以排除，不得进入法庭调查。二是确立讯问同步录音录像成为证明证据合法性的关键证据，要求法庭在对证据合法性调查时重视对讯问录音录像的审查，规定讯问笔录记载内容与讯问录音录像存在实质性差异的，以讯问录音录像为准。三是确立侦查人员在必要时出庭的要求，明确规定不得以侦查人员签名并加盖公章的说明材料替代侦查人员出庭。明确经人民法院通知，侦查人员不出庭说明情况，不能排除以非法方法搜集证据情形的，对有关证据应当予以排除。四是在刑事案件审查起诉环节，检察机关应首先对侦查阶段所取得证据的合法性进行审查。发现证据不合法的应予以排除，或者要求侦查机关补充侦查。辩护人认为案件存在非法证据情况的，应及时向检察机关提出，然后由检察机关予以审查和排除。

能力训练

1. 训练目的：通过案例，分析侦查策略在遵循法律规范的同时，如何讲究策略性和方法性。

2. 训练说明：试分析下列案例中侦查策略的实施是否合理，有哪些问题。

3. 训练内容：

　　某年 8 月 10 日上午 9 时，某派出所所长李某带领民警依法对犯罪嫌疑人刘某的住所进行公开搜查，搜查中发现一间卧室住着一对陌生男女，便令该男女自己穿好衣服到客厅接受盘问。约 2 分钟后，所长李某发现陌生男子出卧室往大门外面跑，便上前阻拦，该陌生男子突然掏出手枪朝李某开了一枪，李某被击中头部当场死亡。之后在民警的合力围捕下，将犯罪嫌疑男子抓获。

总结与思考

1. 侦查策略与法律规范的关系是什么？
2. 侦查策略相对于法律规范，自身独立的价值是什么？

参考阅读

1. 郑晓均主编：《侦查策略与措施》，法律出版社 2010 年版。
2. 谢佑平、万毅：《刑事诉讼法原则：程序正义的基石》，法律出版社 2004 年版。

掌握侦查策略的种类及技巧

反侦查行为是指犯罪主体及其利害关系人为了掩盖犯罪行为，逃避法律的追究和惩罚而对侦查行为采取的直接对抗行为，它的形成、行为和具体手段都是多样化的。侦查策略依据不同的标准可以有诸多分类：依据侦查策略的功能范围，可以分为战略型侦查策略和战术型侦查策略；依据侦查策略的实施时机，可以分为先发型侦查策略和后发型侦查策略；依据侦查策略为我所用的条件，可分为利用型侦查策略和诱导型侦查策略；依据侦查策略施谋的作用效果，分为迷惑型侦查策略和调动型侦查策略；依据侦查策略对侦查对象施加心理压力的方式，分为加压型侦查策略和减压型侦查策略。常用的侦查策略技巧包括：藉众策略、制权策略、宽严相济策略、攻心策略、快捷策略、内线侦查策略、利用矛盾策略、双刃策略、排除干扰和阻力策略等。

工作任务一　认识反侦查行为

工作目标

知识目标：了解反侦查行为的形成、特点和具体手段。

能力目标：学会分析和利用反侦查行为来推进侦查工作。

工作情景

慧眼识蹊跷

2004年12月9日早6时，有人发现村民李某某死于自己家中。经勘查，死者仰卧于自己独居卧室的床上，死者的衣兜被翻动、掏出，身盖一条棉被；头部两侧的床面上有大量喷溅血迹，头部左侧颅骨塌陷；肋骨呈广泛性骨折；颈部有9cm长的切割伤。该床下一块红砖的棱角处沾有血迹，刀柄上有两枚灰粉色指纹。床边桌子上的煤油灯罩上有两枚浅红色粉末的加层指纹。室内被翻动，大量谷物、地瓜粉散落在地。经法医检验，死者是最后一次进餐 6 小时后死亡的。经调查，死者 8 日晚 6 时在邻居家吃的晚饭。

思考：犯罪现场是否有伪装？犯罪过程是如何进行的？下一步采取什么样的侦查措施开展侦查工作？

工作准备

1. 掌握反侦查行为的含义。它是指犯罪主体及其利害关系人为了掩盖犯罪行为，逃避法律的追究和惩罚而针对侦查行为采取的直接对抗行为。

2. 认识反侦查行为的特点。反侦查行为是犯罪主体及其利害关系人针对抽象侦查行为的事先策划，具有预谋性、对抗性、破坏性和隐蔽性的特点。

3. 了解反侦查行为的形成。犯罪主体针对抽象的侦查行为设置情景，让侦查工作陷入被动、僵局，该行为本身会彰显犯罪分子的专业知识、职业技能、犯罪经验、犯罪团伙的集体智慧等。

4. 掌握反侦查行为的具体手段。其包括：毁证匿迹、转移侦查视线、掩盖犯罪动机、对抗审讯、拒捕外逃、拉拢、腐蚀办案人员、威胁证人、杀人灭口等。

工作程序

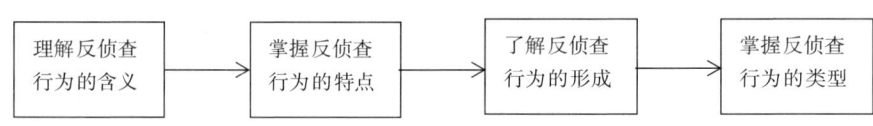

图 2-1　了解反侦查行为工作程序图

一、理解反侦查行为的含义

反侦查行为是指犯罪主体及其利害关系人为了掩盖犯罪行为，逃避法律的追究和惩罚而针对侦查行为采取的直接对抗行为。注意以下几个方面：

1. 反侦查行为的主体是犯罪主体及其利害关系人。首先，犯罪分子在作案过程中会事先策划好如何防止、避免暴露引起侦查；案发后如何对抗、逃跑、处理赃物；被捕后如何对抗审讯、审判等。其次，犯罪分子的利害关系人也可能帮助犯罪分子逃避侦查打击而成为反侦查主体。例如，证人作伪证掩盖犯罪分子的作案时间，帮助犯罪分子藏匿赃物，为犯罪分子提供资金帮助和隐蔽场所等。

2. 反侦查行为的目的——对抗侦查。犯罪分子实施反侦查行为的目的是对抗侦查，逃避法律的制裁。在犯罪行为与侦查行为激烈的对抗中，犯罪分子一方面针对具体的侦查措施或技术实施，如消除现场的足迹和指纹使侦查人员难以采集证据，毁尸灭迹让侦查工作难以还原尸体原貌进行辨认。另一方面犯罪分子受趋利避害的心理强化，会针对想象中的侦查活动采取反侦查行为，如事先了解侦查活动规律而有意避让、隐蔽等。

3. 反侦查行为实施的时间。由于反侦查行为的目的就是对抗侦查活动，因此只要侦查活动存在，反侦查行为就相应存在。首先，在犯罪阶段，犯罪分子可能在具体个案犯罪的任何环节实施反侦查行为，也可仅针对某一环节实施。其次，在侦查阶段，从侦查活动启动到终结，反侦查行为都可能出现在整个侦查活动中，包括犯罪嫌疑人归案前的了解警方动向、通过各种手段规避，也包括归案后审讯阶段、羁押阶段谎供、拒供等行为。最后，在起诉审判执行阶段，翻供、串供、伪证等情形依然屡见不鲜。

4. 反侦查行为与犯罪行为。在许多犯罪活动中，反侦查手段同犯罪手段交融在一起，很难区分。所以侦查行为与犯罪行为有下列关系：①一般关系，如犯罪分子对预谋作案的地点进行踩点，对现场进行清理打扫，对逃避路线的选择等，这是犯罪分子本能的反应，这些行为属于反侦查行为；②违法行为，如犯罪分子利用一些违禁物品、管制物品进行的犯罪，使用伪造、变造的身份证明、印章、票据、凭证等行为，本身具有一定的社会危害性但尚不构成刑事处罚，则属于反侦查行为；③犯罪行为——用一种犯罪来掩盖另一种犯罪，应受到刑法的处罚，如常见暴力案件的杀人灭口、纵火焚尸，又如《刑法》第305条的伪证罪、第310条的窝藏罪、包庇罪等，因此需要将反侦查行为引起的犯罪同主要的犯罪行为区分开来。以对抗侦查为主还是为了犯罪的目的，是区分犯罪行为与反侦查行为的根本界限。

二、掌握反侦查行为的特点

随着科学技术的进步、社会的发展，犯罪手段有了许多新的变化，犯罪分子为了逃避侦查与法律的制裁，总是千方百计地改变犯罪的手段和方法。同时，为了应付日益复杂的犯罪，侦查行为本身也在不断发展，使得侦查与反侦查的斗争日益激烈，在这个过程中，反侦查行为也在不断变化发展。

（一）反侦查行为与犯罪行为联系紧密

实践中，反侦查行为与犯罪行为有三种关系：①反侦查行为本身就是犯罪行为，如包庇罪、窝藏罪、教唆罪、伪证罪等；②反侦查行为与犯罪行为有比较明确的界限，二者独立开来，互不融合，如犯罪分子犯罪后整容、化装等行为；③犯罪行为内在包含反侦查行为，反侦查行为就是犯罪行为的一部分，两者相互融合，如遥控爆炸装置，本身是一种反侦查行为，又是一种爆炸行为。

（二）反侦查行为具有积极性和消极性

犯罪分子基于趋利避害的心理实施一些反侦查行为，以期逃避法律的制裁与惩罚，从而实现犯罪的目的。因此犯罪分子会实施一些防御性行为，这种行为具有积极性与消极性的特征。所谓积极性的反侦查行为，表现在破坏犯罪现场、毁灭证据、暴力对抗等，使得犯罪分子获得间接的安全感。所谓的消极性的反侦查行为，表现在犯罪分子实施犯罪后才考虑逃跑、藏匿、谎供和拒供等，通过消极防御来获得心理的安全感。

（三）反侦查行为的科技化和智能化

犯罪分子实施反侦查行为企图使犯罪案件证据无法保全，撇清自己与案件的关系，犯罪后逍遥法外，让侦查工作陷入被动。因此他们更会事先学习犯罪手法、利用一切可以利用的技术和手段来实施犯罪，规避侦查打击，给侦查工作带来诸多困难。因此，侦查工作必须研究犯罪规律，以期"稳、准、狠""借力打力"等实现打击犯罪的手法。但对犯罪规律的研究离不开对反侦查行为的研究，因为当今日趋先进的科学技术为犯罪分子提供了更多的作案手段和先进的作案工具，这使得犯罪活动成功率更高、隐蔽性更强，犯罪分子的反侦查能力增强。同时，生活在科技与信息时代的犯罪分子，受教育程度、职业技能、智商程度、个人心理等促使其实施犯罪时更加智能化，因此其反侦查行为的智能化特征日趋明显。

（四）反侦查行为的隐蔽性与迷惑性

由于反侦查行为主要围绕反初查、反立案、反侦查措施、反侦查策略、反缉捕等对抗、干扰、妨碍案件侦查活动的进行，因此反侦查行为具有隐蔽性和迷惑性。其反侦查行为的隐蔽性体现在：①犯罪分子实施反侦查行为本身比较隐蔽，除少数案件比如贩毒案件中的武装暴力对抗外，多数的反侦查行为都是在比较隐蔽的情况下实施的，是犯罪分子针对可能出现的或假想的侦查行为所采取的阻碍、规避侦查活动。②反侦查行为的动机就是为了隐蔽自己、撇清自己与案件的关系，因此犯罪分子总是千方百计地在犯罪实施的各个阶段，从时间、空间、证据、人身等各方面采取各种方法斩断自己与案件的联系。另一方面反侦查行为又具有迷惑性，犯罪分子实施的反侦查行为最终目的是企图逃避侦查和法律制裁，他们会使用各种伎俩、制造假象，蒙蔽周围的人及侦查机关，例如假装投案、造谣惑众等。

三、了解反侦查行为的形成

自从犯罪行为与侦查行为同时出现、相互针对开始，它们之间的对抗就从来没有停止过，对抗的形式——反侦查行为应运而生。随着人类社会的发展，作案人的反侦查意识不断增强，反侦查行为更加多样，这场"犯罪—侦查—反侦查"的对抗日趋激烈，不断发展，对抗领域不断延伸，手段变化多样。因此，只要有犯罪行为，就会有侦查行为。只要有侦查行为，就会有反侦查行为。反侦查行为就是从"行为—犯罪行为—侦查行为—反侦查行为"的逻辑发展而来的，这场"犯罪—侦查—反侦查"的激烈较量不会停止，最终是否破案，取决于侦查行为能否最终战胜反侦查行为。反侦查行为的形成受以下几方面的影响：

1. 反侦查行为受犯罪分子犯罪经验的影响。一般情况下，初犯的犯罪经验往往不足，甚至犯罪时因为惊慌失措在现场留下更多的犯罪证据，因此其反侦查能力也不足。

而对于累犯或再犯等犯罪分子，他们与公安机关打交道的经验多，了解更多的侦查规律、措施和手段，其具备相应的反侦查能力，会在犯罪过程中为侦查工作设置重重障碍。

2. 犯罪分子的反侦查能力受专业知识、职业技能、智商程度、社会关系、心理特征等影响。如果犯罪分子在某领域具有专业的知识和职业技能，那么很可能犯罪分子比公安机关在这方面的认识更深入、掌握知识和技能更主动，这为犯罪分子的反侦查行为提供了便利。

（1）反侦查行为受犯罪人之间的"犯罪经验"影响。某些犯罪团伙中某些犯罪分子基于自身的经历或知识，对侦查机关的措施、手段和相关法律法规有所了解，自身具备反侦查行为能力。于是，就会传授、交流反侦查经验、训练反侦查行为能力，让这种技能"交叉感染"。

（2）反侦查行为受广电传媒的影响。当今媒体对一些刑事案件的剖析越来越深入、清晰，这一方面宣传了侦查机关强大的力量及法律的威慑力，另一方面暴露了侦查机关的种种侦查手段、措施和策略，让犯罪分子"知己知彼"，助长了其反侦查能力。

（3）反侦查行为往往在司法腐败环境下有了生存的空间。有些司法人员基于主观或客观的原因，可能存在种种腐败行为，可能存在执法不严等现象，这些给犯罪分子的反侦查行为提供了滋生的温床。

四、掌握反侦查行为的基本类型

对反侦查行为进行分类，有利于我们研究反侦查行为的规律和特点，提高识别和利用反侦查的能力，有利于侦查人员制定更有针对性的侦查策略，实施更有效的侦查措施。根据不同的标准和角度，学界对反侦查行为进行了各种分类，如根据反侦查行为实施的阶段，分为预备阶段的反侦查行为，实施阶段的反侦查行为，实施后的反侦查行为，审讯阶段的反侦查行为；根据实施反侦查行为的主体不同，分为犯罪人实施的反侦查行为，犯罪相关人员实施的反侦查行为等。我们认为，犯罪分子实施反侦查行为是基于本能的趋利避害的心理，实施一些积极、消极等行为去规避自己的犯罪行为，逃脱法律的制裁和打击。因此，我们根据反侦查行为的行为方式和特点进行分类，分为积极性的反侦查行为和消极性的反侦查行为。

（一）积极性的反侦查行为

积极性的反侦查行为是犯罪分子在犯罪的各个阶段主动、积极实施的破坏、迷惑、干扰、暴力对抗等积极的方式阻碍侦查，逃避法律追究。典型的行为方式有：

1. 破坏型反侦查行为。破坏型的反侦查行为一般在犯罪实施过程中，通过对于犯罪有关的人、事、物进行破坏，使侦查目标消失，增加侦查工作的难度，因此是一项危害性大，但对于犯罪分子来说又是非常有效的行为。具体有以下几种方式：

（1）毁证灭迹。犯罪分子往往在犯罪后毁灭或伪造犯罪现场、销毁或伪造物证，使得证据线索等不易被发现或提取。

（2）串供、订立攻守同盟，对抗审讯。犯罪分子实施犯罪后，同犯罪集团的其他成员之间相互制造虚假供词，并承诺相互包庇、不供述犯罪事实、拒不交代犯罪事实等，阻碍侦查讯问工作。

（3）唆使、欺骗、强迫他人作伪证，甚至杀人灭口。言辞证据，尤其证人证言等，是证据种类中的重要部分，犯罪分子往往唆使、欺骗、威胁证人，使其作伪证，或杀人灭口使其不能作证来破坏侦查线索、毁灭犯罪证据，以达到掩盖罪行的目的。

2. 干扰型反侦查行为。干扰型反侦查行为是指犯罪分子并不直接单独对抗侦查，而是借助其他因素阻碍侦查活动的行为。具体表现为以下几种方式：

（1）拉拢、腐蚀办案人员，寻求保护伞。在单位、社会组织，甚至黑社会等组织中进行拉拢、腐蚀、寻求庇护。而庇护力量为了团体利益，往往以保护市场经济、地方经济为借口，出面对侦查活动进行干扰、阻扰。

（2）制造假象，转移侦查视线。犯罪分子在犯罪后，可能不会坐以待毙，他们往往会四处打听侦查机关的行动，并试图制造各种假象干扰侦查视线，拖延侦查行动。

（3）掩盖犯罪动机。犯罪动机是侦查的一个重要的线索和依据。犯罪分子在犯罪后，往往会通过伪造现场等方式试图掩盖犯罪动机，以达到干扰侦查的目的。

（4）煽动不明真相的人员。例如煽动邻居、周围同事等，利用舆论、暴力、权力、压力阻碍侦查人员的办案。

（5）嫁祸他人。通过以其他案件掩盖自己的犯罪案件的手段，将责任转嫁给其他人。

3. 暴力对抗型反侦查行为。这类反侦查行为强调犯罪分子在犯罪的各个阶段，直接对侦查人员或家属采取暴力、以暴力相威胁的手段阻滞侦查行为。如贩毒案件中的武装对抗，有过参军或习武等特殊经历的犯罪分子的拒捕行为；如犯罪分子威胁证人，使其不能作证，或者杀人灭口，以达到掩盖罪行的目的。

（二）消极性的反侦查行为

消极性的反侦查行为也包括被动的反侦查行为，指犯罪分子在实施犯罪行为时尽量减少能够暴露自己的痕迹、物证，并在犯罪实施后的藏匿、潜逃、拒供等类似的反侦查行为。具体有以下几种方式：

1. 拒捕、外逃、藏匿。犯罪分子在犯罪后，由于惧怕侦查机关打击，在自身暴露的情况下被迫采取一种被动手段，外逃藏匿，以逃避侦查。

2. 拒供、谎供、自残，甚至自杀。部分犯罪分子在自身暴露或已经归案的情形下常常拒供、谎供，或者采取如吞食小型作案工具、服毒、跳楼等方式来拖延侦查时间，阻碍侦查工作进程。

3. 冒名顶替，"偷梁换柱"。实践中，父母为子女顶罪，马仔为犯罪团伙头目顶罪，穷人为富人顶罪等，这种行为存在着血缘或利益关系，给侦查工作带来了较大难度。

 **知识链接**

同步录音录像对反侦查行为的作用

由于侦查讯问实践中，犯罪嫌疑人通常具有相当的社会经验，甚至有些在政府中担任一定的职务，文化程度较高，比较熟悉法律规定，明白口供的重要性，反侦查能力强，加上对侦查人员一般的讯问技巧、讯问模式较为熟悉，这就为侦查人员通过讯问犯罪嫌疑人获取真实口供增加了难度。但与犯罪嫌疑人较强的反侦查意识相对应的侦查机关的侦查讯问手段相对落后，同时也没有先进的技术手段获取到充足的物证书证，这在很大程度上诱使了刑讯逼供行为的出现。

为了进一步防止刑讯逼供行为的出现，法律规定了同步录像制度，并对侦查过程中同步录音录像制度进行了整体性规定。

同步录音录像资料，一方面可以充分佐证犯罪嫌疑人的供述，有效应对其悔供翻供，实现对犯罪的有力打击；另一方面可以对侦查人员的讯问过程进行监督，防止刑讯、暴力等非法取证行为发生。这种制度的规定一方面有利于促使"侦查中心主义"向"审批中心主义"转变，明确侦查的基础、首要环节地位。另一方面，通过对侦查过程同步录音录像，使监督制度深入到侦查具体环节、过程，实现全程为人权保驾护航。

能力训练

1. 训练目的：通过实训，让学生能识别犯罪分子的反侦查行为，并学会如何采取有针对性的侦查措施应对反侦查行为，开展侦查工作。

2. 训练说明：试分析下列案例，总结犯罪人作案手法及反侦查行为，思考应该采取何种策略应对其反侦查行为。

3. 训练内容：

"杀人凶魔"被通缉 17 年，缘何如此难抓？

1992 年 4 月 25 日，27 岁的尚某某在某市入室劫杀了一名女子，抢走彩电一台，当年被立案通缉。因当时网络不发达，4 年后，警方将其在网上进行通缉。从 2007 年 4 月 29 日至 2009 年 5 月 1 日，尚某某又在广州故意杀人作案 3 起。

2009 年，警方接到群众报警称，在某住户家的洗手间下水道处发现大量尸块。民警勘查后初步确定该栋出租楼 401 房为尸体肢解现场，但现场留下的痕迹稀少，甚至连死亡人数都难以确定。警方火速调来了两条血迹搜寻犬进行勘查。血迹搜寻犬搜至横岭中街一巷 12 号西侧楼底时，对一只白色棉质女袜作出了示警反应。经查发现，袜子上有血迹，后经证实，与碎尸案有关。随后，警犬又在某道南侧的垃圾车停放点对一辆垃圾车作出反应。经查，里面有一件带血的白底黑点女性上衣、一条带血并附着少量碎肉的床单、一条带血并附着少量肉丝的黑色男裤、一条毛巾被、一只蓝色女式高跟鞋及多件女性衣物。警方发现，警犬搜获的蓝色女式高跟鞋与现场遗留的一只蓝色女式高跟鞋相同。警方调查确定受害人为一男一女，立案侦查。后经侦查，警方确定该案系尚某某伙同他人所为，其入室抢劫时将屋内的一对男女杀害。

通过侦查发现，尚某某是个反侦查能力极强的高智商凶犯，"相当狡猾"：

1. 其不断变换使用假名，平时喜戴休闲帽和墨镜，掩藏能力较强，身材中等加上会说广东话，也不易被人注意。

2. 尚某某多是纠结他人团伙作案，是"指挥者"，作案地点多选择在偏远的城郊地区。但对同伙，尚某某绝不"露底"，对其身份背景、人际关系等基本信息严加保密，可谓行踪诡异。

3. 个人行踪保密，居住地点多选于都市村庄，便于隐藏，身份保密。

📝 总结与思考

1. 简述反侦查行为的概念及特点。
2. 简述反侦查行为的形成条件。
3. 简述反侦查行为的基本类型。

📝 参考阅读

1. 张晓康："反侦查行为及防控对策研究"，西南政法大学 2010 年硕士学位论文。
2. 李明蓉："同步录音录像制度运行中的若干问题探析——以福建省职务犯罪案件为观察对象"，载《证据科学》2016 年第 6 期。

工作任务二　掌握侦查策略的分类

📝 工作目标

知识目标：了解侦查策略按照不同的分类标准划分的不同种类。

能力目标：熟练掌握不同侦查策略种类，学会在具体案件中如何应用。

✎ **工作情景**

庄遵放嫂擒奸叔冤获雪
——侦查策略之"欲擒故纵"

东汉时，扬州陵阳县发生一起杀兄案。

一天早晨，一个女子在房中揪住自己的小叔子，大呼大叫："这可怎么得了啊！小叔子要强奸嫂子，把他哥哥杀死啦！"闻声来了许多看热闹的人。只见女子的丈夫倒毙在血泊中，小叔子身上沾满了血迹，面无人色，语无伦次。

接着，这女子到县衙门告官。县官将小叔子抓来，刑讯几个回合，小叔子就供认自己图谋奸嫂，杀了哥哥。又有满身血迹为证，所以立即被打入死牢里。扬州刺史庄遵，这天到陵阳县察访，正巧遇上此案。问清了案子的来龙去脉后，升堂重新审问凶犯。堂上，先是女子照旧哭诉一番，然后庄遵问小叔子有什么可申诉的。

小叔子说："我早上发现嫂子与别人私通，杀害了我的哥哥，我就闯进兄嫂的房间捉奸，没想到一进房门就被嫂子揪住，她摸起我哥哥的血就往我身上涂抹，又喊又叫，诬赖我要奸污她并杀了哥哥。我一时气昏，有口难辩。县衙大堂，刑罚太狠，无法忍受，才招认了奸嫂杀兄，求青天大老爷作主。"

庄遵听罢，觉得案情并不简单，一时真伪难辨。于是当众宣布："这个小叔子真是大逆不道，应依法处置，先监禁起来，可将其嫂子放回。"然后，庄遵密令差役半夜时分潜藏在女子窗外墙下偷听。当夜，果然有奸夫到来。他走进屋子就问："这位刺史大人审问小叔子后，有什么疑心吗？"女子笑着说："一点疑心都没有。"说罢，两人大喜，相互嬉戏。差役当即闯进屋去，将奸夫淫妇擒拿归案。小叔子总算免去一场杀身之祸。

✎ **工作准备**

理解侦查策略依据不同的标准有多种分类：

1. 依据侦查策略的功能范围，可以分为战略型侦查策略和战术型侦查策略。

2. 依据侦查策略的实施时机，可以分为先发型侦查策略和后发型侦查策略。

3. 依据侦查策略为我所用的条件，可分为利用型侦查策略和诱导型侦查策略。

4. 依据侦查策略施谋的作用效果，分为迷惑型侦查策略和调动型侦查策略。

5. 依据侦查策略对侦查对象施加心理压力的方式，分为加压型侦查策略和减压型侦查策略。

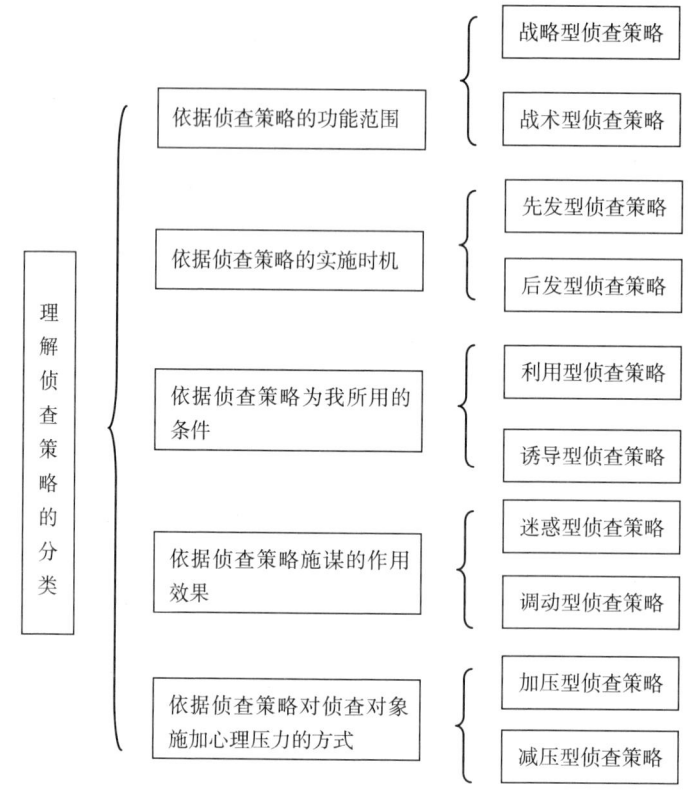

图 2-2　侦查策略的分类工作程序图

一、依据侦查策略的功能范围，可分为战略型侦查策略和战术型侦查策略

（一）战略型侦查策略

战略型侦查策略又称宏观侦查策略，它是为侦查的战略目标服务的。战略型侦查策略是以刑事犯罪的规律特点为基础而制定的，制约侦查基本方向的全局性的侦查方针和方式。如"侦防并举""将犯罪制止在预谋阶段"和"主动进攻先发制敌"等。

（二）战术型侦查策略

战术型侦查策略是为侦查的战术目标服务的，运用于具体刑事案件的侦查过程中，包括两个方面：一是对整个案件的侦查活动起组合设计和制约作用的侦查策略，它是在提起侦查后对案件分析判断基础上确定的；二是在侦查过程中的某一阶段或某一环节中运用的侦查策略，它能保证某一环节或某一侦查措施的有效性，从而保证侦查策略的实施和成功运用。

战略型侦查策略和战术型侦查策略在侦查策略体系中具有从属关系，它们相互依存和相辅相成。战略型侦查策略是战术型侦查策略得以实现的保障。同时，两者又不是绝对的，在某一范围属于战略型的侦查策略，相对更大的范围而言则属于战术型的侦查策略。

二、依据侦查策略的实施时机，可分为先发型侦查策略和后发型侦查策略

（一）先发型侦查策略

1. 先发型侦查策略的含义。先发型侦查策略是指在犯罪人预备犯罪阶段或实施犯罪后立足未稳时，侦查机关迅速、主动地开展侦查，抓获犯罪嫌疑人，及时破案的策略。先发型侦查策略包含两层含义：一是侦查机关主动出击，把犯罪人的重大犯罪活动制止或消灭在预谋阶段，以避免或减少犯罪造成的损失；二是抓住战机，采取时效性强的侦查措施，如追击堵截、预伏守候、控制销赃等，迅速发现和缉获犯罪人。在不同的侦查阶段，先发型侦查策略的侧重点有所不同。首先，在侦查初期，为了抓住时机、争取主动，趁案犯犯罪后还未得到喘息机会，出其不意，攻其不备。在侦查中期，可以逼案犯暴露，案犯已明确时，可以对其漏洞、空隙发动主动进攻，或攻其不备，打乱其掩盖犯罪的反侦查防御体系。在拘捕犯罪嫌疑人后，可以突破顽抗、拒供的防线，逼使犯罪嫌疑人认罪交待。

2. 先发型侦查策略的运用。

（1）主动出击。指在侦查中，抓住战机，先下手为强，将犯罪分子的重大犯罪活动制止在预谋阶段。实施要点：一是收集准确、详尽的犯罪情报；二是结合秘密侦查措施和保护转移被侵害目标等多项任务有机结合。

（2）以快制胜。指针对犯罪分子作案快、逃跑快、销赃快、藏身快的特点而制定的作战策略。实施要点：接警快、出警快、现场勘查快、分析案情快、查证线索快、取证快、捕获犯罪分子快，防止犯罪分子逃窜、销赃、毁证和继续犯罪。

（3）攻其不备。指在犯罪分子没有防备或来不及防备的情况下，乘虚而入，给犯罪分子造成措手不及的局面。实施要点：要选择死角，即犯罪分子未加防范之处；战略上欺骗、战术上突然相结合；局部上与其他侦查策略结合，达到侦查的预期目的。

（二）后发型侦查策略

1. 后发型侦查策略的含义。后发型侦查策略是指在不了解犯罪人及其犯罪活动的具体情况时，为了促使犯罪嫌疑人充分暴露而在必要的等待时机的过程中相机采取的策略。后发型侦查策略不是消极和被动的等待，而是积极寻找时机，获取线索，发现证据。后发型侦查策略通常适用于：一是案情复杂，涉及面广，犯罪集团内幕情况复杂或犯罪分子境内外相互勾结，主犯尚在境外，不能速战速决，及时破案，需要采取长期经营、后发制敌的策略；二是案件线索少，证据不足，犯罪分子的弱点尚未完全暴露，如果仓促行动容易打草惊蛇，陷入被动；三是犯罪分子暴力劫持人质案件的处置中，以人质的生命安全相要挟，这时我方可以做出"妥协""让步"。如在境内外的犯罪人相互勾结实施犯罪案件的侦查中，除了在政治上、经济上可能造成严重危害结果的案件应及时破案外，为了查明犯罪活动的内幕，在采取严密的侦查控制措施的前提下，可实施长期经营或后发制人的侦查策略。

2. 后发型侦查策略的运用。

（1）以静制动。指在对案情不甚了解的情况下暂时不出击，静待犯罪分子充分暴露弱点或企图后，再乘机采取行动，一举突破全案的一种策略方式。实施要点：严重暴力犯罪案件中，犯罪分子占据有利地形，我方硬拼则会造成伤亡，则应该等待犯罪分子断水、断粮，等待时机。

（2）缓兵之计。指在敌强我弱、形势不宜立即决战的情形下运用的一种策略。我方巧妙地拖延时间，缓和局势，稳住阵脚，以退为进，在等待中寻找和创造新的战机。实施要点：例如在劫持人质案件中，敌我力量悬殊较大，我方即使先下手也难以控制局面，没有制胜的十足把握时，则需以退为进，审时度势，等待战机。

（3）网开一面。指已被包围之敌，由于占据有利的地形或条件，不易就地将其制服，我方可对包围之敌故意留下缺口、虚留生路、暗设口袋，制服犯罪分子。例如当犯罪分子所在地有易燃、易爆、剧毒物品，不宜就地实施强攻时，我方可采用网开一面的策略。实施要点：围三缺一，三面佯攻惑敌，一面虚留生路；暗设伏兵布下罗网缉敌。

三、依据侦查策略为我所用的条件，可分为利用型侦查策略和诱导型侦查策略

（一）利用型侦查策略

1. 利用型侦查策略的含义。利用型侦查策略是指侦查人员在充分研究侦查对象心理特点的基础上，抓住其矛盾或弱点为侦查所用时，所采取的侦查策略。如利用犯罪机关或犯罪团伙内部的矛盾或冲突，达到分化瓦解、各个击破的侦查目的；从分析侦查对象思想动向、性格特点、生活嗜好等个人情况入手，寻找可以利用的条件和机会。在侦查实践中广泛运用的"利用弱点，避实击虚""利用矛盾，各个击破"都属于利用型侦查策略。

2. 利用型侦查策略的运用。

（1）将计就计。指把侦查对象的阴谋诡计借过来为我所用，顺计施策，使犯罪分子自以为得意时反而中计的一种策略方法。实施要点：首先，我方应对犯罪分子的反侦查伎俩采取迷惑手段，佯顺其意，给予"默认"；其次，在犯罪分子上当而产生认识错觉时，顺水推舟；最后，当犯罪分子展露破绽时，我方要适时反击。

（2）分化瓦解。指充分利用犯罪分子之间的矛盾和冲突，设法扩大他们内部的分歧，推动矛盾激化，抓住其薄弱环节，逐个加以突破，最后达到一网打尽的目的。实

施要点：首先，选准突破口，选择犯罪集团有弱点的成员，"拉出来"并掌握"把柄"秘密控制；其次，分化瓦解，找到犯罪集团内部的"矛盾"或"空隙"的触发点后，要不露声色、不留行迹地设法加深、恶化其矛盾，使其相互泄露对方的罪恶真相；最后，各个击破，当犯罪团伙之间产生冲突时，进一步瓦解共同防御体系，使他们在相互攻击、冲突中暴露更多犯罪事实。

（二）诱导型侦查策略

1. 诱导型侦查策略的含义。诱导型侦查策略是指侦查人员通过创设情境、设置诱饵等方法，利而诱之，因势利导，诱导犯罪分子产生判断上的失误，从而使其暴露自己、落入我方圈套的一种斗争方式与艺术。在实践中，常用"明撤暗侦、诱敌返回"之计来缉捕仓促潜逃、躲避风头的侦查对象；用"围三缺一、网开一面、虚留生路"之计来缉捕占据有利地形、负隅顽抗的暴力犯罪分子。

2. 诱导型侦查策略的运用。

（1）垂饵引赃。指假借某种交易名义，诱使侦查对象暴露出赃物、赃款，并设法在"成交"时人赃俱获。实施要点：在一些盗窃、抢劫、贩毒及文物、金银走私案件中，侦查人员发现侦查对象意欲销赃，顺势而为地在适当地点设置收购点引出持赃人，或蹲市场招引买主，也可由第三者牵线搭桥，出高价诱赃出笼。但是这项措施实施时切记不可掉以轻心，否则容易"赔了夫人又折兵"。

（2）引蛇出洞。指侦查人员通过设置态势诱饵、引敌自我暴露的谋略形式。实施要点：一是创设"引"的环境条件，根据以往发生的环境条件，不能创设使犯罪分子实施犯罪的条件；二是要"引"得巧妙自然，选择的时机、火候要恰到好处。这种谋略策略主要适用于连续发生的拦路抢劫、强奸案件和被绑架勒索案件中。

四、根据侦查策略施谋的作用效果，分为迷惑型侦查策略和调动型侦查策略

（一）迷惑型侦查策略

1. 迷惑型侦查策略的含义。迷惑型侦查策略是侦查人员通过一定的方式分散、转移犯罪分子的注意力，使其在关键问题上失去警觉或松懈防御，产生一种安全感和错觉，而在不知不觉中暴露蛛丝马迹并落入我方圈套的一种谋略形式。在实践中，当犯罪分子伪装现场、转移侦查视线、企图嫁祸他人时，侦查人员可假装将侦查视线引向犯罪分子企望的方向或对象，从而使其放松，麻痹大意，露出证据；当侦查线索少，嫌疑对象不明时，可采用迷惑性策略诱敌暴露；当犯罪分子作案后"隐而不露""按兵不动"，侦查工作停滞不前时，侦查人员可以采用虚张声势赶鸟出笼，故布疑阵诱敌暴露；在追捕持枪逃犯过程中，犯罪分子占据有利地形、负隅顽抗，我方处于不利地位，侦查人员也可采用此法以智取胜；在秘密侦查措施的运用中，侦查人员可采取公开的形式掩护秘密取证，用化装的方法打入犯罪集团内部进行内线侦查。

2. 迷惑型侦查策略的运用。

（1）声东击西。指佯装攻东，而实则攻西，这是伪装主攻方向，争取侦查主动权的一种策略形式。常用在以下情形：一是经分析认为是内部人作案的而又不知作案人是谁，为了促其暴露，使用声东击西之计，宣称"侦查工作已转向外部"，但暗中布置可靠力量，严密观察内部人员动态。二是当发现把一般嫌疑对象当作主要对象追查，而真正的犯罪分子却未触动的情况后，应把其稳住，并用明攻一般嫌疑人、暗袭真正犯罪分子的策略。三是在解救绑架人质时，犯罪分子已经被包围，如果采取强攻就会危及人质安全，此时则需要公安人员对其喊话劝降，一方面引嫌疑对象的注意力到强大的侦查力量及强攻之势，而忽视暗中布置的隐秘强攻力量，以便突袭成功。

（2）示假隐真。指把秘密的侦查计谋隐藏在公开的事物之中，在不暴露侦查意图的条件下去完成某项侦查任务的斗争策略。实践中运用较广：通过侦查对象本人或侦查对象关系密切的亲友了解情况；为了获得犯罪集团内部情况必须深入虎穴进行内线侦查；为了达到其他目的而使用将计就计、声东击西、调虎离山的侦查策略等，都必须用示假隐真的策略去迷惑犯罪嫌疑人才能成功。

（二）调动型侦查策略

1. 调动型侦查策略含义。调动型侦查策略是侦查人员采用某些方法在侦查对象的周围设置一道情景，造成有利于其活动的假象，投其所好地去影响、牵动、调动侦查对象由静变动、由潜变显，从而使其暴露出破绽而所用的策略方法。调动型策略的主要方法是设置假象，投其所好，其目的是诱使侦查对象暴露，争取侦查工作主动。在侦查实践中，常用的调动型侦查策略有"调虎离山""欲擒故纵"等。

2. 调动型侦查策略的运用。

（1）调虎离山。指侦查人员为了变劣势为优势而设法调动犯罪嫌疑人的一种侦查策略。实践中，在执行密搜、密取、密捕任务时可以用此计；在侦查共同犯罪或集团犯罪案件中，为割断侦查对象之间的联系，也可用此计；对某些对象的侦查，为不使其觉察我方的侦查意图，有利于发动群众检举揭发，也必须用此计；在侦查持枪杀人、抢劫和预谋爆炸等案件时，为了避免造成伤亡和损失，或者"擒贼擒王"，利用内线或使用诱饵，诱使犯罪嫌疑人离开有利的地形地物，进入预伏地点，以便围而歼之，也是调虎离山之计。

（2）欲擒故纵。指想要擒获犯罪嫌疑人，但为实现某种侦查意图而故意暂时放纵对方，待达到我目的之后即将其擒获归案。其实施分为三个环节：一是消除疑虑，消除侦查对象的疑虑，暂时放松一下敌人，使其产生侥幸心理造成错觉，"疏其所防"，麻痹敌人。二是促其活动，犯罪嫌疑人在疏防之后才会放心大胆活动。三是取证，犯罪嫌疑人在疏防状态下露出破绽，侦查人员趁机取证。

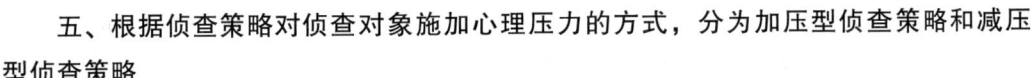

五、根据侦查策略对侦查对象施加心理压力的方式，分为加压型侦查策略和减压型侦查策略

（一）加压型侦查策略

1. 加压型侦查策略的含义。加压型侦查策略就是采用一定的方法造成犯罪分子的心理紧张，使其失去正常的理智感，从而促使犯罪分子主动暴露破绽的一种谋略方式。加压型侦查策略的使用条件：一是案件涉及范围不大；二是疑难重点比较明确，可能是偶犯、初犯所为；三是犯罪分子可能掩赃不动；四是具有控制条件。加压型侦查策略的目的是促使侦查对象投案自首，让其在慌乱中暴露，所以必须具备一定的控制条件，通过控制，了解其行踪和心理，使其心理向自首的方向转化。

2. 加压型侦查策略的运用。

（1）敲山震虎。指侦查人员以威慑力为后盾，利用犯罪分子作案后的惊恐、动摇心理，通过施加心理压力，促使犯罪分子投案自首或自我暴露的某种策略。实施要点：充分掌握犯罪分子的心理特点，"敲"其要害，造成犯罪分子惊恐失措，从而达到"自我暴露"。同时各种监控侦查措施要跟上，必要时经过批准，可采用技侦手段，对重大犯罪嫌疑人做到不失控。对于持枪或爆炸物等严重暴力分子，不可采用此计。

（2）刚柔相济。指运用刚柔策略向犯罪分子实施攻心战的一种斗争艺术。实施要点：一是根据不同类型犯罪分子的情况以及他们在侦查各阶段的心理状态、思想顾虑的变化情况，制定实施方案，对症下药。二是注意把握刚柔的运用节奏，有硬有软，软硬兼施，使其相得益彰。三是以势攻心，侦查人员在适当时机制造"泰山压顶"之势，给其迎头痛击。

（二）减压型侦查策略

1. 减压型侦查策略的含义。减压型侦查策略是采取一定的方式缓和紧张气氛，让犯罪分子的心理压力暂时"放松"和"解脱"一下，造成犯罪分子心理上的松弛、麻痹和忽视，从而使重大犯罪嫌疑对象放松戒备，充分暴露破绽的一种策略方式。例如在实践中，对于有重大盗窃犯罪嫌疑的对象，但证据不足，久侦不破的案件，可以采取减压的策略。侦查人员可以释放烟雾，制造舆论假象，表面上把侦查工作搁置起来，麻痹对方，使其产生一种"胜利"感、"安全"感，在这种心理的支配下，侦查人员便可以从中发现新的线索，获取证据，推动破案。

2. 减压型侦查策略的运用。

（1）内紧外松。指表面上放松对侦查对象的侦查和控制，而在暗中加紧调查，使侦查对象产生错觉而自我暴露的策略。实施要点：一是外松，制造一种表面平静的态势，打消犯罪分子的疑虑，使其产生安全感；二是促动，促使犯罪分子在自以为安全的状态下活动，暴露破绽；三是内紧，通过运用侦查措施，使用秘密力量加紧暗中监控。

（2）感化攻心。指依据犯罪分子的犯罪事实，按其犯罪后心理活动的规律，以情、理、据、法进行启发教育，动摇犯罪分子的错误观念及不良心理倾向的影响。其具体内容包括以情攻心、以理攻心、以据攻心、以法攻心。实施要点：一是要有针对性，要根据案件具体情况和各种反映，分析犯罪嫌疑人的心理状态，做到有的放矢；二是要依照法律规定和政策导向，坚持原则，切实体现政策，做到仁至义尽，防止坦白从宽、抗拒从严的现象，防止乱许诺、不兑现的现象；三是要选择和创设施谋的时机，要和其他谋略、措施有机结合运用。

 知识链接

人工智能助力刑事侦查

人工智能侦查是以计算机人工智能尖端技术为依托，利用该技术的全新分析路径部分代替或辅助人类进行侦查分析研判，并搭载人工智能范畴的信息采集设备、无人机平台等众多智能设备应用于侦查活动中的一种侦查技术。人工智能辅助侦查是依靠科技手段推出的智能侦查设备，诸如无人机侦查平台、人脸识别技术、虹膜识别技术等，将单纯由人力作出经验分析的侦查技战法逐渐向人机互动方向转变，衍生出的大数据侦查、网络侦查、机器人侦查、智慧视频侦查等技战法都将成为现实。

一方面人工智能带来的数字智能化革命极大地拓展了侦查情报的来源广度以及情报本身的质量水平，推动侦查朝着科学化的方向转型，促使证据搜集朝着更为周密的方向发展，避免涉及侦查中人类经验主义的盲区；在推动侦查效率提升的同时也节省了原本就捉襟见肘的警力资源，利用人工智能侦查可以减少合成侦查当中的联动盲目性问题，更可以从技术层面代替人类从事简单重复的分析计算，改善警力状况。

另一方面人工智能将新近的视频监控等静态信息化侦查与传统的人工动态侦查整合，实现对社会犯罪风险控制、预测性侦查、精确侦查三者的合成，最终引导侦查活动走向智慧侦查的侦查手段，推动传统侦查方式的事后、被动、单线侦查向事前、主动、复线侦查转型，更从警力配置角度降低了侦查成本，拓宽了侦查的活动范围，整合了诸多高效平台及技术，实现对犯罪的有效打击。

能力训练

1. 训练目的：通过案例模拟实训，掌握侦查策略的具体运用条件及实施要点。

2. 训练说明：试分析下列案例，拟制定侦查策略计划，并进行实际模拟实训，检验实施的侦查策略是否合理、有效。

3. 训练内容：

2016年6月28日8时30分许，某公安局接到报案称：广东某学院某大一女生徐某某被绑架，绑匪索要巨额赎金，并索要一辆小车。接警后，该局立即启动大要案件侦破机制，成立"6·28"绑架案联合指挥部，调兵遣将，全市布控，分析研判，快速部署，迅速展开一系列侦破工作。各级领导高度重视，公安厅领导亲临现场指挥，指导协调，50 余名警力，全网响应，协同作战。

经过 2 个多小时的艰苦工作，10 时 30 分许，发现嫌疑人活动轨迹——目前藏匿于某学院的图书馆附近，指挥部当即指令，由该局领导亲自带队进行合围缉捕。11 时 10 分，犯罪嫌疑人及被劫持的一名女生进入侦查视线，现场指挥员迅速命令参战人员围追堵截，2 名狙击手迅速到达指定位置准备时机成熟就开始射击，谈判专家快速到达现场开展谈判工作，负责突破的武警、侦查人员迅速到位，负责谈判不成时开展缉捕的侦查人员也迅速到位，医务人员也迅速到达现场，其他侦查人员做好现场警戒工作及协调工作。经侦查，犯罪嫌疑人系贾某某，为广州市郊区人，案件正在进一步侦查中。

总结与思考

1. 简述侦查策略的分类。
2. 简述每种侦查策略的使用条件及实施要点。

参考阅读

1. 孙延庆主编：《侦查措施与策略》，中国民主法制出版社 2007 年版。
2. 任惠华、金浩波："人工智能侦查的实践应用与制度构建"，载《河北法学》2018 年第 6 期。

工作任务三　掌握侦查策略实施技巧

工作目标

知识目标：了解侦查策略技巧的种类。
能力目标：学会在实践中如何巧妙地实施侦查策略，实现侦查目的。

工作情景

某日，理发店老板孙某像往常一样关门打烊，那夜下着小雨，她独自撑着伞回家。她的理发店和租住地都在马涧小区内，这片拆迁安置房是外地务工人员集聚地，也是刑事案件高发区域。她上到二楼，感觉有人也进了这个楼道。当时她并没在意，当走到四楼家门口掏出钥匙准备开门时，一个身影从她身后闪过。楼道的灯早就坏了，她摸黑找到钥匙，此时，那个身影往五楼方向上了三层台阶，停了下来，回头看着她。她有种不祥的预感，可钥匙愣是插不进锁孔。黑影快步走下来掐住她的脖子，将她推靠在墙角，低声说："把钱拿出来，你不要叫，叫了就掐死你。"孙某的七八百元现金和一部白色手机被对方抢走。两天后，她缓过神来报了警。

思考：上述案例中侦查人员面对这起抢劫案，需要采取何种侦查策略？

工作准备

掌握侦查策略的实施技巧。侦查策略的外延范畴较广，既包括主动进攻型策略，也包括积极快捷的应战型策略。由于侦查策略的种类较多，每个种类的侦查策略都有其相应的适用范围及其局限，因此在侦查策略的具体运用过程中，往往需要注意具体侦查策略的特点，相互交叉使用，以扬长避短，发挥侦查策略的最大效能。

工作程序

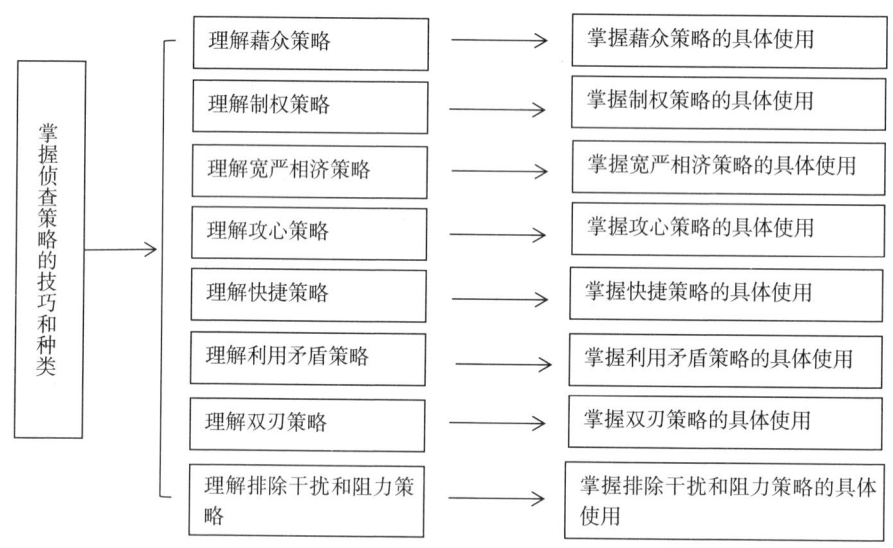

图2-3 侦查策略技巧和种类工作程序图

一、藉众策略

（一）理解藉众策略的概念

藉众策略，即在侦查案件过程中充分调动群众的积极性，借助群众的合力帮助侦查机关解决疑难问题。由于犯罪手段日益更新，犯罪智能化水平越来越高，因此犯罪活动更加隐蔽。但由于犯罪活动还是在社会中进行，必然会为群众所知晓，所以调动群众，不仅可以为侦查提供犯罪线索和证据，帮助侦查机关解决疑难问题，支持和配合侦查措施的高效运用，还是实施侦查策略的重要智慧和力量源泉。

（二）掌握藉众策略的具体使用方法

1. 在侦查基础工作中，可以发动群众将发现的可疑情况或犯罪情况进行举报，以利于侦查机关发现尚未暴露的犯罪线索。同时，群众的举报也有利于敦促部分犯罪人投案自首或自我暴露。

2. 在案件侦查过程中，侦查部门得到知情群众的协助，能获取案件线索和证据。必要时，邀请群众帮助实施如秘密调查、监控侦查对象等措施和手段。

3. 当侦查对象以诡计、权力或关系百般阻扰侦查时，侦查部门便可动员群众，藉群众之威，打击犯罪分子的嚣张气焰，使案件侦查顺利进行。

二、制权策略

（一）理解制权策略的概念

制权策略主要存在于职务犯罪案件侦查过程中，职务犯罪人既然能滥用权力实施职务犯罪行为，也就会在打击报复举报人、证人，进行反侦查活动时，对其握有的权力用到极致，同时侦查对象的某些关系人以其所握权柄和具有的关系网千方百计阻碍侦查，因此需要遏制犯罪人的反侦查活动和打击报复举报人、证人、侦查人员等非法活动及侦查对象的关系人阻扰侦查的活动。

（二）掌握制权策略的具体使用方法

1. 以领导权制权，即通过对欲将控制的对象依法享有的行政领导权或组织领导权的党政领导暂停职务、限制行政职务的权力、给予必要的行政或组织处分、以正当名义"调虎离山"等方法而实施的制权方法。

2. 以侦查权制权，首先职务犯罪部门依法运用侦查权进行侦查，必要时运用《刑事诉讼法》规定的五项强制措施对侦查对象进行必要的人身自由限制，以阻止其滥权对抗或逃避侦查；其次是指侦查部门对阻扰侦查情节严重，构成犯罪的人依法予以立案侦查。

3. 以民制权，即通过群众的强烈的反应甚至愤怒情绪的力量给侦查力量及阻扰侦查的人造成压力，迫使其滥用权力的行为不得不有所收敛。

4. 以舆论制权，即通过各种媒体造成的舆论压力达到制权的目的。

三、宽严相济的策略

（一）理解宽严相济策略的概念

宽严相济策略，即通过给犯罪人正反两方面的教育及典型案例宣讲，敦促其自首并揭发其他人的犯罪事实，瓦解共同犯罪人筑起的逃避侦查的同盟，以求各个击破，孤立少数罪大恶极、负隅顽抗的罪犯，使其陷入四面楚歌的境地。

（二）掌握宽严相济策略的具体方法

运用宽严相济策略时，首先需要经过有关领导部门或人员的批准和支持，然后与藉众策略结合，以媒体大造舆论或直接召开动员群众举报和犯罪自首的大会，最后通过典型案例和运用宽严相结合的法律规定兑现此策，从而实现瓦解共同犯罪人和促使侦查对象弃暗投明的目的。

四、攻心策略

（一）理解攻心策略的概念

攻心策略，即运用一些合法的方式使犯罪人产生错误认识或恐慌、愤恨等心理，促使其在趋利避害心理的支配下作出有利于侦查的行为选择。有效的攻心策略有利于促使部分侦查对象自首，如实招供并揭露其他人的罪行或发现线索、获取证据。

（二）掌握攻心策略的具体方法

1. 加压攻心法，指以强劲的政治攻势、凌厉的侦查态势、足够的证据施加压力，攻犯罪人之心的方法。

2. 出其不意攻心法，即以快制胜、迅速出击和迂回包抄，出其不意扰乱侦查对象之心的常用方法。

3. 矛盾攻心法，即运用各侦查对象间的矛盾和侦查对象言行上的矛盾而乱其心的方法。

4. 离间的攻心法，通过争取侦查对象的亲属、朋友、同事等的支持，协助侦查工作，给侦查对象造成一种众叛亲离的心理感受而乱其心。在共同职务犯罪案件中，对顽固的或罪行严重的侦查对象，还可同时采取离间其他侦查对象的方法。

5. 假象攻心法，通过合法的方式制造假象迷惑侦查对象以乱其心，如围点打援法。

五、快捷策略

（一）理解快捷策略的概念

快捷策略，即由于证明犯罪的证据随着时间的流逝而容易自然或人为毁损，犯罪嫌疑人普遍要进行反侦查活动加速破坏或伪造证据，加上"9·11"恐怖袭击后，各侦查部门要求将事后追究犯罪嫌疑人责任的理念转化为提前预防。所以这客观上要求侦查机关要迅速及时查清犯罪事实、缉拿犯罪嫌疑人，甚至将犯罪嫌疑人的犯罪活动消灭于筹谋阶段。

（二）掌握快捷策略的具体方法

1. 在侦查基础工作中，针对当时当地的特点，侦查部门要及时深入到犯罪活动猖獗的重点地域或单位探寻线索，防止重点地域的犯罪愈演愈烈。

2. 针对犯罪活动频繁的地区，该管辖区的侦查机关要迅速建立情报网，完善侦查情报工作。

3. 在案件的具体侦查过程中，要抓住战机，迅速查证线索、获取有关证据，并及时查清犯罪事实，缉拿犯罪人。

六、内线侦查策略

（一）理解内线侦查策略的概念

内线侦查策略，即侦查机关的侦查人员或受雇人员隐瞒其真实身份，深入到有组织犯罪或共同犯罪集团内部，贴靠特定的犯罪嫌疑人，以查清犯罪内幕或搜集犯罪情报和证据，主要有卧底侦查、刑事特情等方式。

（二）掌握内线侦查策略的具体方法

1. 拉出逆用。通过对案件的了解分析，将犯罪次数少、罪行轻的侦查对象进行突然传讯，问明其是否愿意协助侦查机关，并将功赎罪，然后重新打入敌人内部，设法了解其他不了解的有关情报，并及时向事先约定的侦查人员报告所获的情况。

2. 物色愿意协助侦查且与侦查对象关系较好但又未卷入犯罪的侦查对象的朋友同时进行贴靠侦查。在选择被贴靠目标时，应优先选择平时嘴较快、心理不容易藏匿秘密的且对罪行了解全面的侦查对象作为首要被贴靠目标。

七、利用矛盾的策略

（一）理解利用矛盾策略的概念

利用矛盾策略，即利用犯罪团伙之间的矛盾进行分化瓦解。分化瓦解是手段，各个击破是目的，分化瓦解往往意味着各个击破。分化瓦解共同职务犯罪人可依案情而灵活采取有针对性的对策。

（二）掌握利用矛盾策略的具体方法

1. 利用矛盾，分化瓦解。由于侦查对象可能由于分赃不均、平常待人接触、业务往来不协调而存在矛盾。若分析各侦查对象之间有业已存在的矛盾，便可利用这些矛盾将侦查对象间结成的"革命友谊"击破。

2. 制造或加剧矛盾，分化瓦解。当侦查对象之间不存在矛盾或存在的矛盾不足以用来瓦解其相关的关系时，可以有意制造矛盾或加剧已经存在的矛盾。制造和加剧矛盾应根据具体案情、各侦查对象的个性等情况因案施策，一般可先传讯胆小怕事、罪行较轻的共犯，再以其供述作为制造矛盾的契机。

3. 宽严相济，分化瓦解。以罪行轻的对象入手，通过其领导以党组织、行政等名义找其谈话，敦促其投案自首并揭发其他人的罪行以立功赎罪。同时，通过宣传宽严相济政策的典型案例触动侦查对象，敦促罪行较轻的对象自首或揭发共犯的罪行。当然，首先需要瓦解的对象一般选择罪行轻、涉世不深、阅历少、社会经验少、性格软弱、胆小怕事、职务地位相对较低、关系网较简单、其犯罪证据被我方掌握相对较多的人。

八、双刃策略

（一）理解双刃策略的概念

双刃策略，即在对策上表现为反侦查活动的双刃对策，既遏制反侦查的对策又利用反侦查的将计就计对策。

（二）掌握双刃策略的具体方法

1. 遏制对策。旨在阻止侦查对象及有关人员进行不利于侦查的反侦查活动。常见的遏制方法有：

（1）秘密进行调查和开展侦查，不惊动侦查对象。此法适用于立案前的审查阶段和不宜惊动侦查对象的所有案件的侦查取证阶段。

（2）及时提取、查封实物证据，防止侦查对象转移、隐匿和毁弃。

（3）控制侦查对象。

（4）割断串供对象之间的联系。如有意指派侦查对象或作为串供中介人的第三人出差，扣押有关的邮件、电报，借故切断电话线等都是有效的方法。

（5）采取强制措施。对于具有采取强制措施条件的侦查对象可以采取必要的强制措施以束缚其反侦查活动。

（6）加强监管工作和实行异地羁押。驻所检察部门应加强监管职责，严格防止被羁押的侦查对象串供。

（7）尽量控制侦查工作的知情面。必要时，提高级别管辖和实行异地侦查。

2. 利用反侦查，将计就计的对策。该策略必须在能够获取、控制的证据已经获取、控制，串供的对象和中间人明确，知悉可能毁灭、转移的罪证以及可能受指使毁灭、转移罪证的人，没有其他方法可以发现犯罪嫌疑人的隐匿地点。即使反侦查活动失去控制，对侦查的进程也无伤大雅。

九、排除干扰和阻力的策略

（一）理解排除干扰和阻力的策略的概念

当侦查工作面临侦查外的问题时，即不该有的干扰和阻力，侦查必须强调有法必依、执法必严、违法必究的原则，依法充分而又灵活地行使侦查权。此时需要采用此策略，排除干扰和阻力。

（二）掌握排除干扰和阻力的策略的具体方法

1. 提高侦查管辖级别或实行异地侦查。提高侦查管辖级别，由上一级检察机关的侦查人员侦查，或者由其他的检察机关和案发地的检察机关共同侦查，这样能排除一定级别阻扰侦查的人或部门的干扰，是经实践证明行之有效方法。实施异地侦查，超出其活动的有效范围或赖以阻扰侦查的关系网，使其鞭长莫及不致阻碍侦查。

2. 运用法律武器，针锋相对，击溃阻扰侦查的人的进攻。对于阻扰和干扰侦查的人，应当将其材料转送其所在单位或上级主管部门，建议给予必要的教育或党纪、行政处分；情节严重，构成犯罪的，应当予以立案侦查。

3. 利用缓兵之计，一面斡旋，一面秘密调查或侦查。即表面上妥协，暗中向上一级直至最高人民检察院报告，取得上级检察机关的领导和支持，由上级检察机关会同上级党政部门领导出面排除干扰和阻力；同时，要继续秘密开展调查和侦查取证工作，以免丧失时机。

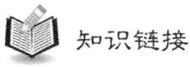 知识链接

时代亟需侦查新策略

二维码不是新生事物，但由于它的便捷性和识别间接性，演变出一个可怕的后果。那就是，以二维码作为入口的网络犯罪，使受害者群体瞬间呈现几何级数增长。当你拿起手机"扫一扫"的时候，是否把钱付给一个伪装者？当你拿起手机"扫一扫"的时候，个人信息（通讯录、通话记录、短信、聊天记录……）是否源源不断地被送到远方？当你拿起手机"扫一扫"的时候，是否发现自己已经在被骗的道路上？恐怖分子之间的勾连，贩毒集团成员之间的通信，地下黑市的交易……他们还时时注意将文本转化成了图片有效地规避监管。如何对涉及"二维码"的犯罪进行侦查，进行证据固定？这是摆在执法司法机关面前亟待解决的现实问题。

与一般的网络犯罪相似，我们需要对犯罪现场的电子数据进行勘验。在勘查笔录中，除了对网络犯罪一般性元素进行记录外，还需要对二维码进行识别和记录，这时可以将二维码以图片（或附件）的形式列在笔录中。但在互联网环境下，更多的二维码可能是短码，它直接指向云端的某个资源，如一个木马软件（*.apk）。但是假如你提取固定了现场的二维码，其所指向的云端资源发生了变化，那么你的提取和固定工作还有什么意义呢？因此，在固定二维码的同时，还需要通过识别解析，远程调取其所指向的云端资源，并予以固定，这才是一个相对完整的勘查过程。但是假如需要扣押的涉案电脑或手机中可能有 100 000 张二维码图片，怎么识别转换？怎么搜索？这将会是取证人员的噩梦。如何解决这个问题，又是侦查人员需要面对和解决的新难题。

能力训练

1. 训练目的：通过模拟实训，让同学们掌握各种侦查策略技巧，以便在具体案件侦查过程中能熟练运用。

2. 训练说明：试分析下列案例，侦查人员讯问时应当采取哪些审讯策略，才能使

侦查审讯工作取得较好成效。

3. 训练内容：

犯罪嫌疑人张某，男，1955 年生，被捕前系工人。其于 2006 年 7 月 14 日早 4 时许，在某地拦路抢劫了一妇女的手表，被治安执勤人员当场捕获。预审中，发现该犯罪嫌疑人除这起抢劫外，还有在其他地方强奸一女工的重大嫌疑。预审人员运用策略反复审讯，迫使张某供认了这次强奸的罪行，继而又比较顺利地审出了张某另外 9 起强奸案，最终犯罪嫌疑人张某被判处无期徒刑。

总结与思考

1. 侦查策略实施的技巧有哪些？
2. 每一种侦查策略技巧的具体运用方法是什么？

参考阅读

1. 杨富昌：《侦审谋略与取证技巧》，中国人民公安大学出版社 2006 年版。
2. 郑晓均主编：《侦查策略与措施》，法律出版社 2010 年版。

项目三

掌握侦查策略设计的步骤及程序

侦查策略的准备程序包括：明确侦查目标、熟悉案件情况、了解侦查对象、配置侦查力量、制定侦查计划和准备侦查物资。侦查策略实施的基本特征为目的性、稳定性与动态性。侦查策略实施的基本要领是公秘结合、侦技结合、交叉组合和协同配合。侦查策略的实施包括侦查策略的启动、运行与实效。最终是对侦查策略的评价，对侦查行为及结果的评价。对侦查行为的评价的内容为合法性与有效性评价，评价需要一定的程序与方法，结果为肯定或者否定。对侦查结果的评价内容是侦查线索与证据裁量的评价，评价结果有侦查机关内部评价的结果、外部机关评价的结果与人民群众评价的结果。

工作任务一　准备实施侦查策略

工作目标

知识目标：了解侦查目标、侦查对象及案件具体情况。

能力目标：学会如何配置侦查力量，制定侦查计划，准备侦查物资，以便为实施侦查策略做准备。

工作情景

网络盗窃，警方如何侦破

某日，某科技公司的业务员小林像往常一样打开 qq 邮箱，查看客户邮件。随手打开一封老客户发来的关于"供货清单"的邮件，却是个空白邮件，他当时以为是客户疏忽了，并没放在心上。第二天公司连续接到客户投诉，说公司网站销售平台售出的游戏点卡、手机充值卡等电子数据产品的账户、密码无法正常登录使用。技术人员将公司服务器的数据库一查，更是目瞪口呆：居然有 400 多万元的电子产品不翼而飞。公司数据库中一些还未售出的电子数据产品，也被人大量地充值，或在网上低价倒卖。他们赶紧到公安分局报了案。

警方侦查发现，源头正是小林打开的那一份空白邮件，它其实是披着"供货清单"伪装的木马程序，邮件被打开的一刹那，木马病毒就自动植入电脑系统。而幕后黑手就可以通过木马远程控制，操纵该公司电脑，盗取数据信息。警方后来通过被盗点卡充值特点，将范围锁定在了某市。专案组侦查人员随即前往该地，在一宾馆将犯罪嫌疑人抓获。

思考：侦查机关在侦查此类网络盗窃案件时，需要提前做好哪些准备？采取什么侦查策略？

📝 工作准备

侦查策略的准备程序，是为了更好地实施侦查策略而提前做的各项活动。具体包括：明确侦查目标、熟悉案件情况、了解侦查对象、配置侦查力量、制定侦查计划和准备侦查物资等。

📝 工作程序

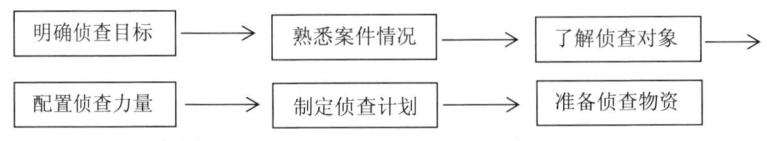

图3-1　侦查策略的准备工作程序图

一、明确侦查目标

侦查工作的目标有宏观目标、微观目标及具体目标。宏观目标是"打击犯罪与保障人权"。微观目标是查清犯罪事实、搜集证据和查获犯罪嫌疑人等。具体目标是为了抓捕、搜集证据或具体人、物的所在地等。侦查策略的设计和使用需要围绕侦查目标进行，因此每项侦查策略可能存在多重目标或多层次性。但是由于每项侦查策略又具有自身的局限性，不可能适用于任何案件的任何时刻、任何目标。因此，在制定侦查策略时需要根据案件的具体侦查目标、具体的侦查阶段等进行灵活地变动。

二、熟悉案件情况

熟悉案件情况，是指对现有的案件线索进行初步分析而得知与案件相关的人、事、物的具体情况。熟悉案件情况应该做到对案件的基本情况有大概的了解，能够知悉大致脉络，如涉及哪些相关人员、事、物，特别是与侦查策略设计和实施直接相关的案件要素情况更应该充分了解。对于案件情况的了解和熟悉，能使侦查策略因地制宜、

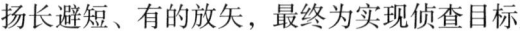

扬长避短、有的放矢，最终为实现侦查目标服务。

三、了解侦查对象

侦查对象是指与刑事案件有关的人、物和场所。这里的"人"指与刑事案件相关的除侦查主体以外的主体，如犯罪嫌疑人、知情人、关系人和证人；"物"指与刑事案件有关的具有线索价值或证据价值的各种信息载体；"场所"是指与刑事案件有关的具有侦查价值的空间。

首先，对"人"的了解，可以通过调查访问、询问等侦查措施，了解犯罪嫌疑人可能的心理活动，为突破犯罪嫌疑人心理防线，获取口供获得准确有利的条件。其次，对"物"的了解，可以通过搜查、扣押等侦查措施获取物证、书证等，或查清赃物可能的使用、销赃方式或藏匿的地点等。最后，对场所的了解，可以通过现场勘查、实地走访、侦查辨认等侦查措施对场所进行考察了解。

四、配置侦查力量

侦查力量不是任意配置的，需要根据法律规定和侦查情势进行合理的配置，以期侦查效益最大化。首先，侦查力量的配置需要考虑充分投入，但是也要避免侦查力量的限制与浪费；其次，侦查力量的配置需要考虑侦查效益、侦查投入、配置效果、侦查人员的潜能，以期使侦查力量人尽其用，各显神通；最后，侦查力量的结构需要考虑年龄、性别、专业技能并保持合理的流动原则，充分利用人力资源，实现侦查效益的最大化。

五、制定侦查计划

侦查计划是侦查机关对已决定立案且案件是重大、复杂的刑事案件时，在初步审查、分析判断案情的基础上，针对案件如何破案所拟定的工作方案。侦查计划一般包括：侦查力量的组织与分工、侦查方向和范围、侦查的主要目标和任务、侦查工作的方法、步骤、措施、策略、侦查实践要求和根据案情变化采取的对策等。侦查计划的制定需要符合侦查目标，合乎法律和社会的容许性。

六、准备侦查物资

侦查物资指为了进行侦查活动所必须耗费的物质经济成本，主要包括侦查设备购置和侦查行为实施的相关费用。侦查策略在进入实施程序之前，必须要有充分的物资保障，如欲抓捕犯罪嫌疑人，需要事先调动相应的警力、配置基本的武装器械或防护器具、医护人员、安全保卫设施等。常见的侦查物质准备包括：为了发现、提取和保存物证而必需的侦查物资，如现场勘查工具箱、刑事照相器材等；为了抓获犯罪嫌疑人而必需的侦查物资，如戒具；为了维持侦查的机械运输需要的对人员和警务设备的需求，如警车交通工具等。

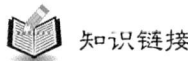 知识链接

视频侦查

近年来，无论是道路、车站、宾馆、商场，还是机关、企业、小区、住宅，视频监控设备随处可见。科技手段凭借其自身特点，在社会治安防控工作中所占的比重越来越大，公安机关运用社会动态视频监控系统参与侦破的案件也越来越多，视频侦查作为推动新时期刑事侦查工作发展的重要动力在刑事案件侦办过程中发挥着不可替代的作用。视频侦查作为刑事侦查的一个新手段、新理念，逐渐成为继刑事科学技术、行动技术、网侦技术之后侦查破案的新利器。但是，当前视频监控系统的应用仍存在一些误区和困局，这严重制约了视频监控系统效能的发挥。

一方面，侦查对象进入了私密空间，消失在视频监控区域内，通过视频接力追踪仍无法发现其踪迹。那么，侦查对象可能进入了消失区域内的私密空间，诸如个人住宅、出租屋等完全私密的个人场所以及公共浴室、公共厕所、更衣间等涉及个人隐私的公共空间禁止安装视频监控设备。如果侦查人员再采用秘密侦查等方式侵入其秘密空间，则有可能又侵犯犯罪嫌疑人的隐私权。这就是科技的进步需要法律进一步合理规制。

另一方面，视频侦查过程中的比对仍然更多地使用"人海战术"，即通过人工逐帧观看，电脑辅助软件应用不广泛，或者虽有应用而各地各异，人像自动识别、智能化语义检索等技术不够成熟、应用有限。视频侦查搭载人工智能方面更需进一步强化，未来的前景一定是通过人工智能完成视频的输入后的智能比对、碰撞，找出、核实犯罪嫌疑人，省去经验式的人工逐帧核对，提高侦查效率。

能力训练

1. 训练目的：通过对案例分析，理解和掌握侦查机关在侦查具体案件前所做的准备工作。

2. 训练说明：试分析下列案例，总结侦查机关在侦破投资诈骗类案件时要采取哪些侦查策略，每一项策略实施前需要做哪些准备。

3. 训练内容：

"70倍高收益，两天净挣10万元！"是一家白银投资公司招揽客户的宣传口号。但事实并不像口号喊得那么美妙，在这场与实力雄厚的会员公司的对赌中，势单力薄的散户们要想赚到钱几乎是不可能的。这类案件犯罪分子开设的公司没有和正规的交易所对接，没有现货和资金准备，并且采用各种手段控制大额资金进出，使得事主的钱易进难出。同时由于这种作案手法比较隐蔽，警方在办案中遇到的最大瓶颈就是找事

主。有很多事主在当中炒亏了，都认为自己是投资失败，从而不向警方报案。

今年7月，某市公安局刑事侦查局破获了一起涉及全国投资者的网络投资诈骗案，犯罪嫌疑人以买卖白银名义通过自建和代理的网络平台操控交易行骗，涉案金额达几千万元。

经过近一个月的专案侦查，专案组已初步掌握该犯罪集团的成员结构、落脚点及诈骗作案手法。7月10日10时许，警方展开集中收网抓捕行动，共捣毁3个诈骗窝点，抓获49名犯罪嫌疑人，现场查扣电脑、电话、银行卡、伪造公司印章、伪造政府批文等涉案书证、物证一大批。经过审讯，犯罪嫌疑人杨某军、杨某波等人交代了其非法代理多个贵金属、现货网络交易平台及自行购买交易软件，虚构大宗商品现货、贵金属等交易，以高额回报为诱饵诱骗客户投资后制造暴涨暴跌行情致使客户亏损来达到诈骗客户钱财的目的。

总结与思考

1. 侦查策略实施前的准备工作有哪些程序？
2. 侦查计划包含哪些内容？
3. 开展侦查前需要做哪些物资准备？

参考阅读

1. 井晓龙："视频侦查工作的困局与突破"，载《甘肃政法学院学报》2015年第2期。
2. 郭晓彬：《侦查策略原理与实务》，群众出版社2000年版。

工作任务二 实施侦查策略

工作目标

知识目标：了解侦查策略实施程序及基本要领。
能力目标：合理实施侦查策略。

工作情景

4日下午5时30分，某派出所接到一男子电话报称：某地新村93号二楼一女子被杀。接报后，派出所十多名警察迅速赶赴案发现场，开展现场勘查。

勘查所见：现场是一间不足15平方米的小屋，门窗完好，房内肮脏凌乱，但物品翻动不大。临窗的一长条桌上，放着两副碗筷，碗内残留有面条。一年轻女子横尸在床上，口角边有白沫，颜面青紫，脸颊有手指划伤痕迹多处，颈部缠绕一根白色电线，剪开电线可见数道清晰勒痕。房门后挂有一白色塑料袋，内装有几截残断的白色电线，与死者颈部缠绕电线相似。房内地板上遗留有三种灰尘鞋印，除死者的外，一种鞋印步幅较大，另一种鞋印步幅较小，印迹均不明显。

法医尸检发现，该女子年约 20 岁，身高 1.63 米，阴道内留有精液，死亡原因可能是被人采取掐、勒颈部，捂嘴等强制动作导致机械性窒息死亡，死亡时间为 4 日中午左右。

现场访问获悉：一名 7 岁的小男孩反映，中午 12 时许，在路过二楼时，听到房内传出一声女人的尖叫，小男孩以为是叔叔阿姨在嬉戏打闹，就没有在意。同楼的一对夫妇（死者邻居）证实，清早曾见一男子与死者在房内共进早餐。房主反映，现场是其出租房屋，死者自称张某霞，来此打工的，于去年底租借居住，因当时她说未带身份证，房主见其不像坏人就没问太多，所以对死者的真实身份姓名以及上班地点均不知晓。而此时报警男子也杳无踪影。

后经查找，于当晚查明报警人叫周某，30 岁，自称从四川来汉在某建筑工地打工。面对民警询问，周某显得语无伦次，并再三声明他与死者素不相识，今天只是路过此地找一位同乡，发现 93 号房门大开却又无人，本欲顺手牵羊捞点钱财。可当他闯进屋内，正欲弯腰开柜时，斜眼看见一女子躺在床上，双目圆睁，面无血色，脖子上还缠绕着白色电线，即上前摇了摇女子，发现已气绝身亡，随即报了警。

思考：上述案例该如何实施侦查策略并取得侦查实效？

📖 **工作准备**

一、掌握侦查策略的实施程序

侦查策略设计之后进入实施阶段，不可能是机械僵化的执行，必须发挥各方主体的主观能动性。首先，侦查策略的实施必须合乎目的性，即宏观而言的"打击犯罪、保障人权"，微观方面的查清犯罪事实、搜集证据、查获犯罪嫌疑人以及合乎具体案件的具体阶段的目的等；侦查策略的设计需要保持一定的稳定性，一旦制定需要得到相对稳定的遵守和贯彻执行，否则形同虚设，将引起侦查的无序性和盲目性；侦查策略的实施由于面对的是动态的未知的对象，原先制定的规则不可能穷尽一切可能，所以侦查策略又是动态的，必须适应不断变化的各种侦查情势。

二、掌握侦查策略实施的基本要领

1. 公秘结合，即公开的侦查措施和秘密的侦查措施相结合。由于公开的侦查措施常常被用于掩护秘密的侦查措施，秘密的侦查措施又常常被用于为公开的侦查措施的实施查明情况，如用秘密侦查措施查明了犯罪组织内部情况，监视控制犯罪嫌疑人，可以为公开的搜查和缉捕的实施提供可靠的依据。所以两者尽管功能和使用的方法、影响等不同，但两者之间应尽可能相互联系、相互配合。

2. 侦技结合，即刑事案件的侦查工作和刑事科学技术工作相结合。由于日趋复杂的刑事犯罪出现技能化、智能化的发展，侦查工作不能一直依赖传统的侦查手段，需要依靠刑事科学技术为之服务才能应对现今的犯罪情势。只有侦技结合、分工合作，才能提高侦查效率，有力打击刑事犯罪。

3. 交叉组合，即侦查措施的使用需要实行多层次、多种类的措施组合。由于每一项侦查措施有其特定的功能，有局限性，且不可能是万能的，所以需要使用各种策略措施在一定的侦查情势下合理组合，形成合力，才能迅速发现侦查线索，推进侦查。

4. 协同配合，即侦查策略设计的过程需要考虑各机关或人员相互配合、各环节协调同步，各项措施程序紧密衔接。由于侦查策略的具体运行涉及多方主体，既有侦查内部各具体机关或人员，也有侦查外部的机关或人员，所以实施侦查策略的时机应该力求侦查内外各方主体的协调配合，同时还需要考虑其他诸多因素，如侦查物资等侦查资源的协同配合，或国家政策所需及社会大众心理诉求等，才能保证侦查策略的实施契合实际条件和实际所需。

📖 **工作程序**

图 3-2　侦查策略的实施工作程序图

一、启动侦查策略

由于我国的诉讼模式具有职权主义的特点，追诉犯罪嫌疑人的责任只赋予了侦查机关，而未赋予犯罪嫌疑人一定的对抗权利，双方"实力"悬殊较大，这种模式比较容易引起侦查机关出现"越轨"现象。加之，侦查策略的实施具有一定的灵活性，这又赋予侦查机关较大的自由裁量权，使得侦查策略的实施存在一定异化的空间。因此，我们在启动侦查策略的时候需要完善两个方面的问题：一是明确侦查策略的种类；二是掌握侦查策略的证明标准问题。

1. 侦查策略的种类。侦查策略的种类繁多，但是有些侦查策略本身的消极危险性大于积极危险性，所以需要正确把握消除消极异化。如诱惑侦查的犯意诱惑性，即侦查机关在本来没有犯罪倾向的无罪者心里植入犯罪意图，诱使其实施犯罪行为，然后使他们受到追诉，这种侦查措施是法律所禁止的。又比如讯问时的刑讯逼供，容易造成冤假错案也不符合现代法治文明，也是法律所禁止的。因此，法律需要明确规定哪些措施是允许的，哪些措施是禁止的。

2. 侦查策略的证明标准问题。由于具体的侦查策略的启动不当极容易造成滥用或不当侵权，因此需要规定相应的证明标准，以规范其启动实施。如秘密侦查措施中侦查特情、卧底侦查、技术侦查措施等，即要具体到什么案情、什么证据事实标准后才能采用什么样的侦查策略，需要法律有详尽的规定。一般情况下，对于一般的侦查策略并不需要特别的证明标准，依据立案标准或逮捕标准即可。但是，对于一些特殊的侦查策略，如监听、侦听等，则应规定相应的标准，以规范其启动实施。

二、运行侦查策略

经过司法实践证明，等腰三角形结构的控辩式诉讼模式（即控辩双方积极平等对抗，法官居中消极裁判的模式）是最为稳定、合理的，且能为司法公正裁判提供结构上的保障。平等对抗式模式能促使控辩双方积极提出证据，使所有的事实都能被提及并相互对质，从而使事实越辩越明，但对抗的前提是平等，即控辩双方的实力相当或不至于太悬殊，否则就不是对抗而是单方打击。构筑一个平等对抗的模式最大限度地实现公平正义，这需要制定"科学的轨道"：首先，制定法律来对其进行合理规范，实现有法可依。其次，应当促使控诉方和辩护方的"实力"相当，构造一个平等对抗的态势，即对侦查机关的权力进行单方面约束，同时增加犯罪嫌疑人和案件相关人的权利。如询问和讯问时的律师在场权，犯罪嫌疑人权利受到侵犯时的司法或行政救济权利等。最后，单单只依据法律的规定是不够的，必须有明确的中立第三方来确保法律规范能够得到确实的遵守，防止"越轨"。我国负有监督职责的机关是检察机关，在2018年3月20日出台的《中华人民共和国监察法》将职务类案件的侦查权归属监察机关后，取消了检察机关的对职务类犯罪案件的侦查权，这样能提高检察机关的监督职能，让救济功能能充分发挥。

三、评估侦查策略的实效

在非法取证利益驱动下，侦查机关非法取证的行为屡禁不止。所以，单纯从侦查策略的启动程序和实施过程进行规范，可能客观上束缚了侦查主体的手脚，却容易使侦查策略失去效能。因此，还需要从侦查策略的实效性方面进行引导，即明确各个阶段和各种情况的责任后果，如果违反了相关规范，则对侦查主体进行纪律处分和行政处分乃至刑事处罚等，同时获得的证据应当予以排除。这种引导主要通过责任的配置及严格执行非法证据排除来实现。

1. 严格的责任配置。没有责任或没有实际责任的事情，任何主体都会自觉或不自觉违反。通过明确各个阶段和各种情况的责任承担主体和责任后果，并如果违反相关规范，则对侦查主体进行法律处分、行政处分及移至刑事处罚等。同时对获得的证据予以排除。而当出现了违反程序或实体的事实发生时，如刑讯逼供等行为，需要规定由犯罪嫌疑人主动告发或检察机关来揭发，然后实行举证责任倒置，即由侦查机关负担证明自己没有过失或过错的责任，并由法院最终裁决。相信通过明确责任主体和责任后果并严格贯彻执行，则势必能够对侦查策略的运行形成良性的引导，最终使其扬长避短。

2. 严格执行非法证据排除。如果一味地追求实体的公正，而形式或程序的"外衣"千疮百孔，再美的实体也将黯然失色，反而会让人们对侦查乃至司法的公正性产生严重的怀疑。所以以一种再度对社会秩序不合理破坏的方式来恢复业已被破坏的社会秩序，本身就是一种悖论。例如，"如果经常通过非法手段获取的证据在法庭上被排除，那么警察的违法搜查和扣押行为就将停止，至少会最大限度地减少"。如果规定了严格的非法证据排除规则，就能有效地遏制侦查机关的一些非法侦查行为，良性引导侦查策略实施的方向，促使其更好实现侦查效能。

 知识链接

大数据时代信息引导侦查

大数据时代信息引导侦查，即根据侦查学的理论，在专门的数据分析工具的帮助下，通过对相互关联的数据库资源进行抽取与集合，开展数据清洗、数据挖掘、统计分析与逻辑运算，并用这种交互式的数据信息来取得侦查线索、固定犯罪证据，还原案件事实，进而引导侦查活动的开展。

在面对"零口供"案件等疑难复杂案件时，信息的指引作用体现明显，需要充分利用信息来引导线索发现、案件初查、风险决策、讯问突破、翻供应对、追逃追赃、舆情应对等工作。通过对涉案信息的综合把握，舍强取弱，并从犯罪堡垒的最薄弱处寻求突破。当然，信息引导侦查机制的有效运行，依赖于组织指挥系统、信息情报系统、分析研判系统与具体侦查活动的有效衔接。一体化办案模式、资源整合与共享、信息化侦查人才培养是这种机制运行的有效保障。

此外，信息技术也是一把双刃剑，在有效提升侦查能力的同时，也可能侵犯公民权利。在信息侦查语境下，需要通过制度建设来保障公民权利，防范司法风险。

能力训练

1. 训练目的：通过案例分析，使学生掌握侦查策略实施的原则以及如何运行。

2. 训练说明：试分析下列案例，说明侦查策略在实施过程中需要注意什么原则？侦查策略在实施过程中是否需要根据案件情况做适当调整？

3. 训练内容：

某年4月13日，石某酒后潜入被害人杨某的出租屋内行窃时，杨某惊醒，石某遂用手机猛砸杨某的脸部、头部，杨某极力反抗才得以逃跑，后杨某向当地警方报案。4月22日，石某终于被公安机关抓获归案。5月1日，县公安局以涉嫌抢劫罪向县检察院提请批准逮捕犯罪嫌疑人。但是此时犯罪嫌疑人递交了一份"谅解书"。

收到"谅解书"后，承办人小李丝毫不敢马虎，她将这份"谅解书"仔细地看了几遍，发现被害人杨某在该份"谅解书"中书写的关于案发现场情形的描述，不但与他在公安机关所作的陈述完全不一致，而且印证了犯罪嫌疑人石某先前曾经作过的关于酒后找人、走错门的辩解。据卷宗材料显示，石某与杨某素不相识。

为了精准打击犯罪，避免冤假错案，小李立刻与公安机关的相关侦查人员取得联系，就嫌疑人辩解的内容，引导侦查人员进一步侦查取证。经查，完全排除了犯罪嫌疑人找人走错门的辩解。

为了进一步查明"谅解书"的事实真相，小李一方面要求侦查人员找到石某的家属，以及一同前往纠缠杨某出具"谅解书"的人员进行取证；另一方面主动找被害人进行主证复核。杨某表示石某又哭又闹，无奈之下，抄写了"谅解书"。后来，侦查机关也传来了消息，该份"谅解书"确系犯罪嫌疑人家属事先写好并纠缠被害人抄写的。

5月8日，检察院以涉嫌抢劫罪对犯罪嫌疑人石某作出了批准逮捕的决定，同时还就犯罪嫌疑人家属纠缠被害人出具"谅解书"一事，向公安机关提出了作出相应处理的检察建议。

总结与思考

1. 侦查策略应该如何实施？实施时注意些什么？
2. 侦查策略应该如何运行？运行时应该注意些什么？
3. 侦查策略实施的效用该如何评价？

参考阅读

1. 翟建明等：《信息引导侦查实务指引》，中国检察出版社2015年版。
2. 刘为军：《刑事证据调查行为研究》，中国政法大学出版社2007年版。
3. 何家弘主编：《证据调查》，中国人民大学出版社2005年版。

工作任务三　评价侦查策略的实效

工作目标

知识目标：对侦查行为和侦查结果的评价方法。

能力目标：学会用科学合理的方法开展对侦查策略从行为主体、行为和结果三方面的评价。

工作情景

串并三案锁真凶

6月1日凌晨，某派出所接到报警称七泉湖镇一个女人躺在地上，身上没穿衣服，但是可以看见腿上有一条很长的伤口。接到报警后，警方立即派民警赶到了现场。经过现场勘查发现，地面上有一滩血泊，周围有凌乱血迹，并且现场有一只女式凉鞋，从血泊至树林带有一条拖痕，沿着拖痕至树林带的隐蔽地带有一具女尸，呈仰卧位，初步感觉可能是奸尸。经查，死者谢某是饭馆的服务员，今年30岁，1990年在该地务工，家中有丈夫及一个孩子。

7月2日凌晨1点35分，就在"6·1"案件发生仅仅一个月后，七泉湖镇又一次发生了命案！法医检查：尸体下身是裸露的，阴道口到臀部有一道流柱状斑迹，经确认是精斑，尸体损伤检验发现致伤工具为锐器，损伤部位主要在背部、项部，而且每一处损伤都很严重。死者李某，今年39岁，是某镇一家化工厂的职工，家中有丈夫和孩子，经调查，今晚她上夜班，而案发地点正是她上班的必经之路。

专案组认为：这两起案件无论从现场还是作案方式上，都有相似的地方。发案区域都是七泉湖镇；选择对象都是妇女，作案手法都是将人捅伤（死）之后，拖至相对隐蔽的地方实施奸尸。但经过大规模的调查和走访仍然没有发现任何嫌疑。

7月15日，市公安局传来消息，对"7·2"现场嫌疑人遗留精斑的鉴定终于有了结果：嫌疑人的血型被初步确定为A型，由于被检验的嫌疑人精斑是一种含有受害者分泌物的混合物质，检验的结果还不能准确认定，但这还是给案件侦破带来了一线曙光。第二年6月25日，该地再次发生恶性杀人奸尸案件，现场和"6·1"案及"7·2"案极为相似。"6·25"案件现场嫌疑人遗留混合物的血型也为A型，与"7·2"案初步确定的嫌疑人血型一致。有个叫塔依尔的人进入了警方的视线，在民警们进行走访排查时，发现这个人与原先划定的犯罪嫌疑人基本特征极为相似，他的血样检测结果与犯罪嫌疑人DNA图谱完全一致，这更使警方断定：他就是三起恶性奸杀案背后那个制造恐怖的恶魔。

专案组展开抓捕行动。犯罪嫌疑人塔依尔，23岁，初中文化，七泉湖镇农民，无业，1998年6月因盗窃罪被依法判处有期徒刑2年，2001年12月因交通肇事罪，被某市（中级）人民法院判处有期徒刑8个月。经过审讯，犯罪嫌疑人塔依尔对"6·1""7·2"和"6·25"三起案件的犯罪事实供认不讳。

思考：上述案例侦查机关采用了什么侦查策略？侦查行为实施过程是否符合法律规律，侦查结果是否取得实效？

一、评价侦查策略的实施程序

侦查策略之设计与执行，必须有一定的评价标准对其进行相应的评价，以促进侦查策略设计的自我完善与发展。开展对侦查策略的评价，依然可以从侦查行为主体、侦查行为和侦查行为结果三方面去进行。由于侦查主体已经由相关的法律法规进行了明确具体的规范，所以侦查主体具有合法性和正当性。我们需要对侦查行为和侦查结果两方面开展对侦查策略的评价程序。

二、对侦查行为的评价

侦查行为，是指按照刑事诉讼法的规定，侦查机关为了调查犯罪，有权采取的专门的调查工作和有关的强制性措施。对侦查行为的评价，主要是考量侦查行为的合法性及社会容许性，及侦查行为是否符合法律法规的相关规定，是否符合社会大众心理预期，能否为法律和社会所容许，最终判断其是否具有有效性。

1. 对侦查行为合法性的评价。合法性，是指符合某些规则，而规则可细化为法律、法规、标准、原则、典范、价值观及逻辑等。那么究竟合法性是遵循法律程序还是遵循一定的社会价值或共同体所沿袭的典范、原则等呢？韦伯指出，所谓的合法秩序，是由道德、宗教、习惯、惯例和法律等构成，由于被判断或被相信符合某种规则而被承认或被接受就是合法性的精髓。罗兹也曾说："总而言之，韦伯所认为的合法秩序包括这样一些在经验上有效力的规则，它们由于实施方式的差别而分为惯例和法律。"由此可见，对侦查行为合法性的评价不仅需要探讨其是否合乎法律，也要探讨其是否合乎惯例和人们的心理预期等。

2. 对侦查行为有效性的评价。有效性，即一种"应然"的效果，也就是人们所追求的正义和秩序的理想效果，而现实生活中却并不总是能够得到执行或实现。因此，评价侦查行为是否有效，需要考虑社会大众对侦查行为实施后所希望达到的心理预期，同时，也要考虑实际施行的侦查行为是否能为法律或社会大众所容许。

三、对侦查结果的评价

侦查结果，是指侦查机关通过专门的调查工作和有关的强制性措施而获取的相关案件事实、证据材料和犯罪嫌疑人。对侦查结果的评价，主要考量侦查结果是否达到策略的预期目标，是否达到诉讼对结果的渴求。

1. 对侦查线索的评价。对侦查线索的评价，主要考察其能否为侦查提供某种逻辑思路的路径或侦查行为推进的依据，即是否具有侦查价值。它相对强调线索对案件侦查的实体价值，而弱化其对程序形式的要求，与刑事诉讼上的价值要求有本质区别。

2. 对证据材料的评价。对证据材料可以从证据的"三性"和对待证事实的证明力进行评价。证据的"三性"即合法性、客观性和关联性。合法性指证据的来源和形式要合乎法律规定；证据的客观性指证据必须是客观真实的，不能以人的意志为转移；证据的关联性只能是指那些与案件有联系的客观事实。另外，对证据证明力的评价，是在证据具有合法性的前提下进行的评价，即该项证据的存在，能在诉讼中将待确认的争议事实证明其发生的可能性更大或更小。

工作程序

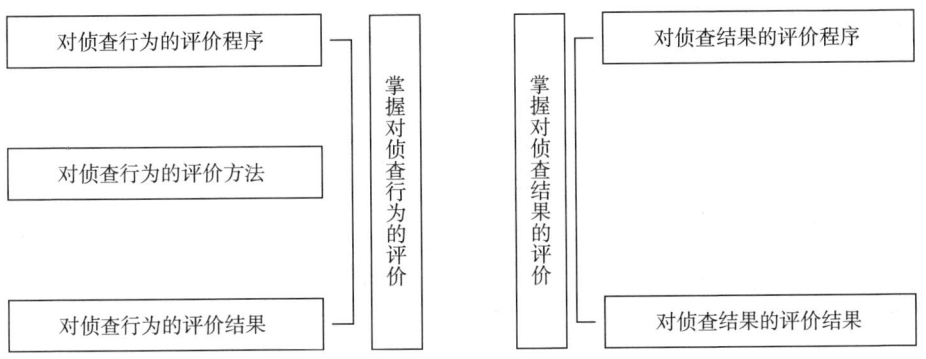

图 3-3　对侦查行为和结果的评价工作程序图

一、对侦查行为的评价

（一）对侦查行为的评价程序

首先，是准备阶段。主要是研究有关案卷，进行初步的侦查行为分析和案件侦查情况调查，筛选重点评价项目。其次，是正式评价阶段，主要工作是根据准备阶段所筛选出来的评价项目，进行详细的侦查行为分析和案件侦查情况调查，并根据侦查行为的有效性和合法性结合各方主体的信息反馈，进行综合评价。最后是报告书编制阶段，主要是汇总，将正式评价阶段所分析的各种情况给出结论，完成评价程序。

（二）对侦查行为的评价方法

对侦查行为的评价方法有直观评价法、绩效评价法和效益评价法。其中，最主要的是侦查效益评价法，即通过对侦查行为所反映出的侦查效益情况进行评价，侦查效益包括侦查机关进行侦查的快慢程度、侦查破案数量的多少以及在侦查过程中对各种资源的利用程度和节省程度及侦查活动的社会效果等多重含义。所以侦查效益是侦查投入的侦查成本和侦查所获得的收益之间的动态复杂关系。只有从其成本和收益进行分析，才能全面认识侦查的效益问题，对侦查行为进行正确评价。

（三）对侦查行为评价的结果

对侦查行为评价的结果有确定性结果或倾向性结果。对侦查行为评价以期日后及时修正侦查行为或对未来的侦查行为提供经验借鉴。因此，对侦查行为的评价结果有以下几种情况：

1. 肯定结果。即侦查行为客观上合乎法律的规定，也符合社会的心理期望而为社会大众所容许，侦查行为的运行实现了应然与实然的统一，具有实效性和理想性。

2. 否定结果。即侦查行为违反了法律规范或社会的容许度，该行为在应然和实然两方面的冲突不能为人们所接受，需要被废除或制止。

3. 倾向性评价。有些侦查行为不是绝对地值得肯定或否定的，往往游离在某些界限中，因此综合衡量后才能作出某种倾向性的结论。

二、对侦查结果的评价

（一）对侦查结果的评价程序

对侦查结果的评价程序分为内部评价、外部评价及社会评价。首先，进行内部评价，即侦查机关对侦查结果的自我评价，视其是否达到策略的预期目标，以确定是否需要进行修正或采取其他进一步的措施。其次，外部评价，主要是其他相关机关的评价，如侦查机关将案件移送检察机关审查起诉后，检察机关需要评价其侦查结果是否合乎起诉条件，是否需要补充侦查等。最后，社会评价，即侦查结果是否契合人民对侦查的应然期许，人们自然有评价的标准。

（二）对侦查结果的评价结果

对侦查结果的评价，其最终的结果由于评价主体的不同，是多层次的。

1. 侦查机关内部评价的结果。可以是肯定的，也可以是否定的。这种评价一般作为侦查机关内部绩效考核的依据，而对案件本身的实体影响是相对有限的。

2. 外部机关评价的结果。这种评价一般具有法律效力，直接决定案件侦查的实体结果，是各种评价中的重点。如法院判决有罪而进行肯定结果的评价或退回补充侦查及判决无罪释放的否定性评价。

3. 人民群众的评价结果。侦查行为应该合乎人民群众的心理预期，才会为人们所认可，至少应该在人民的心理容许度之内。否则侦查的运行将导致人民群众的否定性评价，进而影响到侦查的权威和政府的公信力。当然，人民的评价标准往往是参照自身对道德的解读，所以侦查行为也应该合乎道德的期许和限定，这也是侦查的一种合法性的表现。

 知识链接

互联网+警务

随着我国城镇化步伐的加快，以及平安城市、智慧城市建设工作的持续推进，国

家维护城市的安全管理、流动人口管理、社会治安稳定、打击暴力恐怖犯罪等安全任务越来越艰巨。加之，犯罪分子作案手法和设备的网络化、科技化正成为常态，传统的办案手法略显滞后，加强公安行业警务信息化是当前公安工作的重要需求。在公安部"四化"要求下，即公安部门及人员执法活动规范化、内务管理制度化、警务配置标准化和管理模式信息化，各级公安及执法部门坚定不移走科技强警之路，积极探索"互联网+"警务模式来更好实现对犯罪的精准打击、公正执法、服务群众。目前，公安系统常用的信息化警务处理系统有：

"鹰眼"反电信诈骗系统，是通过将运营商的呼叫记录用大数据技术来分析，通过找出电信诈骗的模型，对可能上当受骗的用户进行提醒，实现被骗前的及时预警。

"麒麟伪基站实时监测系统"，是基于 LBS 大数据开发的新技术，可以很快速、实时地定位到伪基站的位置，配合公安对伪基站继续定位，实现对犯罪嫌疑人的抓捕。

"微警务应用开放服务平台"，是全国首个基于公安基础数据的，集综合管理能力、大数据能力、相关标准规范以及电子地图、人脸识别等功能，集互联产品、先进技术于一体的全新的公安智慧警务服务平台，能实现打破警种、部门壁垒，共享融合政府多部门数据，构建"一窗受理"网上服务体系。

这些信息数据化处理警务系统不仅在应用技术层面，让互联网和行业应用结合更紧密，让处理模型更贴近实战，应用方式更易用、更智能、更可靠。它们还能实现精准打击违法犯罪，提高办事效率，节约警务成本，实现惠民和惠警双赢效果，真正带动了警务工作的发展与进步。相信"互联网+警务"模式将成为未来打击违法犯罪的新趋势。

能力训练

1. 训练目的：通过案例分析，学生能在具体案件侦查过程中了解侦查策略的实施，并能从侦查策略实施主体、行为、结果等方面开展评价。

2. 训练说明：试分析下列案例，说明侦查机关开展了哪些侦查策略？是否取得侦查实效？

3. 训练内容：

1 月 27 日 19 时 25 分，正当千家万户吃年夜饭，准备迎接新年到来的时候，交警大队接到报警，在某加油站东侧附近路段发生一起交通事故，受害人受重伤，轿车逃逸。值班民警闻警而动，以最快速度赶赴现场，将受害人送到医院抢救，但受害人最终抢救无效死亡。

除夕夜发生逃逸案件，造成受害人死亡，性质严重，影响恶劣。交警大队及时启动联动侦查机制，民警们放弃与家人团圆共进年夜饭，大队分管领导以及负责人靠前指挥，连夜沿途调查，循线追凶，不放过任何蛛丝马迹。28 日大年初一，经大量走访摸排，缜密侦查，锁定肇事嫌疑人朱某。慑于警方强大压力，嫌疑人于初一 17 时到公安机关投案，对肇事逃逸事实供认不讳，已被刑事拘留，案件正在进一步审查中。为此，警方用不到 24 小时时间成功破获一起重大交通肇事逃逸案件。

总结与思考

1. 侦查策略的行为评价方法有哪些？
2. 侦查策略的结果评价方法有哪些？

参考阅读

1. 李蕤："大数据背景下侵财犯罪的发展演变与侦查策略探析——以北京市为样本"，载《中国人民公安大学学报（社会科学版）》2014 年第 4 期。

2. 杨宗辉、杨青玖："论非法取证与侦查策略——以欺骗取证立法取舍之辩为视角"，载《河南社会科学》2013 年第 9 期。

项 目 四

掌握调查取证性侦查措施

调查取证性侦查措施是侦查机关在侦查破案过程中，为了查明案情、搜集证据、证实犯罪而经常使用的侦查措施。它是我国刑事诉讼法所规定的一般性侦查措施，也是侦查实践应用最广泛的侦查措施，具有公开性、经常性的特点，因此又叫"常规性侦查措施""经常性侦查措施"。主要包括调查性侦查措施和取证性侦查措施，调查性侦查措施主要包括现场勘查、调查访问、侦查实验等；取证性侦查措施主要包括侦查辨认、侦查讯问、搜查扣押等内容。正确运用常规性侦查措施是侦查工作岗位必备的基本技能，侦查人员在实践中必须认真学习掌握这些技能，严格依照法律规定的程序和方法并针对具体案情灵活地加以运用，确保获取的材料和线索的准确客观性。同时，要随着犯罪情况的发展变化，与时俱进，更新观念，不断地探索常规性侦查措施的运用方法、程序及策略。

工作任务一　掌握现场勘查的程序及方法

工作目标

知识目标：明确现场勘查的任务、要求和方法。

能力目标：能顺利开展现场勘查工作，搜集犯罪证据。

工作情景

疑难命案的现场勘查

某日，县公安局接到报案称，在铁路轨道边发现一具女尸。尸体躺在铁轨附近3米处的泥地里，约30岁，大约1.65米，微胖。其上身穿着羽绒服，衣扣解开，内穿套头毛衣，内衣被翻卷到乳房处。下身穿黑色打底裤，内穿红色底裤，底裤上略见一个宽10厘米、长17厘米的手工缝制的红色口袋，下身衣裤被脱至膝盖下。

75

思考：假如你是接到报案的公安民警，你应如何组织相关的侦查人员开展侦查工作。该案件现场勘查的任务、重点、方法是什么，需要注意的事项有哪些？

📝 **工作准备**

一、了解现场勘查的概念

现场勘查，是指犯罪案件发生后，刑事侦查人员为了获取侦查线索和犯罪证据，依据法律规定，运用一定的策略方法和技术手段，对于犯罪有关的场所、痕迹、物品、人身、尸体等进行勘验、检查并围绕现场向有关知情人进行现场调查访问的侦查措施。

二、掌握现场勘查的特点

根据现场勘查的概念可以得知，现场勘查有如下特点：

1. 根据我国《刑事诉讼法》第 128 条的规定，现场勘查的主体必须是侦查人员，其他任何单位和个人都没有现场勘查的权力。同时，只有侦查人员或在侦查人员主持下进行的现场勘查，才具有法律效力。

2. 现场勘查的客体具有特定性，只能是与犯罪有关的场所、物品、人身、尸体等。

3. 现场勘查所采取的方法具有技术性和策略性。需要综合运用各种形式的技术方法和手段，并有针对性地运用策略和方法才能达到目的。甚至遇到某些技术性问题或专门性问题时，还需要聘请具有专门知识的人协助进行勘查。

4. 现场勘查是程序性很强的侦查措施。现场勘查必须遵照刑事诉讼法所规定的现场勘查的法律程序来进行。根据我国《刑事诉讼法》第 130 条规定，侦查人员执行勘验、检查，必须持有人民检察院或公安机关的证明文件。重大、特别重大案件的现场勘查，应由县级以上公安机关主管部门负责；机关、团体、企业、事业单位的保卫处、保卫科和当地公安派出所协助勘查；公安派出所和保卫处、科对管辖区内或单位内发生的一般案件现场，有条件的可以自行勘查。

三、明确现场勘查的要求

现场勘查是一项综合性、实践性和协作性较强的工作。为了顺利完成现场勘查任务，对犯罪现场进行勘查时，必须贯彻及时、全面、细致、客观的基本要求。

1. 及时。犯罪行为发生后，随着时间的推移，现场的痕迹、物证等容易被自然或人为原因破坏，知情人的记忆容易变模糊，侦查工作和勘查工作延误则会给犯罪嫌疑人更多的逃跑时间。为了全面获取赃物罪证，需要及时开展现场勘查工作，及时固定和保护犯罪现场，及时采取紧急措施，将犯罪嫌疑人缉拿归案。

2. 全面。现场勘查人员在进行现场勘查时，需要把握全面的原则，即凡是与犯罪有关的场所、物品和痕迹等都必须认真地进行勘验；凡是与犯罪有关的人和事都应一一进行调查，以获得全面的案件材料。有些现场还需要反复勘查，才能对现场情况全面掌握，为分析案件情况和确定侦查方向、范围提供可靠依据。

3. 细致。现场中有诸多痕迹、物品，而且有些非常细微的痕迹、物品往往是破案的关键物证，例如毛发、潜在指印、生物体液等，所以在进行现场勘验时，不仅要注意那些明显的痕迹、物品，还应该注意那些细小甚微的痕迹、物品，尤其应注意现场一些不易被人察觉的地方，做到严谨、细致、一丝不苟。

4. 客观。侦查人员在现场勘查中要有实事求是的科学态度，按照客观事物的本来面目来认识犯罪现场。在进行现场勘查或调查访问时不能先入为主，也不能偏听偏信，不能凭自己主观好恶任意添加或删除。在进行现场分析时，仍应秉持客观态度对案情作出客观分析。

四、掌握现场勘查时常用的搜查方法

现场勘验时常用的搜索、发现物证的方法有关联搜索法、直线搜索法、带状搜索法、路线搜索法、网络搜索法、圆周辐射搜索法、螺旋搜索法等。

工作程序

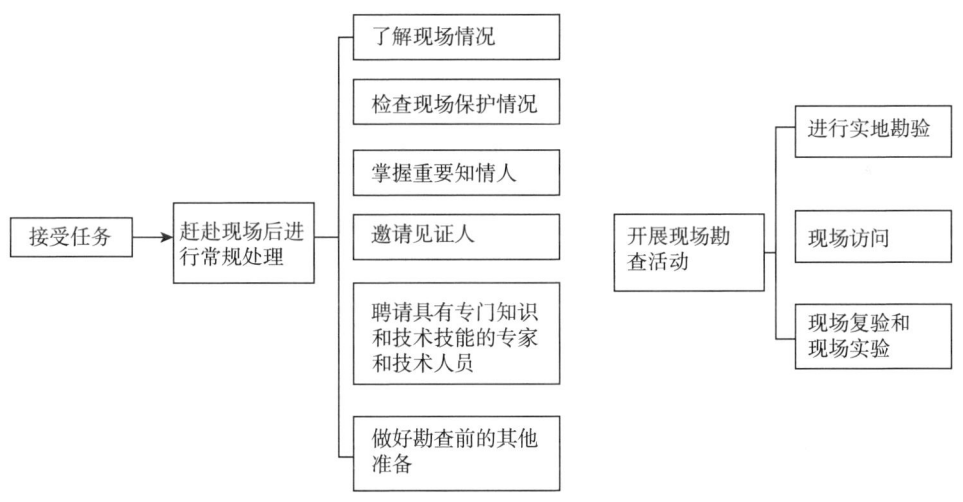

图 4-1　现场勘查工作程序图

一、接受任务

现场勘查指挥员接到现场勘查任务后，应仔细查看报案记录，对报案情况作出分析判断，并迅速确定和调动现场勘查人员奔赴现场，立即开展现场勘查工作。在确定现场勘查人员时需要注意两点：一是参加现场勘查的人员的数量应当与现场勘查任务的轻重相适应，现场勘查任务较繁重，则需考虑多组织一些勘查人员。二是注意人员结构的合理搭配，比如法医和技术人员的配比、年轻勘查人员和年老勘查人员的比

例等。

二、赶赴现场进行常规处理

现场勘查人员到达现场后，需要对现场进行一些常规的处理工作：

（一）了解现场情况

现场勘查指挥员到达现场后，首先需要迅速了解案件情况，弄清楚现场的情况和其他有关工作的开展情况。可以按照以下几种方式获得相关情况：一是听取首先到达现场的勘查人员和基层干警的汇报；二是直接询问被害人、事主、发现人和报案人；三是在现场保护人员的陪同下，亲自对现场进行巡视。

（二）检查现场保护情况

指挥人员在听取汇报和巡视现场的同时，需要检查现场的保护情况。如果发现应当保护的地方未予保护或保护措施不当的，要立即要求进行保护或纠正；保护力量不足的，需要补充；保护范围过大或过小的，需要适当调整；未划保护圈的需要进行补划，并让无关人员退出保护圈；对重要的又极易受到破坏的痕迹、物品需要重点保护；对极易消失的痕迹要立即提取。此外，还需要指定专人维护好现场周围的秩序，防止来往行人、车辆堵塞交通或造成人员伤亡。

（三）掌握重要知情人

现场勘查人员到达现场后，应抓住战机，通过现场访问弄清楚案件发生时哪些人在现场、谁目睹过作案人及其实施的作案过程等，在围观群众中迅速掌握耳闻目睹犯罪有关情况的重要知情人，并将这些知情人的姓名、住址、联系方式等一一登记。另外，还可以通过照相或录像的方法，将现场围观的人员记录下来，待事后进一步查证分析寻找知情人。

（四）邀请见证人

依据现场勘查的有关规定，需要邀请两名与案件无关、为人公正的公民作为见证人。因此，现场勘查人员需要在围观群众中物色合适人员充当见证人。见证人到场后，在实施勘查以前，侦查人员应向见证人交代清楚法律规定的权利和义务。

（五）聘请具有专门知识和技术技能的专家和技术人员

当现场比较复杂且需要具有相关知识的人员才能解决专门问题和技术难题时，现场指挥人员应迅速判断，并根据《刑事诉讼法》第128条的规定，指派或聘请具有专门知识的人参加勘查、检查，以解决某些方面的专业问题和技术难题。专家和技术人员到场后，现场勘查人员应向他们讲明其职责和纪律，并主动向他们介绍案件情况，同时为他们提供必要的工作条件。

（六）做好勘查前的其他准备

为了保证现场勘查质量，提高现场勘查效率，指挥人员应根据案件概况和现场实际，对参加勘查的人员进行适当分工，明确责任、协调配合。对重大、特大案件现场，应迅速开通以现场为中心的通信网，便于相互联络、互通情报、调整警力、协同作战。

三、开展现场勘查活动

当勘查前的工作准备完毕后，现场勘查人员则应该迅速开展勘查工作：

（一）进行实地勘验

实地勘查质量的高低，直接影响到侦查工作的进程和质量，关系到诉讼能否顺利进行。因此，现场勘查人员的任务非常艰巨。他们不仅要动用自己的感觉器官和刑事科学技术手段对与犯罪有关的场所、痕迹、物品、尸体、人体等进行发现、拍照、固定、记录、提取、检验等常规操作，还需要对一些疑难物品、物证的勘查方法进行研究，如霉变类生物物证的提取、疑难指纹的处理、微小物证的发现以及研究、合理的现场勘查顺序和勘查方法等。

（二）现场访问

当一部分现场勘查人员进入现场进行勘查时，另一部分侦查人员需要对发现人、报案人、受害人及其他知情群众开展现场访问，以获取更多的案件信息，以便为辅助配合现场勘查、制订侦查计划和采取侦查措施提供依据。

（三）现场复验和现场实验

在进行现场勘查时，对某些情况经过一次勘查还未能明确相关信息的，指挥人员可以决定对现场进行再次勘查，即现场复验，以进一步弄清楚某些情况。当对某些现象的形成、结果等产生疑惑，无法通过推理证实时，可以进行现场实验，即将有关现象发生的场所、时间、条件等进行布置，模拟案发时的环境，观察某种现象是否发生、怎样发生等进一步证实某种现象。

四、结束现场勘查

结束现场勘查是现场勘查最后进行的一个步骤。在决定结束勘查之前，勘查人员应按照结束勘查的条件，对现场勘查的全部活动进行全面的检查总结，并做好进一步处理工作。只有具备以下条件，才能结束现场勘查：

1. 现场勘查已查清和掌握了案件性质、犯罪动机、犯罪目的、犯罪手段、犯罪过程、犯罪结果等情况。通过现场勘查已经基本掌握和研究清楚现场的主要情况，有关的侦查线索，各种矛盾基本澄清或得到合理解释。如果有些与案件联系不大的、次要的犯罪嫌疑情况仍未查清，也可以结束勘查。

2. 相关的人证、痕迹、物品等物证证据材料已经收集完毕。现场与犯罪有关的痕迹、物品已经发现、固定和提取，在勘查结束之时，应指定专人负责包装、运输和保管，不得损坏、灭失。

3. 侦查范围、重点和应该采取的侦查措施已确定。通过现场勘查收集的资料及现场分析，明确了案件性质及犯罪嫌疑人后，确定了侦查方向、范围及重点以及所要采取侦查措施的种类的前提下，可以结束现场勘查工作。

4. 相关的法律手续齐备。在结束勘查时，必须认真、细致、全面检查勘查活动中的勘验、检查、现场访问、实地勘查和采取的紧急措施等是否符合法律及有关规定，有无制定相应的法律文书。制定的法律文书是否按照法律要求，相应的签字人是否有签字或盖章。

结束现场勘查前，勘查人员需要对以上条件进行一次全面的检查、复核，如果发现不足之处，需要及时补正。必要时，还可以对现场进行复验、复查。

五、结束现场勘查后的善后处理

现场勘查结束后，勘查人员应当根据案件的具体情况，及时做好结束勘查的善后工作。善后工作包括以下几个方面：决定是否撤销或保留现场保护；运输和保护有关痕迹、物品；对现场被抓获的人员和作案人的处理。

（一）痕迹、物品

首先，现场勘查人员需要认真核对现场提取的各种痕迹物证，将其进行统一编号，指定专人负责包装、运输、看管，防止损失或灭失。其次，对需要提取的物品，应按照规定开具清单，注明提取物品的名称、数量、状态等，并由侦查人员、物主及见证人签名。清单一式两份，一份由物主保管，另一份附卷备查。提取贵重物品或绝密文件时，应当经县级以上公安机关负责人批准。

（二）对现场的处理

现场勘查结束后对现场一般有两种处理方式：一是撤离现场保护，对不需要保留的现场，应当及时通知有关单位和人员进行处理；二是对需要继续保留的现场，应根据需要确定整体保留还是局部保留，指定专人妥善保护，并及时通知有关单位和个人。

（三）对于尸体的处理

对于某些具有尸体的现场，一般有两种处理方式：一是如果死因未定、身份不明或其他情况需要复验的尸体，应妥善保存，并向死者家属或其单位说明情况；二是对于没有必要继续保存的尸体，经县级以上公安机关负责人批准，应立即通知死者家属处理。对于无法通知或通知后家属拒绝领回的，经县级以上公安机关负责人批准，可以按照有关规定处理。

（四）对当场抓获的犯罪行为人的处理

对于群众扭送或通过紧急措施抓获的现行犯，要依法对其进行人身搜查和住宅搜查，办理拘留手续，呈请拘留，同时指派专人及时对其进行讯问，调查取证。

 知识链接

犯罪现场的分类

刑事案件现场情况复杂，没有统一的分类标准。但是明确具体的现场能给侦查工作指明方向和勘查重点。实践中，由于分类的依据不同，导致有如下的几种分类方法：

一、原始现场与变动现场

以刑事案件发生后有无重大变化为依据，可将刑事案件现场分为原始现场和变动现场。

原始现场是保持着案件发生时的本来面貌，有关犯罪的痕迹、物品比较整齐，能客观、真实地反映犯罪嫌疑人在作案现场的行为方式和作案过程，能为侦查破案提供丰富的线索和重要的证据。因此，这类现场对侦查工作具有重要作用。

变动现场，指刑事案件发生后到实施勘查前，由于自然情况的变化或人为因素的影响，致使现场原始的状态有了部分或全部的改变，即犯罪嫌疑人遗留的痕迹和其他物证受到了某种程度的破坏或散失，不能客观、全面反映犯罪嫌疑人在现场上的行为方式与作案过程。

由于不可能完全避免变动现场的出现：有的案件现场，为了紧急救援或制止险情，必然会使现场原始状态部分发生变化；有的案件现场，或者因为保护的方法不对，或者由于事主清点财物，或者由于死者亲属抚尸痛哭，都可能改变和破坏现场的原始状态。因此，需要侦查人员不断探索总结变动现场的规律、特点，实施勘查时细致、客观，善于从变动中去发现那些没有变动的部分，获取一些有价值的侦查线索和破案证据。

二、主体现场和关联现场

由于犯罪嫌疑人的犯罪活动一般会经历预谋、实施和处理赃物罪证三个阶段，每一个阶段都可能形成一个或几个现场。而根据各阶段形成的现场的地位和作用不同，可分为主体现场和关联现场。

主体现场，是犯罪嫌疑人针对犯罪对象实施主要侵害行为的场所，通常犯罪嫌疑人在主体现场上遗留的痕迹和其他物证也比较多。该现场能集中反映犯罪嫌疑人的犯罪行为，能为侦查人员提供认识犯罪和揭露犯罪的主要情况，对于案件的侦破具有关键性的作用。如杀人案件杀人的场所，抢劫案件暴力实施抢劫的处所，爆炸案件爆炸发生的处所等。但是有些案件犯罪嫌疑人为了进一步排除自己与犯罪行为的联系，往

往往会用其他手法来掩盖自己的犯罪行为。例如杀人案件中，犯罪嫌疑人为了掩盖自己的犯罪行为，在杀害被害人后，往往还对被害人尸体进行抛尸、碎尸、埋尸等行为。这种情况下，最先发现尸体或尸体残肢的场所就不是杀人的主体现场。

关联现场，是与犯罪嫌疑人实施侵害行为有关的场所，如预谋场所、藏赃毁证、移尸埋尸等场所。犯罪嫌疑人实施侵害行为，一般会实施处理赃物罪证、设法逃避打击等行为，如隐藏赃物、罪证、移尸、碎尸等。在实践中，一些重大案件的侦查活动是从关联现场的发现和勘查开始的。

由于所有的关联现场都与犯罪嫌疑人实施侵害行为有着直接的因果联系，通过对关联现场的寻找、发现与勘验，可以获得更多的侦查线索和破案证据。但是关联现场不是每一个案件都有，有些关联现场比较容易被发现，有些不那么明显，不容易被发现。侦查人员往往过多重视对主体现场的发现或发现主体现场后往往忽视对关联现场的寻找与勘查，以致失去许多本来可以获得的侦查线索和证据。

三、真实现场与伪造现场

以现场现象的真假为依据，可以将现场分为真实现场和伪造现场。

真实现场，是犯罪嫌疑人作案以后对于自己反映在现场上的犯罪行为未加任何掩饰的现场。这类现场对于发现、采集犯罪痕迹和其他物证有着重要意义。

伪造现场，是指犯罪嫌疑人作案后，为了掩盖其犯罪行为、转移侦查视线或嫁祸于人而故意将现场加以伪装、掩盖的现场。如犯罪嫌疑人将人勒死后，用绳子把尸体悬挂起来，伪装为自杀案件现场。这类现场不能反映案件的真实存在，现场是为了印证虚构的案情被布置出来的，也就是假现场。

实践中的现场往往是真实现场与伪造现场同时并存的，真相往往被假象所掩盖。但是无论犯罪嫌疑人多么狡猾、怎样伪装，案件的发生总是真实存在的，刑事案件现场总是客观存在的。对于真伪并存的现场，勘查人员应该善于从现场出发去发现种种反常情况，认真推究反常情况及矛盾，做到"去伪存真"。

实际上，对于刑事案件现场还有不同的分类方法。如根据现场所处的空间位置不同分为室外现场、室内现场；根据案件性质不同分为杀人现场、盗窃现场、抢劫现场、爆炸现场等；根据犯罪活动的先后顺序或发现的先后顺序分为第一现场、第二现场等；按照犯罪阶段的不同分为预谋准备现场、实施作案现场、逃避侦查打击现场等。对于以上各种分类，有助于侦查人员进行现场勘查时，应全面考虑，充分估计可能出现的情况，以便针对现场的不同特点，采取相应的勘验方法。

能力训练

1. 训练目的：理解和掌握现场勘查的概念，现场勘查程序及方法，并能在实际工作中加以运用。

2. 训练说明：请认真阅读训练案例，并结合案例进行分析，总结犯罪现场的特点，思考如何开展现场勘查工作及采取何种勘查顺序和方法进行勘查。

3. 训练内容：

某市某区分局接到群众举报称，某村的一栋民房浓烟滚滚，该民房是单家独户，附近没有其他房子并排，并且不时传来一股刺鼻的焦糊味。现场勘查人员到达现场后，发现该民房大门紧闭，屋顶和窗户已被烧得面目全非，窗户上仿佛有被烧焦的东西，初步判断是一具烧焦的人体躯干。现场还有动物烧焦的味道。火势已基本被消防官兵扑灭。

总结与思考

1. 现场勘查的概念及特点是什么？
2. 现场勘查的常规处理顺序及方法是什么？
3. 现场勘查时的注意事项是什么？
4. 现场勘查如何与调查访问相互配合，推进案件的侦查工作是什么？

参考阅读

1. 魏中礼、马丽霞主编：《刑事侦查学》，中国民主法制出版社 2008 年版。
2. 管光承主编：《现场勘查》，法律出版社 2000 年版。
3. 朱巧红、盛永彬主编：《犯罪现场勘查》，暨南大学出版社 2013 年版。

工作任务二　掌握实地勘验的方法

工作目标

知识目标：理解实地勘验的概念、对象。

能力目标：能按照实地勘验的要求开展实地勘验工作。

工作情景

高坠案件现场实地勘验

某日，公安机关民警接到报案称，当日 2 时 28 分，某网络互助平台会员陶某坠楼死亡。民警立即赶赴现场，对现场进行了实地勘验。

现场勘验情况：事故现场位于某路 26 号香阁酒店，事故现场起坠点位于香阁酒店天台上，坠落点位于该大楼一层东侧"小幺鸡"与"食记麻辣香锅"之间烟囱下面。经勘查：该楼为一综合性大型商业楼，共四层高，二楼为名门夜宴商务会所，四楼香阁酒店（目前已停业）为后加盖的建筑物所改建而成，由楼梯上到四楼，为一条由西向东的走廊，走廊两侧为酒店包间，往南为走廊，走廊两侧为酒店包间，往南为通往董事长室的走廊，董事长室位于整个酒店居中靠南侧位置；董事长室分里外两间，外间为办公区，里间为休息室，置床铺、洗漱等日常生活用具，里间靠南侧有一塑制透明玻璃推拉窗，窗高约90cm，未安装安全防盗网等设施；窗户以南为一露天隔离带（为东西走向），隔离带高约90cm+30cm，隔离带以南为天台，天台西南两侧为建筑物，东侧为高约150cm的围墙，围墙宽约60cm；四楼天台距离地面约10m高。民警身高178cm，站于围墙处，无法垂直看清楼下地面状况。因现场被人为破坏严重，现场勘验未发现相关痕迹物证。

总结上述案例中实地勘验的方法及注意事项。

✍ **工作准备** ⌐

一、了解实地勘验的概念

实地勘验，是指侦查人员为了发现、收集侦查线索和犯罪证据，查明案件事实，揭露证实犯罪，借助感觉器官和科学技术方法，依法对于犯罪有关的场所、物品、人身、尸体等进行的观察、检查、提取和记录痕迹物证的活动。实地勘验是现场勘查的核心和中心任务，是侦查机关收集证据的关键环节。实地勘验质量的好坏，直接关系到能否收集到重要的犯罪信息、线索和证据，直接影响到侦查的进度和质量以及诉讼是否顺利进行。

二、明确实地勘验的对象

《刑事诉讼法》第128条规定："侦查人员对于与犯罪有关的场所、物品、人身、尸体应当进行勘验或检查。在必要的时候，可以指派或者聘请具有专门知识的人，在侦查人员的主持下进行勘验、检查。"因此，实地勘验的对象有以下五个：

（一）与犯罪有关的场所

与犯罪有关的场所往往是犯罪行为人预谋、实施、清理犯罪活动等场所。通过对这些与犯罪有关的场所进行实地勘验，能查明犯罪场所的位置、数量、环境；发现犯罪人在现场周围活动的过程及来往路线；查明犯罪行为人进入现场的方式；查明犯罪地点与犯罪行为人的关系及查明犯罪现场的性质等。根据犯罪行为人实施犯罪的过程，我们将与犯罪有关的场所分为以下几类：

1. 犯罪行为人预谋实施犯罪时遗留有与犯罪有关的痕迹物品的场所。具体包括犯罪行为人在预备犯罪、准备犯罪工具、选择作案部位、行动路线以及实施犯罪前预伏、守候、休息时在现场遗留的与自身有关的痕迹、物品如唾液、分泌物、烟头等。

2. 犯罪行为人实施具有犯罪行为的场所。这是实地勘验的重点，是犯罪行为人实施主要犯罪行为的主要场所，如杀人案件中杀人的场所，抢劫案件中实施抢劫的具体地点，投毒案件实施投毒行为的场所等。这些场所遗留有较多的痕迹、物品，是实地勘验的重点。

3. 实施犯罪后，犯罪行为人为了避免打击而毁灭罪证、处理赃物和藏身的场所。如犯罪行为人实施完犯罪后处理尸体或物品（如犯罪后抛尸，埋尸，隐藏赃物、凶器和犯罪工具以及随身物品）时遗留相关痕迹、物品的场所。

4. 犯罪行为人实施犯罪进出现场所必经的通道和有关场所。行为人通过通道和相关场所进出现场时可能会遗留相关的痕迹、物品等，这些遗留痕迹、物品等的通道和场所对于分析行为人进出方式、是否有携带什么物品进出等具有重要价值，因此也是实地勘验的重点对象。

（二）与犯罪有关的痕迹

与犯罪有关的痕迹指与犯罪活动有关的，能证明案件真实情况的各种反映形象。如作案人实施犯罪行为时在现场遗留的手、足的攀登、踩踏等痕迹，以及尸体或被害人身上遗留的砍、刺、勒等各种痕迹。通过对这些痕迹的勘验，能为案件进行定性，查明犯罪行为人的犯罪动机、目的及作案时间、人数、手段、作案工具、犯罪行为人个性特征提供分析依据。主要包括：

1. 能反映作案人个体特征的痕迹。如手印、脚印、牙齿印等以及能反映行走特征的步伐痕迹等。

2. 能反映作案人使用的凶器和破坏工具的痕迹。如反映破坏工具特征的撬压、打击、擦划、剪切、刺切等痕迹；反映交通工具的车轮、车辆支架等；反映犯罪凶器特点的刀痕、弹孔、弹道痕迹等。

3. 其他痕迹。如整体分离痕迹、爆炸痕迹、电击痕迹、玻璃碎裂痕迹、动物蹄迹等。

（三）与犯罪有关的物品、物质

与犯罪有关的物品、物质等主要是指原来存在于现场，遭受犯罪行为破坏或被犯罪行为人触动、带离现场的物质、物品，以及犯罪行为人在犯罪过程中从现场外带入现场，并遗留、抛弃或黏附在现场上的各种物质、物品。主要包括：

1. 作案人遗留在现场的各种物品、物质。如反映作案工具的各类凶器，如刀子、锤、砖头、钳子等；反映作案人个人特征的分泌物、排泄物、组织物和体液，如唾液、精液、毛发等；反映作案人随身携带的物品，如香烟、票据、车票等；反映作案人带入或带出现场的物质，如泥土、灰尘、油漆等。

2. 作案人实施犯罪行为时触动、破坏的物质。如被作案人破坏的门锁、被搬动的障碍物、被撬开的保险箱、被踩踏的桌椅等。这些物质都会遗留与犯罪行为人有关的信息，能为分析犯罪行为的基本情况及案件过程提供依据。

3. 犯罪行为引起或造成的各种形成物。如燃烧物、爆炸装置及残留物等，这些形成物可以分析出犯罪行为人实施犯罪行为的方式方法。

4. 被害人遗留在现场上的各种物品、物质。如血迹、被害人遗物、呕吐物、毛发、手表、项链等，能分析出被害人的个人情况。

（四）与犯罪有关或可能有关的尸体、尸块

对于现场存在的明显与犯罪有关或死因不明的可能与犯罪有关的尸块、尸体等，一经发现，应按照规定进行尸表检验。如果死因不明的，应按照规定进行尸体解剖。

1. 尸体、尸块外表检验。即对死者衣着情况检验，尸体、尸块一般情况检验以及各部分情况检验和尸体、尸块外表伤检验。

2. 尸体解剖检验。通过尸表检验，仍不能确定死亡原因或案件性质的，应进行尸体解剖检验。

（五）与犯罪有关的人身

为了确定犯罪嫌疑人、被害人的某些特征、受伤情况及生理状况而进行的人身检查。

1. 对被害人进行人身检查。为了确定被害人个体特征、伤害情况或生理状况，可以对其进行人身检查。检查妇女的身体时，需要由女侦查人员或医师进行。

2. 对犯罪嫌疑人进行人身检查。为了确定犯罪嫌疑人个体特征、伤害情况或生理状况，可以进行人身检查。如果拒绝的，侦查人员认为有必要时，经办案部门负责人批准，可以进行强制检查。

三、掌握实地勘验的原则

（一）先静后动原则

1. 整体勘验、局部勘验都不能改变现场原始状态，所以应先静态观察、静态勘验。对于发现的任何可疑痕迹物品不能随便触摸、拿取、移动，应先观察、记录、检验其位置、状态、特征，研究痕迹、物品的结构特征与形态变化以及与其他客体、犯罪活动的关系。

2. 个体勘验时，在动态勘验前也一定要先静态勘验，勘验前一定要戴手套，以免留下勘验人员的手印。只有在静态勘验之后，才可以移动、翻转痕迹、物品，进而进行观察、记录，检验其位置、状态、特征及与其他客体、犯罪活动的关系。

（二）先固定后提取原则

无论何种犯罪现场和痕迹物品，勘查人员都应该先进行固定，之后再进行提取检查。勘查人员可以采取现场记录的方法，如照相、录像、笔录和绘图等，将犯罪现场情况、痕迹、物品所处的位置以及状态固定下来。这样有利于反映痕迹物品之间的先后顺序，也可以反映痕迹物品与犯罪现场以及有关客体物之间的关系，方便今后分析案件、重建现场等活动。

（三）先表后里原则

由于直接进行内部检查容易破坏客体物外部的一些痕迹、结构等，因此需要对物体或人体先进行外部勘验，然后由外及里、由表面到内部地按照犯罪活动的一般规律，寻找、发现、提取痕迹物证。例如盗窃案件对于保险箱进行勘验时，需要先对保险箱的外部进行勘验，再对其内部进行勘验检查。

（四）先易变后稳定原则

现场上遗留的痕迹、物品有的稳定性比较差，容易消失，有的可能随着自然条件变化或人为等因素改变或消失。因此，勘验现场时需要对现场进行整体把握，分析出稳定性差的痕迹、物品先进行勘验，之后再对稳定性好的客体进行勘验。

四、掌握实地勘验的顺序

由于每个现场都有其特殊性、多样性和复杂性，勘验顺序应按照法律规定，根据勘验需要、现场位置、环境及现场痕迹、物品的分布状况综合确定。通常有以下几种勘验顺序：

（一）由中心向外围进行勘验

即从现场中心部位开始，逐步向外扩展到现场外围和边缘的勘验顺序。主要适用于现场范围不大，现场中心比较明显，痕迹、物品相对集中的现场。如一般的室内现场，中心部位比较明显，就可以从中心现场开始勘验，逐步扩展到四周，甚至勘验到室外犯罪行为人来往路线、隐匿藏身的处所等外围现场。

（二）由外围向中心进行勘验

即从现场的外围部分开始，逐步向现场中心勘验的顺序。主要适用于范围较大，现场中心部位不明显、不突出，痕迹、物品较分散的现场。如一些室外现场范围较大，中心难以确定，加上室外的痕迹、物品容易遭破坏或消失，或进入现场中心勘验可能使现场外围痕迹、物品遭受破坏等，则可以采取这种顺序勘验。

（三）分片、分段进行勘验

主要适用于现场范围过大、现场地处狭长地带或现场范围涉及多个地点、多个楼层、多个场合等，而且痕迹、物品比较微小、量少的现场。比如一些碎尸案件，尸块可能被抛弃在多个场所，因此可以将现场划分为若干个片、段，勘验人员分为若干小组独立展开勘验。

（四）沿着犯罪行为人的行走路线进行勘验

即根据犯罪行为人在现场上的行走方式和路线进行勘验，因为行为人在途经的路线上很容易留下一些痕迹物品。通过现场清晰的痕迹、物品指明的行为人的行走方向或路线，以及访问的目击者、受害人等查明的行为人的行走过程进行勘验。例如，犯罪行为人作案后往往会在其逃跑的路上抛弃作案工具、抛弃尸块及其他物证等。

（五）从现场的某个特定部位开始进行勘验

由于现场地处交通要道、繁华场所不适宜封闭，或者存在潜在危险需要立即采取紧急措施，这时需要对现场出现的痕迹物品集中，犯罪动作、手段及意图明确的部位进行立即勘查。

五、掌握实地勘验的方法

实地勘验作为一种专门的侦查活动，有专门的、相当固定的勘验方法。具体包括以下几种：

（一）观察法

即在保持现场物质状态不变的条件下，运用感觉器官对现场及痕迹、物品进行感性认识的一种勘验方法。观察法是实地勘验最基本的方法。具体包括两种方式：①宏观观察法，即对现场整体情况进行宏观、初步的观察；②微观观察法，即对现场的每一个勘验客体进行全面、细致的观察，包括客体在现场的位置、表面状况及细微特征等。

（二）比较法

即对不同勘验对象或同一勘验对象在不同阶段的物质表现加以对照，确定异同并分析其原因，以认识勘验对象本质的勘验方法。比较法是在观察法的基础上，通过比较研究，将勘验对象的本质更深刻地认识和了解。实践中可以开展以下几种比较：①局部现场现象与整体现场现象之间比较；②单个痕迹、物品之间比较；③现场访问与现象现场之间比较；④现场勘查对象的状态及其产生、发展、变化的规律之间的比较等。

（三）实验法

即现场侦查人员为了解决现场的某些问题，参照现场原有条件进行重演或模拟的方法，以证实在某种条件下某种事实是否发生、怎样发生、发生的条件等的一些侦查活动。该方法对于分析、研究、证明某种犯罪手段、犯罪情节，审查和判明被害人、事主的陈述或犯罪嫌疑人供述和辩解是否符合客观实际、是否真实有很重要的意义。

（四）技术检验法

即勘查人员利用科学技术手段和方法，对现场的痕迹、物品等进行观察、比对、发现提取犯罪痕迹物品的勘验方法。实践中，很多现场需要勘验人员利用科学技术手段和方法才能进行定性、定量分析，如对尸体死亡时间、原因、手段分析，对手印、指纹的发现、提取以及利用数字信号进行网络犯罪等的勘验。

工作程序

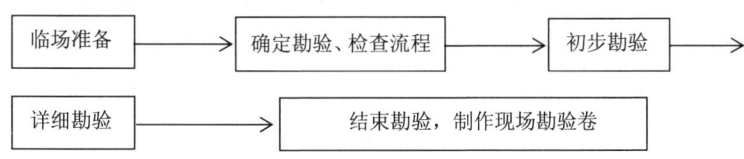

图 4-2　实地勘验工作程序图

一、临场准备

实地勘验人员到达现场后，在现场指挥人员的指挥下抓紧做好以下工作：听取现场保护人员对现场保护工作的情况汇报，对存在的问题及时进行补救；询问事主、发现人及报案人，了解案件发生时、发生后有无人员进入现场并接触过哪些物体等，以便确定勘查中心；对到达现场的侦查人员进行分工分组；在基层公安、保卫组织的协助下，邀请两名与案件无关的、为人正直的公民作为实地勘验的见证人。

二、确定勘验、检查流程

实地勘验反映了勘查人员对现场物质环境和物质状况的认识过程，它是一项有序的认识方法。同时，它又是一项复杂又细致的工作，必须有步骤、有计划地进行。实地勘验需要先静态、后动态勘验，经历整体静态勘验、局部静态勘验、个别静态勘验、个别动态勘验四个流程。

三、初步静态检验，固定现场

初步静态勘验，是勘查人员在不变动现场原始状态的情况下，对现场整体、局部、个体三方面进行初步观察。

（一）整体静态勘验

整体静态勘验，又称巡视现场，指勘验人员为了了解现场内外状态及周围环境，不进入现场内部，只在现场周围对犯罪行为人实施犯罪的地点及周围环境进行总的观察、巡视，判明现场的方位、现场内部的状况和犯罪行为人进出现场的出入口等情况，以确定勘验方案、勘验起点、重点、勘验顺序和进入现场路线等。

进行整体静态勘验时需要注意以下几个问题：只能用肉眼或者借助一定的灯光进行观察，不能进行任何搬动、触摸，避免遗留新的痕迹、物品；观察的重点应放在现场大致状况、方向、位置、中心部位等，而非集中精力于观察每一个具体的痕迹、物品；对于观察到的现场环境、方位，或紧急情况下必须改变现场状态而采取的紧急措施等都必须用笔录、绘图或设定标志等办法进行记录、固定。

（二）局部静态勘验

局部静态勘验，指勘验人员在整体勘验的基础上，根据确定的勘验范围、重点和顺序，在不变动现场原始状态的情况下进入现场内部，有计划地把现场划分为若干部分，对其逐一顺次或分头同步进行观察、研究、记录。通过对现场具体痕迹、物品的分布情况，判明这些痕迹、物品与整个犯罪现场的关系及其在整个犯罪活动中的地位和作用，以便分析犯罪活动的动机、内容、过程和顺序等。

局部勘验时需要注意以下问题：首先对各个局部的原始状态进行记录，包括痕迹、物品的分布、状态及相互之间的位置关系；观察、分析、查明局部范围内有哪些明显可见的痕迹以及其与案件的关系，是否是现场原来就有的、现场有无伪装和变动，从而进一步对犯罪活动、过程、顺序进行认识。

（三）个体静态勘验

个体静态勘验，是指在局部勘验的基础上，在不变动客体原来位置状况和存在条件的情况下，对所发现的痕迹、物品进行观察、记录和固定的活动。这需要集中精力于每一个物体，观察勘验对象的位置、状态，分析判断各勘验对象之间的关系，痕迹本身的具体位置、形态，与周围其他痕迹、物品和犯罪行为的关系等，为进一步分析、判断其与犯罪的关系提供依据。

四、详细动态勘验，提取痕迹、物证

动态勘验是在静态勘验的基础上，在可触动或翻转物体的情况下，借助各种技术手段和方法对物体进行系统观察、显现、提取、记录及检验等活动。动态勘验侧重于对每个具体的痕迹、物证的发现、显现、提取，对物体的具体位置进行变动时，依照由低及高、由外及内、由表及里的顺序，对勘验客体进行分层次的勘验、检查，争取做到不破坏、不遗漏、不遗留每一个痕迹、物品。

在勘验时需要注意以下几个问题：勘验人员进入现场需要戴头套、手套及脚套，触动物体时尽量拿捏物体的边缘部位，一般人不习惯、不常触摸的部位；对各种明显的、潜在的痕迹物品或微量物证，都需要全面仔细地认真寻找、发现、勘验；对于已经发现的痕迹物品注意提取、包装、运输，并需要结合现场访问情况进行甄别，必要时可以通过技术鉴定、现场实验、侦查辨认等方法进行验证。

五、结束勘验，制作现场勘验卷

现场勘验人员已经将现场所有的痕迹物品进行提取保存后，则需要作出决定是保留现场还是撤销现场。不管哪种决定，都需要制作现场勘验卷。现场勘验卷是记录现场勘验、检查情况的文书，也是一项法庭证据。现场勘验卷主要由现场勘查笔录、现场绘图、现场照相、现场录像四个部分组成。

（一）现场勘验笔录

它是侦查人员在勘查案件现场过程中，对现场情况和勘验情况所作的客观真实的文字记载，是一种具有法律效力的司法文书。主要包括标题、首部、正文、尾部。

1. 标题，主要写明案件的名称和记录种类。

2. 首部，是记载现场勘验笔录的基本信息部分。主要包括：接到报案的情况，勘查人员和技术人员的姓名、职务、出发和到达现场的时间，现场保护情况，邀请的见证人专家情况，现场勘查时的环境情况。

3. 正文，是现场勘查笔录的核心内容。包括现场的地点、位置和周围环境、现场中心处所、现场变动变化情况、勘查发现的情况和提取证据的情况、现场勘查发现的反常现象和其他应当记载的情况。

4. 尾部，是现场勘查笔录的结尾部分。包括发现和提取证据的情况，现场拍照、现场摄影、现场绘图情况，现场勘查指挥人员、勘查人员、见证人的签名、盖章。

（二）现场绘图

它是利用绘图的方法，记录犯罪现场主要物体及与案件有关的各种痕迹、物品的空间关系、大小、形状特征的一种记录手段。现场绘图比现场笔录更具有直观性。现场绘图的种类根据所要表现的对象和范围的不同分为现场方位图、现场概貌图、现场局部图。

1. 现场方位图，是指用以表示现场在周围环境中的位置，包括现场本身以及现场周围环境及其他与案件有关的场所、遗留痕迹、物品的特点、犯罪行为人来去路线等。

2. 现场概貌图，是指用来反映现场内部全面情况的图像，反映的是现场本身的全貌情况，即发案地点主要物体的陈设情况，被侵害对象的形态、位置，各种痕迹和遗留物以及相互之间的距离等。

3. 现场局部图，即表现现场重点部位及痕迹、物证遗留位置与环境相互关系的现场图。局部图只反映现场的一部分，而不是它的全部，局部图能比全貌图更详细、更全面地反映现场的某一部分。

（三）现场照相

现场照相，是通过拍摄记录犯罪案件现场及现场与案件有关的痕迹、物品及其相互关系的一种方法。现场照相的种类分为：现场方位照相、现场概貌照相、现场重点照相和现场细目照相。

1. 现场方位照相，是记录现场的位置及现场与周围环境关系的一种照相方法。拍摄的范围不仅包括现场本身，还包括现场周围的环境，即通过现场周围的道路、河流、桥梁、建筑等标志性物体反映现场位置及现场与周围环境的关系。

2. 现场概貌照相，是以反映整个现场内外结构及各物体间相互关系为内容的一种照相方法。它不反映现场与周围环境的关系，只反映现场本身；不反映现场的某一个部分，而是反映现场的全部，包括犯罪行为人进出现场的路线，被侵害客体状况，痕迹、物品的分布及相互关系，既要全面又要有主次。

3. 现场重点照相，即对现场中心场所进行照相，反映与案件有直接关系的主要物体特征及与邻近物品、痕迹之间的关系。不同性质的案件的重点部位也不相同。现场重点照相的范围不可过大也不可过小，一般根据案件现场情况以能够反映物体的变化状况和痕迹、物品遗留位置及周围环境为准。

4. 现场细目照相，是记录现场发现的与犯罪有关的细小局部状况和各种痕迹、物品，以反映其形状、大小、特征的专门照相。现场细目照相的要求：一是必须按照比例拍照；二是保证被拍物体或痕迹不变形，拍照时照相机光轴应当垂直于被拍物平面；三是拍的照片要清晰完整，拍照时应尽量用标准镜头，不宜选用广角镜头。

（四）现场录像

这是运用现代录像技术，将案件现场以及现场痕迹、物品之间的关系等情况动态实时记录的方法。《公安机关办理刑事案件程序规定》中规定："勘查现场，应当拍摄现场照片、绘制现场图，制作笔录，由参加勘查的人和见证人签名。对重大案件的现场勘查，应当录音录像。"现场录像的步骤应当与现场勘查的顺序相一致。首先，应听取案件的介绍，了解案件发生的时间、地点及周围环境；其次，观察现场，对现场进行整体巡视，边观察边拟出拍摄计划，确定录像的顺序、内容及拍摄物体及方法；最后，进行实地拍摄。

现场录像有以下几种方式：

1. 推摄，指被摄对象的位置不变，摄像机逐渐接近被摄物体，使被摄物体由远及近、由小变大的录像方式。

2. 拉摄，指被摄对象的位置不变，摄像机逐渐远离被摄物体，使被摄物体由近及远、由大变小的录像方式。

3. 摇摄，指摄像机位置不变，仅变动摄像机镜头的角度，从一个方向向另一个方向对被摄物体进行拍摄的方式。分为水平摇摄和垂直摇摄。

4. 跟摄，指摄像机的位置跟着被摄物体的移动而移动，在移动状态中进行摄像的方式。这种方法可以反映现场物体之间的空间距离关系，表现现场被摄场所和环境的空间深度，反映痕迹遗留在现场的长度、重点物体每一个面的状况等。

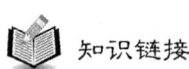 知识链接

无人机——环保类现场勘查取证神器

无人机是无人驾驶飞机的简称，无人机最早被作为靶机和侦察机应用于军事领域。

随着近年来人工智能、大数据技术的发展，无人机出现了向智能化、终端化、集群化发展的趋势，在影视娱乐、航拍测绘、救援运输、新闻报道、动植物保护、环境监测等方面与国计民生的各个行业领域相融合。而在侦查实务工作中，无人机具有拍摄面广、动态跟踪、全面客观等诸多优势，它站得高、看得远、跑得快，真正为现代办案插上了高科技"翅膀"，运用无人机进行环保类、爆炸类、火灾类案件的现场勘查取证的新时代已经来临。

典型案例：某市院环境保护检察部门在审查一件环保类案件中，发现公安提供的现场图片并不能真实反映现场情况，严重影响案件定性。经与公安办案人员联系，得知案件现场在深陷区，地下已经形成空洞，地面龟裂现象严重，已经多次出现房屋深陷的险情，公安办案人员经数次努力接近现场核心区域，但都因风险太大退了回来，只好在周边拍了些照片当作证据使用。某市院环检办案人员认为如果没有现场核心区域的图像资料只靠文字描述不能直观地证明此案的实际损害情况，影响对嫌疑人定罪量刑。鉴于此案的特殊情况，环检部门经领导批准，由检察声像技术人员提供技术协助补充相关证据。

实践中，侦查技术部门已经多次使用无人机对不便靠近的矿坑、湖泊、火灾、爆炸等场所进行图像取证，提供了大量现场照片和视频，助力了侦查业务工作的开展。无人机可广泛地运用于证据调查、现场勘查、污染源头的查找等工作，是图像技术的取证利器。无人机助力刑事侦查现场勘查工作，极大地提高了侦查技术工作水平，是践行智慧侦查、推动侦查系统办案模式科技化的新举措。

能力训练

1. 训练目的：让学生更加理解和掌握实地勘验的各种方法、原则和步骤，并注意现场勘查中对心理痕迹的分析。

2. 训练说明：结合训练案例内容，分析侦查人员进行实地勘验前的准备、如何开展实地勘验工作、进行实地勘验时的注意事项。

3. 训练内容：

米姬·皮斯托里斯是南非一名犯罪心理学专家，她善于利用心理分析的方法，窥探连环杀手的内心世界，协助警方破获了一个个大案。1986年以来一个连环杀手在这一地区屡屡作案，罪犯经常在普兰火车站附近劫持男童，再带到偏僻的地方，掐死男童，然后将他们鸡奸。罪犯已经杀死20多个男孩。米姬看了现场，仔细观察每一个细节，最后用心理分析的方法作出画像：杀人凶手是个黑人同性恋者，年龄在30～35岁之间，是个小学教师、警察或基督教博爱组织的成员。此人穿戴整齐，办事斯文，仍然与父母居住在一起。凶犯在童年时期遭受过性侵害，很可能在精神病院接受过治疗。

米姬是根据什么对凶犯进行心理画像的呢？为什么是黑人？因为在普兰这样一个黑人居民占90%以上的穷苦地区，若是一个白人作案，绝对不会劫持20多个孩子而不被人发现。至于罪犯的年龄，在一般情况下，这种犯罪多发生在 25 岁左右，此人在 8 年前就开始在此地作案，现在理应是 30 多岁的人。她从死者被鸡奸断定凶手是同性恋者，并在童年时期被别人鸡奸过。至于凶手仍然住在父母家里，米姬说，因为这样一个人不可能结婚，也不会有自己的单独住所，他若有自己的房子，可能会将小孩骗到他的家里。米姬从作案现场发现，这是个较有条理的人。至于凶犯的职业，米姬认为，只有小学教师、警察和基督教博爱组织的成员，才会懂得怎样与儿童对话并博得他们的信任，使这么多孩子都乖乖地跟他走，而没有产生任何怀疑和反抗。孩子都是在下午上班时间被杀害的，这一点说明凶犯的时间相对自由。

警察局根据米姬的分析绘制出罪犯的图像，很快就抓捕了凶犯西蒙。

总结与思考

1. 实地勘验的对象有哪些？
2. 实地勘验的原则和顺序是什么？
3. 实地勘验的步骤是什么？需要注意些什么事项？
4. 侦查人员实地勘验时能利用哪些方法？

参考阅读

1. 王利杰、李自云主编：《刑事侦查教程》，中国人民公安大学出版社 2002 年版。
2. 郭晓彬：《侦查策略与措施》，法律出版社 2000 年版。

工作任务三　掌握现场访问的方法

工作目标

知识目标：了解现场访问的概念、具体任务，理解、掌握现场访问的具体步骤和要求。

能力目标：培养学生对现场访问对象的分析能力及对现场访问的具体操作能力。

工作情景

快递企业漏洞引发犯罪

某快递企业涉嫌未实行安全查验制度，违反了《反恐怖主义法》，被处 15 万元罚款。这家快递企业被处罚是因为在两名犯罪嫌疑人寄件过程中，该快递企业并未对包裹进行查验。

警方通过调查访问核实：第一个案例是犯罪嫌疑人从 3 月份以来利用快递向他人贩卖冰毒，通过一家快递公司的三个下属网点寄毒品。其把毒品包装在娃娃里，寄了 100 多单，每次自己把包裹包装好，到快递网点以后交给快递的速递人员。警方通过现场视频监控发现，快递公司并没有对包裹进行开箱查验，也没有对犯罪嫌疑人即寄快递的人进行实名登记，导致毒品通过寄递渠道流入社会。

第二个案例是犯罪嫌疑人邰某因个人情感问题，自制爆炸物寄送给前女友和邰某熟人，企图实施报复。幸好警方及时根据线索，成功追缴拆解了爆炸物品，抓获了企图实施报复的犯罪嫌疑人邰某。最后警方在调取了快递面单和现场视频监控后发现犯罪嫌疑人的寄件过程中，该快递企业仍未对包裹进行查验。

思考：上述案例中，侦查机关在调查访问过程中采取了什么方法？该方法对侦破案件有什么作用？

工作准备

一、了解现场访问的概念

现场访问，是指侦查人员在现场勘查过程中，对被害人、事主及周围有关人员进行查访和询问，以发现收集侦查线索和犯罪证据的一种侦查活动。《公安机关刑事案件现场勘验检查规则》第 63 条规定："现场勘验、检查人员应当向报案人、案件发现人，被害人及其亲属，其他知情人或者目击者了解、收集有关刑事案件现场的情况和线索。"

二、明确现场访问的对象

根据我国《刑事诉讼法》第 62 条规定："凡是知道案件情况的人，都有作证的义务。"从上述《公安机关刑事案件现场勘验检查规则》可以看出，报案人、案件发现人、被害人及亲属、目击者及其他知情人都属于现场访问的对象。具体包括：

1. 报案人。即案件发生后，直接向公安机关报告案件情况的人。报案人可以是被害人、事主及其亲属，也可以是案件的知情人、其他人员。

2. 案件发现人。即最早发现案件的人，多为被害人及其亲属、现场周围和途经现场的人、值班看守人员等。

3. 被害人及亲属。由于被害人及其亲属是犯罪行为直接或间接侵害的人，因此他们往往在案件发生后第一时间向公安机关报告。同时，他们往往对犯罪行为发生的情况、案发前后犯罪现场的情况、重要的侦查线索和有关的犯罪证据最为清楚，同时还会主动积极配合侦查人员的访问工作，因此是现场访问最重要的对象。

4. 目击者及其他知情人。现场往往有比较了解案发经过或案情的人，包括案件目击证人、犯罪嫌疑人的亲友、其他了解案情的人。由于这类访问对象不是案件当事人，他们可能不会积极主动为公安机关提供案件的相关情况，需要侦查人员认真去寻找和发现。

三、掌握现场访问的内容

《公安机关刑事案件现场勘验检查规则》第64条规定，现场访问包括以下主要内容：①刑事案件发现和发生的时间、地点、详细经过，发现后采取的保护措施，现场所见情况，有无可疑人或其他人在现场，现场有无反常情况以及物品损失等情况；②现场可疑人或者作案人数、作案人性别、年龄、口音、身高、体态、相貌、衣着打扮、携带物品及特征，来去方向、路线等；③与刑事案件现场、被害人有关的其他情况。实践中，根据不同的访问对象设置不同的访问内容：

（一）对报案人和发现人的访问内容

1. 发现案件的具体时间、地点和详细经过；

2. 发现案件时现场的状况，现场有无变动；

3. 发现案件时现场有无其他人在场，有无其他人进出过现场；

4. 发现案件后如何报案，是否采取保护措施；

5. 对案件的发生有何看法，依据是什么。

（二）对事主、被害人及其家属的访问内容

1. 案件发生、发现的详细过程；

2. 犯罪行为人的个人情况：人数、身高、性别、年龄、体貌特征、衣着特征、语言特征、其他特殊标记等，以及作案工具、交通工具、逃跑方向等；

3. 被害人的受伤害情况，包括被伤害的部位、程度、致伤原因和工具等；

4. 财物损失情况：财物种类、数量、价值、用途及新旧、大小、重量、特殊痕迹等；

5. 发案前现场的有关情况：窗口是否关闭、门是否上锁、钥匙保管是否采取妥当、财物存放的知情范围、发案前是否有可疑人在现场附近逗留等情况；

6. 事主、被害人的有关情况：姓名、年龄、家庭成员、经济状况、社会关系、生活习惯、个人爱好等，被害人的近期生活有无结怨等。

四、了解现场访问的注意事项

进行现场访问时，应注意以下内容：

（1）现场勘验、检查人员在询问被访问人前，应当了解被访问人与被害人、犯罪嫌疑人之间的关系，确定现场访问的任务和方法，保证访问工作合法、客观、准确；

（2）现场访问时，现场勘验、检查人员应当向被访问人出示证件，告知被访问人必须履行如实作证的义务和作伪证或隐匿罪证应当承担的法律责任；

（3）现场勘查、检查人员询问被访问人应当个别进行，可以在现场外围或者被访问人所在单位、住所进行，必要时，可以通知被访问人到公安机关接受询问；

（4）现场勘验、检查人员不得向被访问人泄露案情，不得使用威胁或者引诱的方法对被访问人进行询问；

（5）访问未成年人，应当通知其监护人到场；

（6）询问被访问人应当制作询问笔录，询问笔录应当由询问人和被询问人签字，经被访问人同意可以录音。

侦查人员根据法律规定进行现场访问时还需要注意的问题有：侦查人员在访问时应当注意自己的衣着和礼节；侦查人员要注意访问用语和掌握谈话气氛；侦查人员要善于帮助或推动访问对象回忆，同时还要注意谈话出现僵局；侦查人员应当掌握访问时间。

工作程序

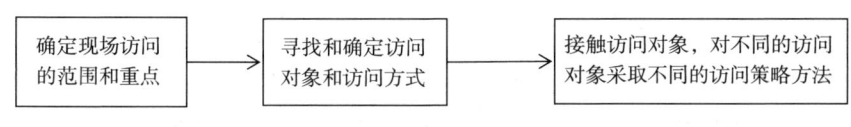

图4-3　现场访问工作程序图

一、确定现场访问的范围和重点

（一）确定现场访问的范围

侦查人员在进行现场访问之前，需要对已知的案件、现场环境等有准确把握，然后确定访问范围。现场访问范围划得太大会浪费许多时间、警力、财力和物力，事倍功半；现场访问范围划得过小，容易让知悉案件的相关人不能告知侦查人员更多的与犯罪相关的情况，甚至导致案件的片面认识、错误认识而让侦查陷入僵局。因此，准确划定适宜的访问范围，不仅能迅速搜集到可靠的证人证言，还能减少侦查工作的工作量。

（二）确定现场访问的重点

现场访问的目的是查明案件情况和事实、揭露和证实犯罪，而重要的知情人、关键的问题对查清楚案件事实、收集相关的证据具有决定性作用。因此需要认真确定访问范围内的重点对象、对重点访问对象的重点问题、需要考究甄别的具体问题等。

二、寻找和确定访问对象和访问方式

（一）寻找和确定访问对象

犯罪案件发生后，知悉案件的人员一般包括被害人、事主及其亲属、现场围观人

员、值班人员等目击者等，这些人员中有些还在犯罪现场停留观望侦查人员进行现场勘查工作，有些已经离开；有些愿意积极配合侦查人员的访问，有些出于某种考虑会回避侦查人员的访问。因此我们在寻找访问对象时一般有以下几种方式：①尽快对还停留在现场的被害人、事主、知情人先稳定其情绪，表明侦查人员的身份，争取时间积极开展侦查工作；②通过各种途径深入案发现场去查访、寻找身份不确定的知情人；③在途经现场的来往人员中发现访问对象；④通过被害人的人际关系圈发现访问对象。

（二）选择合适的访问方式

一般情况下，侦查人员都是以侦查人员的身份，直接、公开地就与案件有关的事实和情节询问被访问对象，所以往往采取以下方式进行：

1. 广泛走访群众。侦查人员到案发所在地及犯罪人可能前往和逃离的沿途进行走访，了解案发前后当地的群众耳闻目睹的与案件有关的情况，从中发现可疑的人和事，寻找侦查线索，获得证人证言。

2. 个别访问。侦查人员为了查清某个具体问题或某个特定的人的具体情况，找知情人或定点访问具体的人员，个别搜集证言。凡是涉及国家机密、个人隐私、矛盾冲突、特定的嫌疑对象以及其他需要排除外界干扰、保守侦查秘密和保证被访人无顾虑陈述时都应采取个别访问的方式。另外，通过定点访问，更能深入细致地进行询问，打消其顾虑，促使其将真实情况反映出来。

3. 召开座谈会。为了充分发动群众、广辟情报来源，有的案件还可以在会上有领导、有目的、有控制地公布案情，组织与会人员座谈讨论，动员他们提供有关情况和线索。同时，为了解决案件涉及的某些专门性技术问题，也可以邀请某些专家或专业人员召开座谈会开展调查工作。

三、接触访问对象，对不同的访问对象采取不同的访问策略方法

现场访问是向了解案件情况的人进行的一种调查取证活动。访问时，侦查人员要讲究问话的方式、方法，给访问对象创造一个能够充分陈述的环境。保证访问对象在陈述中不受干扰，不打断其思路。同时根据不同的访问对象选择不同的访问策略方法。

（一）对发现人、知情人的访问策略方法

1. 查明发现人、知情人等与案件的关系及身份。

2. 创造轻松、安全、有助于其充分回忆和自由陈述的访问环境和气氛，消除被访问对象的紧张感、陌生感。

3. 做好疏导转化工作，消除其思想障碍。由于被访问人的年龄、职业、文化程度、社会经历、思想状况等不同，所以在初步接触时，需要了解其态度和心理状况，以便采取措施做好疏导转化工作，消除障碍。

（二）对被害人、事主的访问策略方法

1. 做好稳定情绪的工作。由于被害人、事主往往情绪不平静，尤其是人身遭受侵害的被害人，他们往往有激动、紧张、恐惧、愤怒等复杂心理，一时很难平静。安抚情绪的方法有：一是通过改变被害人处所的环境使其恢复平静的心理；二是侦查人员果敢坚毅的态度能让其逐渐从紧张、恐惧的心理中冷静下来；三是通过侦查人员的决心使其感到安全进而保持平静。

2. 选择适当的访问地点。侦查人员根据案件性质、犯罪危害后果、现场所处环境和被害人及事主人数和心理特点，在不影响现场勘查工作正常进行的条件下，以不变动现场、不影响被访问对象情绪和便于联络、保密为前提，选择合适的访问地点。

3. 说明访问的目的。侦查人员需要向被害人和事主说明访问的目的，告知他们如实向侦查人员提供案情的义务，并选择恰当的时机将话题引到与访问有关的问题上。

4. 确定访问内容。侦查人员应当迅速确定访问的相关问题，如犯罪嫌疑人人数、性别、面貌、衣着等个人特征，犯罪嫌疑人现场遗留的物品等以及与案件发生、发现等有关的事项。

（三）对不同访问对象的访问策略方法

1. 对未成年人的访问。由于某些未成年人身心比较脆弱、心智单一，所以对他们的访问需要注意以下几点：一是应当选择未成年人熟悉的地点进行访问，参与访问的侦查人员数量不宜过多，可以让其家长或老师在现场；二是访问时需要使用未成年人熟悉、能理解的语言；三是尽量让其自由陈述，避免使用暗示性或引诱性语言；四是侦查人员态度要和蔼可亲，避免对同一个问题反复或进一步追问；五是侦查人员需要认真倾听对方陈述，不要随意打断其陈述。

2. 对老年人的访问。对老年人的访问应注意：一是保持充分尊重的态度，争取与其合作；二是放慢问话的节奏，让其有足够的时间回忆和陈述；三是提问应当简单明了，减少老年人过多的思考和顾虑；四是老年人陈述中出现错误和离题太远，需要提醒并以委婉的方式和平和的言辞将其拉回访问主题；五是对老年人的访问时间不宜太长，注意让其休息。

3. 对女性的访问。访问女性应当注意：一是提供良好的谈话环境，营造平和的谈话氛围；二是访问时，最好由女侦查人员进行，这样一定程度上能消除她们的顾虑，有助于访问的顺利进行。

4. 对聋哑人的访问。访问聋哑人应当注意：一是对于受过教育的聋哑人可以用笔谈的方式进行访问；二是对于未受过教育无法以文字表达意思的聋哑人则只能通过通晓手语的人与其进行手势交谈，或聘请聋哑学校教师、知晓聋哑人的父母、亲属等人进行翻译；三是要耐心倾听，并仔细观察其"陈述"的表情和动作。

5. 对盲人的访问。访问盲人应当注意：一是充分了解其智力发育状况、听觉、触觉、嗅觉的灵敏程度，是否有习惯性感知误差；二是要注意诚恳的态度和保持尊重，取得对方信任；三是耐心听取其陈述，不要干扰其陈述过程。

四、把握时机，开展现场访问

（一）做好调查访问前的准备工作

调查访问前的准备工作包括：①了解案件基本情况，如案件发生的时间、地点、案件性质、结果、作案人可能具有的特征、有关的证据等；②了解访问对象的基本情况，包括了解访问对象与本案的关系和访问对象的个人情况等。

（二）拟定访问提纲

调查访问过程中，由于访问对象个人情况不同，与案件关系不同，接受访问时心理状态不同，了解案情的程度与角度不同，因此访问的内容和方式各有差异。拟定访问提纲有利于保证访问工作有计划进行，具体内容包括：访问目的、要求，访问的主要内容及侧重点，访问的方式、方法，访问中可能出现的问题及解决的办法等。对于特别重要的事项，事前还应制定出详细的书面计划。

（三）确定合适的访问时间和地点

对访问对象进行访问时需要选择合适的时间：如访问对象是否比较方便或有空闲；访问对象情绪是否稳定；访问对象精力是否充沛。同时，对访问地点的选择也需要考虑：是否有利于保密；是否比较安静，不易受外界干扰；是否有利于访问对象无拘无束地谈话。

（四）稳定访问对象的情绪

对于有些与案件没有什么关系的被访问对象，往往对于现场访问的侦查人员具有警惕、戒备的心理，同时可能会有多一事不如少一事等复杂心理。侦查人员应根据访问对象的情况，选择合适的话题，稳定访问对象的情绪，打破开始接触时的生疏、拘谨、紧张局面，营造和谐的访问气氛，并且态度和蔼，文明用语，尊重访问对象的人格和风俗习惯。

（五）消除访问对象的思想障碍

针对有些比较消极、被动地应对侦查访问工作的访问对象，侦查人员需要动之以情、晓之以理甚至运用政策攻心、法律教育启发其转变态度，主动积极协助侦查工作。对于被害人这类访问对象，由于其身心受到打击，情绪比较偏激，容易夸大某些事实；或受到犯罪嫌疑人要挟，不敢吐露真情；或为了掩盖个人隐私或过错而谎报案情等，因此需要研究其思想障碍，探究根源，对症下药。

（六）注意提问方式，促使访问对象回忆情况

现场访问一般由侦查人员与访问对象进行一对一的问答，以对话方式进行。首先，

侦查人员开展广泛地提问，如从"关于某案你知道哪些情况"等开始提问，让其自由陈述，而此时侦查人员应仔细倾听，在其陈述完之前不应插言制止或重新提问。其次，对于访问对象陈述中有不清楚或有疑问的地方，可采用质证提问或检查性提问，以便查清事件的来龙去脉。最后，访问对象对某些细节回忆不起来时，侦查人员可以用联想的方法帮助其回忆。

（七）注意访问时的仪表神态

侦查人员在进行现场访问时应当衣着整洁大方，遵守社交礼节，以礼待人，真诚待人，切不可居高临下以执法者自居，傲慢自大，要使访问对象感到没有拘束、没有压力，这样才可以增进访问对象对侦查人员及其工作的理解和支持。

（八）注意使用合适的访问用语

侦查人员访问时要使用合适的语言、语调、语速，并用问与答的方式推进访问工作，切忌态度生硬、语言粗俗、语速过快、装腔作势等，让访问对象感到咄咄逼人，以至于阻碍侦查工作的推进。

（九）必须遵守有关法律、法规

侦查人员进行现场访问时需要遵守相关的法律、法规：现场访问前必须出示相关的证件；访问应当个别进行；访问前，应当告知访问对象如实提供证据的法律义务，诬陷和有意作伪证或隐瞒罪证等需要承担的法律责任；不得采取威逼、引诱或欺骗等手段访问；访问笔录需要被访问人签字等。

五、结束现场访问，制作现场访问笔录

现场访问已针对某位具体的访问对象按照初步拟定的访问计划进行完毕时，需要适时地结束现场访问工作。结束时，需要认真制作现场访问笔录，并需要被访问对象、访问的侦查人员签名、捺印。同时，侦查人员需要对那些如实陈述的访问对象表示感谢和鼓励，以便建立良好的心理接触，为再次访问奠定较好的心理基础。对于需要保密的访问对象，应为其保守秘密，对于需要保密的访问内容也应当保密。

六、分析判断现场访问结果

调查访问的结果需要从各方面谨慎、细致地进行分析，注意发现其矛盾和可疑之处，才能对其真伪性和使用价值作出判断。主要从以下几个方面进行评判：

1. 研究其陈述来源。如果被访问的内容是访问对象自己亲自耳闻目睹的，那么其价值相对较高；如果是听他人讲述间接得知的案件事实，那么其价值相对较低。所以需要审查访问人在什么情况下听说的，有无失真的可能，尽可能追本溯源，向直接感知案件情况的人调查核实。

2. 分析访问对象与案件的关系及心理状态。如果访问对象是案件的当事人或与当事人有某种特定联系，就有可能夸大或缩小甚至捏造事件，提供虚假证词。如果访问对象与案件无关，访问时也比较积极认真地面对访问工作，那么这份材料能够比较真实地反映案件情况。如果有些访问对象抱着消极的态度，觉得多一事不如少一事，拒绝与侦查人员合作而在各种教育后才转变心理态度，则需要考察其内容是否部分真实、部分失真，或者是否有捏造的可能。

3. 分析判断访问对象的感知、记忆和陈述能力。由于具体的访问对象的年龄、遗传、职业、文化素质、社会经历、兴趣爱好等不同，那么其感知能力、记忆能力和陈述能力都有一定差异。所以相对来说，感知能力较好、陈述能力较好的调查访问结果往往比较好。

4. 分析判断访问内容有无矛盾和可疑之处。审查调查访问内容有无矛盾可以从以下几个方面进行判断：访问内容与客观规律有无矛盾；访问内容前后有无矛盾；访问内容与他人陈述之间有无矛盾。如果发现有矛盾和可疑之处，需要进一步核查。

 知识链接

如何制作现场访问笔录

现场访问笔录，即侦查人员根据访问对象的陈述所制作的笔录，一般由首部、正文和尾部三部分组成。

首部，即文书的名称，访问开始和结束的具体时间、访问地点，侦查员姓名、记录员姓名，访问对象姓名、性别、年龄、民族、工作单位、职业及现住址。另外要写明访问对象与案件所涉及的某些特定人或事件的关系（如系本案犯罪嫌疑人或被害人的亲属、邻居、同事或某事件的见证人等）。

正文，即现场访问笔录的核心。一般采用问答的形式进行，记录人员需要把访问的内容全部、准确、客观地记录下来，绝对不能主观臆断，随意取舍。注意以下几个内容：对于访问对象陈述的每一个问题需要记录清楚人物、时间、地点、经过、结果；访问对象是如何得知上述情况的，是亲眼所见、亲耳所闻还是自己猜测或听别人传说的；对于现场的知情人还有无他人；对于访问对象提供的物证、书证等证据材料在笔录中要反映出来，并说明其来源和证明的问题。

尾部，现场访问笔录经过访问对象核对后，由访问对象写明对笔录的意见，让其签名（盖章）、捺印。如果访问对象拒绝签名、捺印的，记录员应当在笔录中注明。最后，侦查人员和翻译人员也应当在笔录上签名或盖章。

以下是笔录的基本格式：

第　　页

现场访问笔录

时间：_____ 年_____月_____日_____时_____分至_____日_____时_____分

地点：_____

侦查员姓名、单位：_____

记录人姓名、单位：_____

访问对象姓名：_____性别_____年龄_____民族_____

工作单位及职业：_____

现住址：_____

问：(告知) 你好，我们是×××侦查人员（出示证件），现依法对你询问有关案情，请你如实回答。你听清楚了吗？_____

答：_____

_____

问：_____

答：_____

_____

以上记录看过，没有错误。

×××（签名、捺印）

×年×月×日

能力训练

1. 训练目的：通过模拟实训，让学生掌握现场访问的基本方法，开展现场访问工作，并制作现场访问笔录。

2. 训练说明：

（1）指导教师设置模拟现场；

（2）指挥人员立即赶到现场，巡视现场，制定勘查方案；

（3）指挥人员对现场访问组进行分工；

（4）保护组人员划定保护范围，拉警戒线；

（5）现场勘查组进行现场勘查；

（6）调查访问组开展现场访问，并制作现场访问笔录。

3. 训练内容：

某日下午3时许，张同学与李同学因为一个观点发生了争吵并打架，开始是拳打脚踢，之后越打越激烈，最后张同学提起板凳向李同学砸去。在场的王同学和魏同学见状，赶紧劝架，并试图将他们拉开，但是无果，王同学被飞来的一根木棍砸中，腿部受伤跌倒在地板上。魏同学见情况不妙，赶紧拨打电话告知班主任。在班主任前来之际，张同学掏出了一把削笔刀开始挥舞，李同学赶紧抓起一张课桌向张同学砸去，不料，这下恰好砸中张同学头部，张同学被砸晕之后倒在现场。王同学见状，立即拨打了120，再拨打了110。不一会儿，警察奔赴现场，开始了侦查工作。

📝 总结与思考

1. 现场访问的对象有哪些？
2. 针对不同的访问对象进行访问时需要注意些什么？
3. 现场访问时应遵守哪些法律规定？
4. 现场访问笔录制作的要求有哪些？

📝 参考阅读

1. 孙延庆主编：《侦查措施与策略》，中国民主法制出版社 2007 年版。
2. 何理主编：《侦查措施教程》，警官教育出版社 1999 年版。
3. 乔顺利、白瑛奇："信息化背景下的调查访问策略"，载《中国刑警学院学报》2013 年第 2 期。

工作任务四　掌握侦查实验的方法

📝 工作目标

知识目标：理解、掌握侦查实验的概念、原则、要求。

能力目标：能依照法律的要求、程序开展侦查实验，并对实验结果进行评断，衡量其能否作为证据使用。

📝 工作情景

宋慈侦查实验巧断案

宋慈（1186~1249 年），在其一生的官宦生涯中，先后 4 次担任高级刑法官。宋慈在处理狱讼中，特别重视现场勘验，下面是一些他判断案件是意外还是他杀的方法：在某种特定的状况下，一个男人是失足落水还是死后抛尸，取来他的头骨就能得到答案。将头骨弄干净，放在盆中，用热水从头顶浇灌；如果盆中有泥沙，证明落水时曾挣扎呼吸，泥沙进入五官内，又在热水的冲洗下进入盆底；如果盆中没有泥沙，往往是死后抛尸，因为被害人呼吸已停，气息已止，所以泥沙不入。在某个已经火焚的现场，要找到杀人凶手曾经作案的证据，可以将被害人伏尸的地方打扫干净，先用酽米醋浇泼，然后用酒浇泼，土质地面上很快就会显现被害人流淌过的血迹。一个人死于意外还是他杀，在检验官的抽丝剥茧中会冲破重重迷雾。

思考：上述实验在判断案件性质时的价值如何？

工作准备

一、了解侦查实验的概念

侦查实验是指为了确定某一与案件有关的现象在某种条件下能否发生以及结果如何，对犯罪发生时的现场予以再现的一种侦查活动。根据《刑事诉讼法》第135条第1款规定："为了查明案情，在必要的时候，经公安机关负责人批准，可以进行侦查实验。"《公安机关刑事案件现场勘验检查规则》第69条规定："为了证实现场某一具体情节的形成过程、条件和原因等，可以进行侦查实验。进行侦查实验应当经县级以上公安机关负责人批准。"侦查实验是一种科学的方法，是获取证据、审查证据、甄别真伪的一项有效措施。

二、明确侦查实验的任务

侦查实验根据每个案件的不同可能有不同的任务。实践中常有以下几个方面：

1. 验证某人在某种条件下感知某种现象的客观可能性，主要指在某种条件下能够听到某种声音或看到某种现象；

2. 验证某人在某一特定时间、条件下能够完成某种行为，如某人在一定的时间内能够乘坐某种交通工具到达犯罪现场；

3. 验证某种物品、物质在某种条件下发生某种变化的客观可能性，如某种物质在某种条件下能否自燃、自爆、自溶等；

4. 验证在某种条件下实施某种行为发生某种结果的客观可能性，如现场房门在关闭的条件下，能否从外面将其开启而不留下任何痕迹；

5. 验证现场的某种痕迹是用何种工具在何种条件下形成的；

6. 验证现场的某种变动、现象形成的原因、条件和过程。

三、掌握侦查实验的规则

为了保证侦查实验的科学性和合法性，进行侦查实验必须严格遵循以下规则：

1. 严格依照法定程序进行侦查实验的规则。主要包括以下几个方面：①侦查实验必须在侦查人员的主持下进行；②进行侦查实验需要在穷尽其他方法仍不能达到检验核实证据时才能启用；③侦查实验必须经过法定的审批手续，由县级以上公安机关负责人审查批准；④进行侦查实验时需要邀请两名与案件无关、为人公正的公民作为见证人，必要时还应聘请或指派具有专门知识的人参加；⑤侦查实验中严禁一切足以造成危险、侮辱人格或有伤风化的行为；⑥参与侦查实验的人员应对侦查实验的过程和结果保守秘密。

2. 侦查实验的条件应尽可能与原始条件相同或接近的规则。侦查实验只有在与案件发生时相同或相近的条件下进行，实验的结果才具有说服力。因此进行侦查实验时需要注意以下几个方面：①侦查实验应尽量在与原时间相一致的条件下进行；②侦查实验应尽量在原地进行；③侦查实验应尽量在原自然条件下进行；④侦查实验应尽量使用原来的物品和工具。

3. 同一实验应坚持反复多次进行的规则。尽管进行侦查实验时非常注意将实验的条件和案件发生时的条件相同或接近，但由于案件发生后现场原来的环境以及与案件有关的人、物都不同，要想绝对准确地恢复案件发生的条件和情况是不可能的。同时，实验中还有可能出现一些偶然因素影响实验结果，因此对同一实验需要反复多次进行。在实践中，往往采取控制变量法进行侦查实验，如通过设定几种实验条件，每进行一次实验时仅改变一种实验条件，通过观察结果的变化规律，分析原因和结果之间的内在联系，以保证实验结果的准确性和稳定性。

工作程序

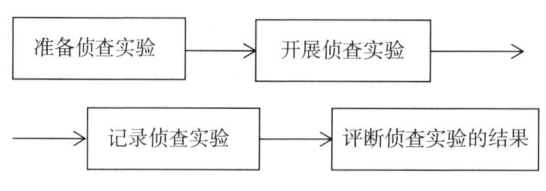

图 4-4　侦查实验工作程序图

一、准备侦查实验

1. 明确实验目的。根据侦查实验的任务，对于有关陈述中的疑点，进一步弄清楚与疑点的有关情况，如有关人员感知某一现象的时机、地点、光线、气候及感知能力等；对于现场痕迹、物品方面的疑点，进一步研究其与犯罪行为的关系，判断其是否为现场原有、作案人所留、与案件无关人员所留、现场发生的变化等。通过分析，进一步明确实验目的，防止盲目开展实验。

2. 拟定实验方案。侦查实验必须在实施前拟定好实验方案，才能保障实验工作有序进行。侦查实验方案的具体内容包括：实验目的、时间、地点、自然条件，参加实验的人员及分工，实验的内容、步骤和方法，实验所需要的工具、器材等物品以及实验的安全保卫和警戒工作等。

3. 确定参加实验的人员及分工。根据侦查实验的具体内容确定要参加实验的人员、数量及分工。一般情形下参与侦查实验的人员有：主持人、记录人员、警戒人员、演示人员、有关专家或专业人员以及两名与案件无关的见证人。确认后根据案件中所涉及的参加人员进行分组分工。

4. 准备实验工具和物品。实验的工具和物品是侦查实验的物质保证。根据要布置的现场所需的环境条件以及实验次数、项目等，准备实验所需的工具和物品以及记录所需要的器材等。

二、开展侦查实验

1. 进行侦查实验时，各实验人员要明确自己担负的实验项目及职责，分头开展工作。但是有些情况下，如果将具体项目和内容事先告知实验人员，可能导致实验人员心理状态发生变化从而使得实验结果不准确。所以，在布置任务时应根据不同情况灵活处理。

2. 侦查实验的指挥人员负责全局工作的开展，指挥人员不能担任某项具体的实验工作，而是要把握实验进程，协调实验人员的工作，及时处理实验中遇到的问题。

3. 侦查实验时，需要布置好现场警戒，防止无关人员、车辆及其他因素干扰实验进行。同时做好排险紧急措施，保证实验人员的安全。

4. 在获得了实验结果时，保守侦查实验的有关秘密。

三、记录侦查实验

侦查实验记录，能客观全面地记录现场实验的过程及结果，是诉讼中具有证据价值的材料。侦查实验的记录不能和现场勘验的笔录合并在一起，需要单独制作成笔录。侦查实验的记录方式有笔录、照相、录像、录音、绘图等，但是以笔录形式为主。侦查实验笔录主要包括以下几个部分：

第一部分实验基本情况：案件和现场的基本情况、进行侦查实验的理由和目的、实验的起止时间、参加实验的人员；

第二部分实验过程：实验的条件、方法、过程及结果；

第三部分结尾部分：参加实验人员签名盖章，对实验条件、方法、过程及结果的有关说明。

四、评断侦查实验的结果

侦查实验笔录是法定证据之一。但对于侦查实验结果的证据意义需要结合所要解决的问题和实验结果的性质进行综合分析，有些实验结果只能为分析判断案情、确定侦查方向和范围提供依据，有些则可以用作证据使用。如果实验结果是肯定性的，则表明事件在特定情况下确实可以发生，但不能表明该情况实际上确实发生过，是否发生过还应结合其他证据进一步审查；如果实验结果是否定的，经过审查后确定是真实可靠的，则表明被审查的事件不曾发生过，而且也没有发生的可能性，这种实验结果可以作为证据使用。因此侦查实验结果本身是否真实可靠则非常重要。

根据《最高人民法院关于适用〈中华人民共和国刑事诉讼法〉的解释》第91条规定，对侦查实验笔录应当着重审查实验的过程、方法，以及笔录的制作是否符合有关规定。侦查实验的条件与事件发生时的条件有明显差异，或者存在影响实验结论科学性的其他情形的，侦查实验笔录不得作为定案的依据。因此，我们对侦查实验经过本身是否真实可靠需要从以下几个方面进行审查：

1. 侦查实验条件的审查。按照侦查实验的原则，实验的条件应当与案件发生时的条件基本一致。因此审查实验条件时需要先对实验条件是否一致进行审查，然后对细微的环境、条件变化对实验结果能否产生影响进行审查。

2. 侦查实验方法的审查。主要对实验步骤、操作顺序、实验工具的使用情况、作用力方向、角度、接触部位等与案件情况是否相同或相似进行审查。

3. 实验人员的审查。主要是审查参加实验的人员是否具有某种专业知识和解决有关问题的能力，以及与案件有无利害关系等。同时，还应该审查参加者参与实验时的心理状况和生理状况，因此参加实验的人员在进行实验时如果心理处于非正常状态会影响实验结果。

4. 实验组织工作的审查。主要审查主持人组织有无漏洞、工作是否严密等。

5. 实验结果一致性的审查。即审查反复进行实验时是否出现同样的结果。如果结果相同说明这个结论的出现不是偶然的，是真实可靠的；如果反复进行同一实验而得到不同的结果，则必须查明原因，对出现的不同结果分析其形成的条件。

 知识链接

现行《刑事诉讼法》对侦查实验笔录的规定

现行《刑事诉讼法》规定了八类证据，分别是物证，书证，证人证言，被害人陈述，犯罪嫌疑人、被告人供述和辩解，鉴定意见，勘验、检查、辨认、侦查实验等笔录，视听资料、电子数据。

由此可以看出，与1996年《刑事诉讼法》相比，主要有以下几个变化：①书证与物证分开；②鉴定结论改为鉴定意见；③明确辨认笔录和侦查实验与勘验检查笔录归为同类，统称笔录；④明确了电子数据的证据定位，与视听资料归为同类。

那么对于笔录类证据，实践中如何进行取证，如何能够规范取证，作为最终指控犯罪和判决的依据，需要从三个环节进行规范：来源—过程—结果。要有合法的来源，比如笔录等证据的来源要客观、合法；过程合法，就是证据的取得过程要符合相关的程序规定，比如笔录的制作过程要客观、合法；结果要形成一定的证据形式和载体，比如侦查实验要形成笔录，而且这个结果还要与案件具有一定的关联性。因此，在审核笔录类证据时需要严格从制作主体、形式是否合法，内容是否全面等方面进行核实。

能力训练

1. 训练目的：通过案例分析，了解侦查实验的价值和意义，进一步掌握侦查实验的方法和程序，合理开展侦查实验。

2. 训练说明：试分析下列案例，借助案件情况还原案发场景，分析侦查实验的可能性及结果的可靠性。

3. 训练内容：

检察官接到一个交通肇事案，案卷很少，只有薄薄两册。公安机关认定的事实也不复杂：案发当天，被害人没有遵守交通规则，开着一辆三轮摩托车，从匝道口逆向行驶上三环线。此时，司机谭某正好驾驶一辆重型半挂牵引车，经过同一个匝道口，半挂车的右后车轮将被害人车子带倒，被害人被甩出车外后当场死亡，谭某驾车逃逸。

检察官阅卷时发现，公安机关调取的证据很全面，取证程序也都合法，从证人证言到犯罪嫌疑人的供述，从现场勘查到鉴定意见，从死亡医学证明到抓获经过，环环相扣，能够证明整个车祸发生的经过。在事故责任认定上，公安机关出具的道路交通事故认定书很清楚：事故中，谭某驾驶机动车在道路上发生事故后逃逸，承担此次事故的主要责任；被害人未依法取得机动车驾驶证、行驶时未靠道路右侧通行，承担此事故的次要责任。

检察官在提审谭某时，他辩解说：我开车撞了人，现在人死了，我愿意认罪，承担一切后果，但是当时我确实没有发现车撞人了。当时我感觉到车子不对劲儿，下车围着车查看一周后，没有发现异常情况，就开车走了。

公安机关的责任认定书和犯罪嫌疑人的辩解这两份关键证据出现重大矛盾。为了排除证据矛盾，查实谭某停车时能否看见被害人、察觉到发生车祸这一事实，则退回公安机关补充侦查。公安机关根据调取的卫星定位车辆轨迹图，还原现场情况，进行侦查实验。根据侦查实验报告，谭某停车的地方距离被害人有 100 米远，案发时间为凌晨 5 点，光线不好，在这种条件下，谭某所处的方位根本发现不了有人躺在地上。"在没有意识到发生了车祸的情况下离开现场，就不能认定为逃逸"。证明谭某负主要责任的结论缺乏依据，因此，谭某的行为不能认定为交通肇事罪，最终检察院对这个案子作出了不起诉决定。

总结与思考

1. 侦查实验的法律要求有哪些？

2. 侦查实验的基本原则有哪些？

3. 侦查实验的结果如何审查？

4. 侦查实验的价值有哪些？

参考阅读

1. 韩旭："论侦查实验笔录证据能力的审查判断"，载《法商研究》2015 年第 1 期。

2. 许静文："浅议侦查实验笔录的证据能力与证明力"，载《中国刑警学院学报》2015 年第 1 期。

工作任务五　掌握侦查辨认的方法

工作目标

知识目标：掌握辨认的概念、种类、程序及方法。

能力目标：能运用所学知识开展辨认工作，并制作辨认笔录。

工作情景

辨认程序遭质疑而证据不足不起诉

7 月 3 日，公安机关接到群众举报被告人张某涉嫌贩卖毒品，遂展开调查。7 月 20 日，公安机关在某酒店门口将张某抓获，当场查获毒品嫌疑物 8 包，随后又从其住所搜查出毒品嫌疑物 3 包。经称量，从被告人张某处查获并扣押的毒品海洛因嫌疑物净重 539.3 克，甲基苯丙胺（冰毒）嫌疑物净重 192 克。上述毒品嫌疑物经鉴定，分别含有海洛因成分和甲基苯丙胺成分。另经尿液检测，被告人张某系吸毒人员。公诉机关起诉指控被告人张某构成贩卖毒品罪。但中院经审理认为，公诉机关当庭举出的辨认笔录，因辨认活动的见证人系公安机关聘用人员，且该辨认笔录不能排除明显暗示嫌疑，故不能作为定案根据；证人陈某某的证言，没有其他证据予以印证，也不予采信。在案证据显示，只有证人陈某某的证言指证张某贩卖毒品，而张某予以否认，又无其他证据予以印证，且现有证据不能证明案发当日张某正在进行毒品交易或者准备进行毒品交易，故该项指控的证据不足。

思考：上述案例中的侦查辨认笔录为什么没有被采纳？

工作准备

一、了解侦查辨认的概念

侦查辨认，是由侦查人员向被害人、证人或犯罪嫌疑人出示与犯罪有关的物品、文件、尸体、场所或犯罪嫌疑人等客体，辨认人将此客体同自己以前曾经看到的、同案件有关的客体的记忆形象加以识别对照，对被出示辨认的客体同过去看到的那个客体作出是否同一的认定过程。因此，侦查辨认是同一认定的过程，正确地运用辨认措施，对于确定和缩小侦查范围，发现侦查线索，澄清嫌疑或认定犯罪嫌疑人有十分重要的意义。

二、明确侦查辨认的种类

根据侦查工作的需要，辨认可以分为许多种类，但根据不同的分类标准有不同的分类情况：

1. 根据辨认的方式不同分类，分为公开辨认和秘密辨认。公开辨认是在被辨认人或被辨认对象拥有者所知悉的情况下所组织的辨认，多用于对已被羁押的犯罪嫌疑人的辨认情形。秘密辨认是指在被辨认人或被辨认对象拥有者不知悉的情况下组织的辨认，多用于对未被羁押的犯罪嫌疑人的辨认及密取物品的辨认。

2. 根据辨认的目的不同分类，分为认定辨认和寻查辨认。认定辨认是对于已发现的辨认客体进行识别、认定的辨认。寻查辨认是侦查中为了发现和查获犯罪嫌疑人而在其可能出现的地点、路线进行寻找、识别的辨认。

3. 根据辨认对象的不同分类，分为对人的辨认、对物品的辨认、对尸体的辨认和对场所的辨认。对人的辨认是指辨认人对被辨认人直接进行辨认，可以分实人辨认、照片辨认、录像辨认和语言辨认。对物品的辨认，是指对现场遗留物、不知名尸体的衣物和随身携带的物品、赃物、作案工具进行的辨认。对尸体的辨认，是指为了查清尸源组织现场周围群众进行的辨认。对场所的辨认，是指在部分案件的侦查过程中，组织事主、被害人或其他知情人对犯罪有关场所进行辨认。

4. 根据辨认对象的状态分类，分为动态辨认和静态辨认。动态辨认是以被辨认对象的动态特征为认定依据的辨认，如站立、行走时的习惯性动作、语音等。静态辨认是以被辨认对象的静态特征为认定依据的辨认，如对物品、尸体、场所及犯罪嫌疑人的面貌特征等的辨认。

5. 根据辨认的载体物分类，分为直接辨认和间接辨认。直接辨认是指辨认人不凭借中介物而直接观察辨认对象实体进而作出识别认证的辨认，如实物辨认、亲身到疑似犯罪场所的地点进行的辨认。间接辨认是辨认人通过中介物感知辨认对象进而作出识别、认证的辨认活动，如照片辨认、录像辨认、录音辨认。

三、掌握侦查辨认的基本法律程序

根据《公安机关办理刑事案件程序规定》和《人民检察院刑事诉讼规则》的有关规定，辨认应当遵守下列程序：

1. 公安机关、人民检察院在侦查各自管辖的案件的过程中，需要辨认犯罪嫌疑人时，应当分别经办案部门负责人或检察长批准。

2. 辨认应当在侦查人员的主持下进行。在公安机关侦查的案件中，主持辨认的侦查人员不得少于2人。在辨认前，应当向辨认人详细询问被辨认对象的具体特征，并应当告知辨认人有意作假辨认应当承担的法律责任。

3. 几名辨认人对同一辨认对象进行辨认时，应当由每名辨认人单独进行，必要时，可以有见证人在场。

4. 辨认时，应当将辨认对象混杂在其他人员或物品中，不得给辨认人任何暗示。

5. 公安机关侦查的案件，对犯罪嫌疑人的辨认，辨认人不愿意公开进行时，可以在不暴露辨认人的情况下进行，侦查人员应当为其保守秘密。

6. 辨认的经过和结果等情况，应当制作辨认笔录，由主持和参加辨认的侦查人员、辨认人、见证人签名或盖章。

7. 人民检察院主持进行辨认，可以商请公安机关参加或协助。

四、掌握侦查辨认的规则

根据各个法律法规相关的规定，为了保障辨认结论的可靠性，辨认必须遵守以下规则：

1. 个别辨认。为了保障辨认结论的客观公正性，防止辨认人受到来自其他辨认人、辨认对象等各个方面的影响，辨认时要进行个别辨认。个别辨认包含两层含义：一是如果对同一辨认对象有几个辨认人时，辨认应当分别单独进行；二是一个辨认人面对多个辨认对象进行辨认时，也应当让辨认人进行分别单独的识别。

2. 混杂辨认。混杂辨认主要适用于对人和对物品的辨认。对人和物品进行辨认时，应当将辨认对象混杂在若干与其相似但无关的人或物品中间。在选择混杂辨认对象时，应以辨认对象的特征为依据。在进行对人的辨认时，混杂陪衬的对象与被辨认人之间，应当在性别、年龄、相貌、身高、体态等方面相同或相似。在进行物品的辨认时，混杂陪衬的对象与被辨认对象之间应当在种类、颜色、大小等方面相同或相似。除此之外，对于照片、录像、录音等的辨认，也应当遵守混杂辨认的规则。

3. 自由辨认。自由辨认时指在进行辨认活动时，应当保证辨认人在不受任何干扰的情况下，自由而独立地进行识别。侦查人员不得以任何方式进行暗示或诱导，更不得进行明确的指认。因此，在组织辨认活动时，应从辨认开始以前就注意在各个方面保证自由辨认。在辨认开始前，不能让辨认人事先了解有关辨认的情况，不能让辨认人看见辨认对象和知道辨认对象的情况。

4. 辨认前应当向辨认人详细询问被辨认人的具体特征，禁止辨认人见到被辨认人，并告知有意作假辨认应负的法律责任。

5. 应当明确告知辨认人，犯罪嫌疑人有可能不在队列里或照片之中，从而使辨认人觉得自己不一定必须要辨认出某一个。

6. 在队列或照片中不应该突出犯罪嫌疑人。辨认人曾经对犯罪嫌疑人的某些特征进行特殊的关注，或对犯罪嫌疑人的特征进行过语言描述，那么辨认中的犯罪嫌疑人最好避免出现这些特征，否则容易干扰辨认人的辨认。辨认人的言语描述对于面孔的记忆会有干扰作用。

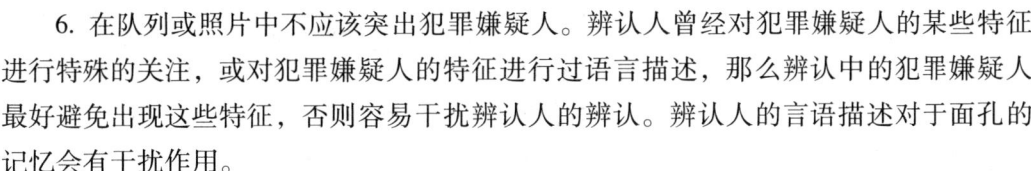

工作程序

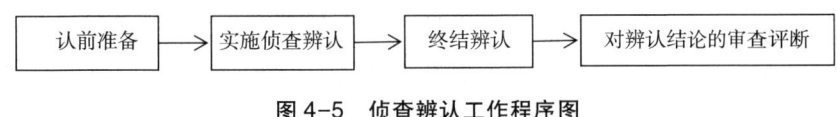

图 4-5　侦查辨认工作程序图

一、辨认前准备

1. 向辨认人了解有关情况。在辨认开始前和辨认结束以后，主持辨认的侦查人员都应对辨认人进行询问，这是组织辨认必不可少的程序。在辨认开始前，询问的重点是辨认人究竟掌握了哪些特征，辨认人能否依据对此的感知和记忆进行辨认。同时，侦查人员还应该问明辨认人感知的时间、条件、环境、辨认人自身的感知能力如何等。辨认结束后，针对辨认人作出的结论，侦查人员还应对辨认人再次进行询问，问明作出辨认结论的依据，以便对辨认结论进行正确的评断。

2. 确定辨认的时间和地点。组织公开的辨认活动时，辨认的时间和地点应尽量安排在符合辨认人原感知条件且外界干扰较小的环境中进行。秘密辨认时，应注意不能让被辨认人察觉，因此，在时间地点的选择上应符合保密的要求。

3. 制定辨认实施的方案。辨认应当有组织、有计划地进行。因此，需要制定具体详细的实施方案，方案的内容包括人员的分工、辨认的步骤和方法、辨认中可能出现的问题和相应的对策。

4. 准备辨认器材、场所等。开展辨认活动，要筹备辨认实施的场所和器材。因此需要做以下方面的准备：选择符合条件的混杂陪衬对象；对进行辨认活动的场所进行布置；向辨认人宣布辨认的要求和辨认中应注意的问题以及要求辨认人认真对待辨认活动。

二、实施侦查辨认

根据辨认的对象不同，在实施辨认时需要分情况开展辨认。

（一）对人的辨认

1. 在对人的辨认开始之前，应重点询问清楚辨认人掌握了犯罪嫌疑人的哪些特征，能否依据对此的感知和保存的记忆进行辨认。同时问清楚辨认人是在什么时候、什么环境条件下看见犯罪嫌疑人的，当时的视觉、听觉能力及其他有关的客观条件如何。

2. 遵循混杂辨认规则。《公安机关办理刑事案件程序规定》第 260 条规定：辨认犯罪嫌疑人时，被辨认的人数不得少于 7 人；对犯罪嫌疑人照片进行辨认的，不得少于 10 人的照片；辨认物品时，混杂的同类物品不得少于 5 件。《人民检察院刑事诉讼规则》第 226 条规定：辨认犯罪嫌疑人时，被辨认的人数不得少于 7 人，照片不得少于 10 张。辨认物品时，同类物品不得少于 5 件，照片不得少于 5 张。

3. 分情况选择不同的辨认方法。一般对于人进行直接辨认的，多采用静态的认定辨认的方法，即以人的面部特征为依据，让辨认对象处于静止状态，以便辨认人仔细观察被辨认人的外貌特征。而如果对于犯罪嫌疑人的动态特征，如说话的声音、行走的姿势为感知和记忆，可以增加对犯罪嫌疑人的动态特征进行辨认。当犯罪嫌疑人还没有被缉拿归案时，可以组织寻查辨认，发现犯罪嫌疑人。

（二）对物品的辨认

1. 当组织对物的辨认时，侦查人员应先通过询问辨认人，查明同犯罪事件有联系的物品具有的特征，然后再进行辨认。如果辨认人可能是该项物品的所有者，询问时可让辨认人提供与被辨认的物品原属同一整体或附属关系的物品，或相类似的物品。

2. 遵循混杂辨认的规则。在挑选陪衬物品时，只要求一般特征即可。如果被辨认的物品比较特殊，难以找到同类的混杂陪衬物品，或者被辨认的物品的特征十分明确，经过询问，辨认人对物品的特征，特别是一些特殊的、不易被他人所知的细小特征十分了解的，也可以不进行混杂辨认，而将辨认物品单独提交辨认人辨认。

3. 对物品的辨认分情况进行：一是对不知名死者的衣服和随身携带的物品的辨认。通常这种辨认需要先有控制、有选择地组织现场周围群众对物品进行识别，侦查人员应对这些物品的产地、流通和使用范围作出初步判断。二是对现场遗留物品的辨认。三是对赃物的辨认，有时如果不易取得事物，也应该设法取得该物的照片，提交辨认。

（三）对场所的辨认

1. 对场所辨认时，侦查人员首先对辨认人进行详细的询问，并根据辨认人所描述的该场所的特征，分析该场所可能位于何处。然后引导辨认人经由这些地点，由辨认人自由辨认，并作出结论。

2. 对于场所的辨认不适用混杂辨认规则，但辨认的其他规则仍然需要遵守。

3. 由于有些犯罪行为的过程较长，情节复杂，犯罪人有可能挟持被害人到其不熟悉的地方进行侵害，被害人则无法说清确切的犯罪地点和具体方位。所以对于辨认的结果，侦查人员需要对场所进行仔细勘察，并结合辨认人事先作出的有关犯罪时间等的陈述，评断辨认结论的可靠性。

（四）对尸体的辨认

1. 对于尸体的辨认，首先应当在法医的帮助下，对尸体做好必要的清理整容和发现、记录尸体的各种特征。对于白骨化的尸体，可进行必要的颅骨复相，根据尸骨和牙齿对死者情况作出法医骨学和法齿学的分析判断。

2. 对于尸体上存在的用肉眼无法直接观察到的各种特征，不宜在辨认开始前向辨认人公布，而应该在辨认人进行辨认的过程中，向辨认人查明这些特征，并作为评断辨认结论的依据。

3. 对于尸体的辨认不适用混杂辨认规则。但是如果多人进行辨认，应贯彻个别辨认的规则。

4. 侦查人员在调查过程中，一旦发现有同不知名死者类似的失踪人线索，应立即组织失踪人的亲友或其他了解失踪人的知情人进行辨认。如尸体已经不复存在，则应将尸体的辨认照片和死者的衣服交给辨认人辨认。

三、终结辨认，制作辨认笔录

公开辨认在辨认结束时，需要制作辨认笔录。辨认笔录应该通过问答的形式记录，辨认笔录力求客观、详细、准确。秘密辨认则应当制作辨认报告。辨认报告不能作为诉讼证据，但应入侦查卷宗，以供案情分析研究，其内容同辨认记录基本一致。辨认笔录的内容主要包括以下几个方面：

1. 辨认前对辨认人的询问情况和辨认人的陈述情况；

2. 辨认的时间、地点、环境条件；

3. 混杂人员的姓名、年龄、住址，混杂物品的数量、来源、基本特征；

4. 辨认的结论，侦查人员就辨认结论对辨认人进行的询问情况和辨认人的陈述；

5. 混杂人员或混杂物品同被辨认人或物品混杂在一起的照片，被辨认出的人或物品的照片；

6. 参与辨认的侦查人员、辨认人、混杂人员和被辨认人、见证人等的签名或盖章。

四、对辨认结论的审查评断

由于辨认人的主观性强，其感知和记忆也会受到客观因素的影响，所以对辨认的结论应该认真审查和评断。辨认结论只有经过认真、细致地评断，并与其他证据验证无误以后才能作为证据使用。辨认结论一般不能单独作为认定案件事实的依据，必须与案件中的其他证据材料结合使用。对辨认结论的评断主要从以下几个方面进行：

1. 辨认人的自身情况。首先审查辨认人的生理状况：感知能力、识别能力、视力、听力、记忆力、触觉、嗅觉、年龄等；其次审查辨认人的基本情况：同案件结果的关系、同当事人的关系、文化程度、职业、对待辨认的态度、诚信程度等。

2. 辨认人感知时的具体情况。首先是感知时的客观因素，特别是光线、地形、距离、气候、噪声等；其次是感知时的精神状态，是否有顾虑、不安、恐惧、惊愕等消极情绪或极度饥饿、疲劳、睡眠不足等健康不佳的状况存在。

3. 辨认人掌握辨认特征的实际情况。辨认人是通过自己了解的与犯罪有关的人、物品、场所的某些特征同被辨认对象的特征作对比、识别，那么就得考虑这种对比的特征是否明显、清晰、深刻，另外还取决于辨认人对该特征认知的深度和准确程度。

4. 辨认人所掌握的特征与辨认对象之间的误差。在实际辨认时，辨认人所掌握的特征与辨认对象之间有一定差异。所以对于辨认结论中出现的辨认人所掌握的特征与辨认对象之间的误差，应认真分析研究造成差异的原因，并结合事物的客观变化规律，结合考察犯罪嫌疑人有无故意乔装的行为，并参照其他侦查措施所查获的情况，辨证地分析判断辨认结论。

5. 侦查辨认程序。首先，审查是否已进行过其他形式的辨认。其次，审查是否遵循混杂辨认的规则。再次，审查辨认所设置的环境条件。最后，审查辨认时是否遵循辨认规则：辨认前的提醒规则，是否遵循禁止暗示规则、是否违背禁止接触规则。

 知识链接

目击证人辨认错误酿成冤案

冤假错案是如何酿成的？大多数人可能觉得是制度的缺陷引起的刑讯逼供，因而认定刑讯逼供是导致冤假错案的元凶，但是目击证人的辨认错误也堪称冤假错案的罪魁祸首。在实际办案过程中，当公安机关抓到犯罪嫌疑人时，往往让目击证人或受害人进行辨认，他们的辨认结果对于案件的最后认定有重要的作用。在欧美等国，制度已经将刑讯逼供限制在了很低的水平，也就是说不会因制度性缺陷而使刑讯逼供泛滥成灾，他们在研究其他原因过程中发现：目击者辨认错误是导致冤假错案的首要原因。

例如受害人在遭到抢劫、强奸的情况下，心理高度紧张，辨认的错误率更高。但是由于辨认是目睹案犯的人对罪犯本人的指认，所以陪审员和法官相信目击者看到的是真的，一般采纳其证言。因而目击者的辨认错误将直接导致错误定罪。在随机抽选的195起无辜者被定罪的案件中，52.3%是由于目击者（包括证人和受害人）辨认错误所导致的，高出由其他原因造成的误判的总和。反观我国，几乎忽视了目击证人辨认错误而造成的冤假错案。心理学的研究也证实，辨认结论的准确率通常在30%以下。

之后欧美国家进行了一系列的研究和改进措施，发现目击者辨认时遵循着这样一个原则：采取列队辨认为主（多个混杂），暴露辨认（仅一名被辨认对象）为例外。如在恐怖事件中目击者被炸伤了，来不及找多人让他辨认就死掉了，在这种情况下，应结合其他证据进行考虑。对这些细节问题我国没有研究到这一步，所以在将来我国仍应好好研究一下目击者辨认错误对冤案造成的影响。

✍ 能力训练

1. 训练目的：通过分析案例，理解并掌握侦查辨认的原则及法律要求，并能对侦查辨认效力进行分析。

2. 训练说明：试分析下列案例，找出侦查机关在组织侦查辨认过程中出现了哪些

不符合法律规定的情形，分析哪些情形可能影响侦查辨认的效力。

3. 训练内容：

某日 22 时许，赵某、马某、关某等人一方在某酒吧喝酒，张某等人一方亦在此酒吧喝酒。在赵某等人走出酒吧的过程中，马某因故与张某、方某等人发生争执后面部被打流血，赵某等人遂在酒吧外停车场附近寻找对方意图报复，在此过程中同张某一方发生互殴。互殴过程中，赵某被打致轻伤，马某被打致轻伤。公诉机关指控，张某伙同他人持扎啤杯等物对赵某、马某进行殴打，致使赵某、马某二人轻伤，应当以故意伤害罪追究张某刑事责任。法院审理认为，指控被告人犯故意伤害罪证据不足，其中提到，排除了被害人的辨认笔录。法院认为，目前证据能够证明被告人张某进入派出所之后同赵某关押在一起，被辨认人同辨认人互相见过，这一点违反了规定。另外辨认笔录记载的民警主持赵某对张某进行辨认的过程系列队辨认，被告人在供述中坚称从未进行列队辨认，双方所称情况完全不符，且两次辨认，公安机关提供的被辨认人员完全一致，而主办民警证明，被辨认人均系来所办事的群众和其他案件当事人，显然存在不合理因素。对于该疑点公诉机关均不能进行合理说明，最终法院未根据公安机关的侦查结果，对案件嫌疑人进行定罪处理。

总结与思考

1. 侦查辨认的基本原则有哪些？
2. 侦查辨认的种类有哪些？
3. 侦查辨认的基本法律要求有哪些？
4. 如何实施侦查辨认？
5. 侦查辨认结果效力如何影响审查评断？

参考阅读

1. 朱蒙佳："目击证人辨认错误的原因及制度防范"，上海师范大学 2017 年硕士学位论文。

2. 强文燕："我国刑事辨认制度的理论探讨与实践反思"，载《江西警察学院学报》2017 年第 1 期。

3. 高原："刑事人身辨认证据种类辨析及相关证据规则的适用"，载《证据科学》2013 年第 5 期。

工作任务六 掌握侦查讯问的方法

工作目标

知识目标：了解和掌握侦查讯问的步骤、方法及工作程序。

能力目标：能运用所需的知识开展讯问工作，制作讯问笔录。

工作情景

寇准清水断案

寇准（961~1023 年），是一位贯微洞密、善断大事的良相，为北宋著名政治家、彪炳青史的名相。一日，有两个人拉拉扯扯、争吵不休地来到县衙大堂告状，其中一个人的手里还拿着一个袋子，里面盛着铜钱。寇准问大堂上跪着的两个人："状告所为何事？快快与本官讲来。"其中一个人说："我是本地一个专卖羊肉的屠夫，他是我的一个远房亲戚，我们两人都是单身汉，同住在一起。我辛辛苦苦卖了一年多羊肉，攒了两千铜钱，让他替我保管，原准备是用这钱娶个老婆的。这几日，媒婆给我说了户人家，我急等着钱用，就让他把钱给我，不料他竟想吞掉这些钱，说钱是他的，还说我敲诈他。青天大老爷在上，请您为我评评这个理。"接着另外一个来告状的人忙不迭地说："大老爷，别听他胡说。我天天上山砍柴卖掉，好不容易才积攒了这么多钱，今天早晨，他硬是要把这些钱全部拿走，说是他的。小人冤枉啊！这确确实实是我卖柴挣来的钱。请大老爷为小人作主。"

这时，卖羊肉的与砍柴的两人又在大堂上争吵起来。寇准明白了事情的原委，沉思了一会，然后对一个衙役说："去拿个盆来，里面要盛满清水。"又对另一个衙役说："你去找个火炉子来。"两个衙役马上出去奉命办事。两个衙役听寇准命令："把钱袋子里的两千铜钱全部放入水中，把水盆放到火炉上。"不一会儿，盆里的水冒出了热气。寇准起身坐到水盆边看了看，扭身又回到座位上厉声说道："这些钱是卖肉人的钱，大胆刁民，你拿人家的钱，反说是自己的，该当何罪？"砍柴人不理解，还想狡辩，寇准命令一个衙役把他带到水盆边，让他亲眼观看盆里的铜钱。堂上所有人都伸长脖子看盆里的钱。只见盆里的水上浮着一层厚厚的油花，一股羊膳味也从盆里散发出来。真相明了，砍柴人也不敢狡辩。为了严肃县风，砍柴人受到了应有的惩罚，两千铜钱分文不少地归还给卖肉人。

思考：在上述审讯过程中，审理人员采取了什么方法识破了谎言？

工作准备

一、了解侦查讯问的概念

侦查讯问，是指刑事诉讼中侦查人员为了查明案件事实和其他有关情况，依照法律程序，以言辞方式对犯罪嫌疑人进行审讯和诘问，以获取其真实供述或辩解的一种侦查活动。侦查讯问，有利于侦查人员收集、核实证据，查明案件事实；有利于追查同案犯和发现其他犯罪线索；有利于掌握犯罪动态，为打击和预防犯罪提供条件。

二、明确侦查讯问的对象

1. 依法被逮捕的犯罪嫌疑人。对于依法被逮捕的犯罪嫌疑人的审讯，一方面是审核被逮捕人是否有犯罪行为，其供述与侦查搜集的证据是否吻合，查清被逮捕人同犯罪事实和犯罪证据三者的关系；另一方面是进一步发现侦查阶段尚未掌握的犯罪事实和证据。

2. 依法被拘留的犯罪嫌疑人。依法被拘留的人是指罪该逮捕的现行犯人或重大犯罪嫌疑人。由于我国法律规定被拘留的犯罪嫌疑人必须在 24 小时内进行进一步处理，因此通过讯问可以审查其是否适合拘留，如果发现不应当拘留则应立即释放；如果发现需要逮捕的，则补办逮捕手续，宣布逮捕；如果需要逮捕而又证据不足，或者不适宜拘留的情况，可以对被拘留人采取取保候审或监视居住的措施。

3. 不需要逮捕、拘留的犯罪嫌疑人和被告人。对这类人的讯问，可以传唤其到指定地点或被告人住所进行讯问。到犯罪嫌疑人或被告人住所或工作单位进行讯问，侦查人员应当向犯罪嫌疑人或被告人出示侦查机关的证明文件；将犯罪嫌疑人和被告人传唤到指定地点讯问，应向犯罪嫌疑人和被告人送递传唤通知书，对于无故不到的犯罪嫌疑人和被告人，可以使用拘传措施。

4. 准备拘留逮捕的犯罪嫌疑人。这是指那些与犯罪关系十分密切，为犯罪嫌疑人提供犯罪的方便条件，帮助藏匿犯罪嫌疑人，藏匿、销毁和转移犯罪证据，知情不举的人员。通过对他们进行讯问，以便查明事实，掌握证据，及时作出适当处理。

三、掌握侦查讯问的法律要求

根据《刑事诉讼法》第 118~123 条的规定，侦查讯问是一项法定的侦查措施，需要依照法律规定进行：

1. 对讯问人员的要求。首先，侦查讯问的人员必须是人民检察院或者公安机关的侦查人员，其他任何机关、团体和个人都无权开展这项活动。其次，侦查讯问的人员不得少于 2 人。

2. 对讯问时限的要求。对被传唤、拘传的犯罪嫌疑人讯问时限要求是不得超过 12

小时；对被监视居住的犯罪嫌疑人在 6 个月内、对被取保候审的犯罪嫌疑人在 12 个月内，侦查人员可以开展对其讯问，但是不得以"车轮战"的形式讯问，不得影响其正常工作、生活、学习；对被刑事拘留的犯罪嫌疑人在 24 小时内讯问，之后，在拘留审查期限（3 日、7 日、30 日）内仍可对被拘留人进行讯问；对被逮捕的犯罪嫌疑人，必须在逮捕后的 24 小时内进行讯问。

3. 对讯问方式的要求。首先，提问的方式一般是严肃的问答式，而不能是谈心式、商洽式、谈判式；其次，讯问的方式和内容都要合法，绝对禁止刑讯逼供，禁止引供、诱供和指名指事问供，同时不得损害犯罪嫌疑人的人格尊严。

4. 保障犯罪嫌疑人在讯问中的诉讼权利。我国刑事诉讼法规定的犯罪嫌疑人的权利有：犯罪嫌疑人在被侦查机关第一次采取强制措施之日起，可以聘请律师提供法律帮助；犯罪嫌疑人有权为自己辩护；犯罪嫌疑人有权拒绝回答与本案无关的问题；控告权；申请回避权；知道用作证据的鉴定意见的内容的权利和申请补充鉴定或重新鉴定的权利；使用本民族语言文字进行诉讼的权利。

四、掌握侦查讯问的策略

讯问犯罪嫌疑人，是一项面对面地进行斗智斗勇的活动。因此侦查人员面对具体的案件和犯罪嫌疑人的具体情况，采取有针对性的讯问方法，促使其作出彻底的、真实的供述。侦查讯问常见的策略有：

1. 攻心策略。即对犯罪嫌疑人进行思想、政策、法律、形势和前途教育，从心理上征服犯罪嫌疑人，促使其彻底交代罪行的讯问策略。

2. 由浅入深，迂回渐进。即当侦查人员对犯罪嫌疑人的犯罪事实了解掌握不多，获取的证据材料较少以及对于一些具有反审讯经验、态度顽固的流窜犯、惯犯、累犯进行正面讯问难以突破时，可以考虑有意识地绕过案件的实质性问题，从其他有关的问题入手，先扫清外围，最后突破核心问题的迂回讯问方式。

3. 利用薄弱环节，重点突破。讯问对象的薄弱环节主要表现为：①犯罪嫌疑人会因为侦查人员已经掌握其部分证据，其对抗侦查讯问"防线"的侥幸心理被突破；②犯罪集团成员之间存在着各种各样的矛盾和冲突。因此在采取这项策略时，需要充分了解哪些问题已经有充分的证据材料，哪些问题尚未引起被讯问人的注意等，以便发现薄弱环节，出其不意地实施重点突破。

4. 发现矛盾，利用矛盾。被讯问人在供述过程中会暴露以下矛盾：被讯问人前后供述之间的矛盾；被讯问人供述同有关证据之间的矛盾；被讯问人供述同相关的客观事实之间的矛盾；被讯问人供述同其他被讯问人关于同一事实的供述之间的矛盾。因此，在利用这一策略时，首先，侦查人员应当沉着冷静地向被讯问人提出一些有关问题，让其充分陈述，暴露矛盾；其次，深入追讯其陈述中的数个重要细节，再对比被讯问人就此作出的供述，以便发现矛盾；最后，开展反复、重复讯问，击溃其故意编造事实的虚假供述。

5. 适当出示证据。使用证据可以对被讯问人有一定的威慑和制服作用，但是使用证据时需要考察已经获得的证据的多少、可靠程度、被讯问人的心理、证据的证明力等。另外，采取这一策略，需要注意以下要领：首先，选择正确的出示证据的时机，一般是在被讯问人经过思想教育，侥幸心理已经有所削弱、虚假供述已经被揭露，但仍有侥幸心理；对于要出示的证据已无狡辩抵赖的情况时。其次，正确选择需要出示的证据。出示的证据一定是切实可靠的、可以公开的（不涉及个人隐私、商业秘密的证据），并且需要衡量出示证据后的得失以及分析判断被讯问人可能作出的辩解。最后，出示证据要讲究方式方法，不能将证据的每一个细节都让被讯问人知道，要留有余地。

工作程序

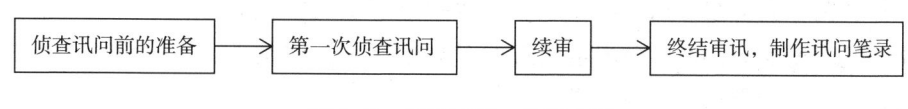

图 4-6　侦查讯问工作程序图

一、侦查讯问前的准备

讯问犯罪嫌疑人具有尖锐的冲突性，必须认真进行充分细致的准备，才能处于主动地位，具有讯问的优势。否则，就会在讯问时抓不住要领、击不中要害，难以制服犯罪嫌疑人。尤其是对于那些罪行较重又有反审讯经验的被讯问人，如果缺乏充分准备就很难查清其全部罪行。

（一）合理分配案件和组织最佳的讯问力量

首先，侦查机关应该根据案件的性质、难易程度和犯罪嫌疑人的人数、个性、认罪情况以及已经掌握的证据情况等，指派能胜任讯问工作的侦查人员。其次，侦查人员的数量一般是坚持一审一记制度，不得在讯问中途随意更换讯问力量；对于案情复杂、疑难、重大的案件或特大案件，应当配备较强的讯问力量。

（二）全面熟悉和掌握案件情况

熟悉案件情况，要做到全面掌握犯罪事实和每一件犯罪证据。熟悉案件主要从熟悉关于被拘留或逮捕人的法律文书入手，了解犯罪事实、犯罪地点、犯罪时间、犯罪手段和犯罪后果等情况，通过查阅侦查卷宗，了解侦查全过程、被讯问人的基本情况、心理情况等，并通过查阅各种通报材料、情况类似的未破案件材料，分析其同本案有无联系，以便在讯问中深挖未能发现的余罪，或获得其他案件的线索。对于证据，首先，审查其是否同决定逮捕或拘留的法律文书所列举的证据一致；其次，要审查证据本身的可靠性；最后，应了解取证方式及证据来源。

（三）研究被讯问人的基本情况

被讯问人的基本情况包括：被讯问人的犯罪原因、有无前科，可以从其犯罪手法、社会经历、社会关系及思想品质等方面进行初步分析；被讯问人的个性特点，如性格、兴趣、能力和气质等；被讯问人被羁押后的心理状态，如有无悔罪自新的愿望、是否存在畏罪心理、绝望心理等。

（四）明确有利和不利因素，制订讯问计划

侦查人员应首先认真分析讯问犯罪嫌疑人的有利条件和不利条件。有利条件包括：犯罪嫌疑人处于被指控的地位，法律和政策会对犯罪嫌疑人产生巨大的震慑力；犯罪嫌疑人人身自由受到限制，行动受到约束，其思想和言行受到严密监控，对侦查机关掌握犯罪的情况不了解，侦查人员掌握了犯罪嫌疑人的部分或全部证据材料等，这消除了犯罪嫌疑人的侥幸心理。不利条件包括：讯问是具有冲突性的，犯罪嫌疑人为了逃避法律惩罚，会千方百计狡辩抵赖，甚至捏造事实嫁祸他人；犯罪嫌疑人有一定的反审讯伎俩、反社会心理，会产生严重的对立情绪；有些案件的证据材料不确实、不充分等。

在充分掌握案件的全部情况，了解讯问的有利条件和不利条件后，结合被讯问人的心理特点，制订讯问计划。讯问计划包括：简要的案情、拘捕被讯问人的依据、讯问的目的要求、讯问的重点、方法和步骤等。充分的讯问计划能预防讯问过程中的手忙脚乱，但是讯问计划仍需要具有较大的灵活性，能够最大限度地适应讯问过程中可能发生的意外情况。

（五）准备相关的证据和资料

讯问前，侦查人员需要准备与案件相关的需要使用的证据材料和有关资料，如地图、车程航班时刻表、法律文本、宽严处理的案例等，这样在讯问时才能信手拈来，不至于自乱阵脚，破坏讯问气氛，影响讯问效果。

二、第一次侦查讯问

及时做好第一次讯问，既是严格依法办案的要求，也是讯问完成侦查任务的策略要求，能及时发现和纠正被错拘、错捕的犯罪嫌疑人，防止无罪的人被错误羁押，也是讯问的极好时机，能突破犯罪嫌疑人对抗审讯的防御体系，为以后的续审打下良好基础。第一次讯问的基本步骤如下：

1. 亮明身份，讲清楚讯问的理由和要求。侦查人员需要向犯罪嫌疑人简明介绍自己的单位、姓名、职务等身份。同时讲清楚讯问的理由，如：你已被指控涉嫌犯罪，处于被讯问的地位，按法律规定，应如实回答侦查人员的提问，不得隐瞒和作伪证。希望你面对现实处境，端正态度，配合侦查人员把犯罪事实讲清楚。

2. 告知犯罪嫌疑人在讯问中的权利和义务。充分保障犯罪嫌疑人的权利是侦查机关依法办案的要求，是侦查程序公平正义的体现。

3. 讯问犯罪嫌疑人的基本情况：姓名、年龄、民族、职业、籍贯、文化程度、家庭成员、经历及有无前科等，这有利于了解被讯问人的基本情况，也能了解犯罪嫌疑人社会经历、智力情况、个性特点和对罪行所抱的态度。

4. 讯问犯罪嫌疑人是否有犯罪的行为，并告知其如实作答，不得隐瞒和伪供，否则将承担法律责任，以打消其拒供心理。

5. 听取犯罪嫌疑人的供述和辩解，不要随意打断其陈述，避免只听供述不听辩解的做法。

6. 进行有计划、有目的的讯问。首先，告诉犯罪嫌疑人被拘捕的原因，问明其是否承认上述事实，并让其作出有罪的供述或无罪的辩解。其次，针对具体的情况提出问题，但是不应当表现自己对讯问结果的看法，因此不宜打断被讯问人的供述，也不应对其辩解作过多驳斥。

7. 根据案件的具体情况在适当的时候结束讯问，并明确提出问题，让犯罪嫌疑人继续反省，为下次讯问打好基础。

三、续审

由于有些案件往往犯罪性质、情节、后果特别严重，犯罪嫌疑人畏罪心理特别强，初讯中一般不会轻易交代罪行，因此需要进行再次审讯，即续审。只有极少数案件经过初讯就能查明案件全部事实真相，而绝大多数案件必须反复续审。初审是续审的前提和基础，续审是初审的继续和深入。续审有利于查清楚案件全部事实真相，并有利于深挖余罪，扩大战果。续审的一般步骤如下：

1. 巧妙开展讯问，将初审自然过渡到续审上来。一般侦查人员可以通过以下方式进行设置情景过渡：

（1）试探。侦查人员通过提出一些试探性的问题，了解初讯后犯罪嫌疑人的认罪态度。如果犯罪嫌疑人作出愿意坦白认罪的肯定回答，侦查人员则可以直接讯问犯罪事实。如果犯罪嫌疑人仍然声称无罪，继续辩解，侦查人员则需要寻找其他途径。

（2）指出错误。侦查人员通过直接指明犯罪嫌疑人在初审中的错误认识和不良表现及伪供中的矛盾、漏洞，以压制其嚣张气焰，端正其认罪态度，营造一种有压力的讯问气氛。

（3）寄予希望。侦查人员语重心长、苦口婆心地规劝犯罪嫌疑人改恶从善、重新做人，告知其法律政策、家人希望等动摇其抗拒心理。

（4）给予理解。侦查人员对犯罪嫌疑人的矛盾心理、现实处境及犯罪给家人、亲属带来的痛苦等表示理解和同情，必要时给予其物质上、精神上适当程度的关心，缩短讯问双方的心理距离。

（5）愿意倾听。侦查人员对犯罪嫌疑人的供述、辩解、解释等表现出耐心倾听的态度，可以瓦解其蛮横嚣张的态度。

2. 适当时机准确选择切入点，向犯罪嫌疑人提出与案件有关联的核心问题。不同类型的案件，不同的犯罪嫌疑人，切入点选择不同：

（1）对于共同犯罪的犯罪嫌疑人，应根据案件性质、犯罪嫌疑人地位及作用来选择，如可以从团伙成员的相识交往过程和犯罪的预谋、准备、实施及结束的某一情节为切入点。

（2）对多次作案的犯罪嫌疑人，切入点的选择要从突破全案的角度去考虑，一般选择那些证据充分、确凿且容易突破的案件为切入点。

（3）对实施单一犯罪的犯罪嫌疑人，应从那些与犯罪的核心问题、实质情节有密切关联的问题，采取迂回围歼的讯问策略，突破核心问题。

3. 正确选择讯问突破口，迅速查明全案，深挖余罪。当侦查人员讯问切入核心问题后，通过各种思想教育、感化教育等，转变犯罪嫌疑人的认识，为最后突破全案做好铺垫工作时，需要进一步突破案情，促使犯罪嫌疑人在案件实质问题上如实供述。突破是续审的核心环节，也是整个续审过程中侦查人员实施讯问对策与犯罪嫌疑人施展反审讯伎俩之间冲突的高潮。

（1）选择讯问突破口。在讯问过程中通常有两类突破口：一类是从案件事实和情节及相关的心理中选择易于攻破的环节和对象为突破口；一类是从共犯中选择突破口。

从案件事实和情节及相关的心理中选择突破口可以从以下几种条件中选择：证据比较确凿且充分的案件事实或情节；与主要犯罪事实有关联的事实或情节；较为公开暴露的犯罪事实或情节；犯罪嫌疑人防备薄弱的犯罪事实或情节；能触发犯罪嫌疑人心理向良性转变的事实或道理；犯罪嫌疑人为掩盖罪行而暴露的矛盾。

从共犯中选择突破口可以从以下具体条件中选择：我方掌握犯罪证据材料较为确实、充分的犯罪嫌疑人；对全案或主犯情况，或某一项重大犯罪事实了解较多的犯罪嫌疑人；与主犯或其他共犯有矛盾冲突的犯罪嫌疑人；思想中毒不深、性格脆弱或者有悔改和立功赎罪愿望的犯罪嫌疑人；犯罪经验（包括反审讯的经验）较少的，或被胁迫参加犯罪的犯罪嫌疑人。

（2）选择突破的方式。当侦查人员选准突破口后，应根据案件的具体情况、证据和犯罪嫌疑人的心理特点，采取恰当的方式，突破案情。常见的突破方式有加压突破和减压突破，攻心突破和攻城突破，直接突破和间接突破。

四、结束审讯，制作讯问笔录

一般初审和续审阶段，犯罪嫌疑人虽然已供认罪行，但是有时很难达到侦查终结的要求，需要对犯罪嫌疑人进行最后一轮系统的讯问，即结束审讯。结束审讯是在续审突破全案之后，侦查终结之前，对犯罪嫌疑人进行的最后一阶段的综合系统化的讯问。结束审讯的一般步骤如下：

1. 让犯罪嫌疑人对犯罪事实、动机、目的、手段，与犯罪有关的时间、地点，涉及的人、事、物，做系统、全面的交代。

2. 侦查人员结合侦查实验、证据印证、逻辑分析、公理推定等方式，澄清讯问中出现的矛盾，弥补漏洞。

3. 做好犯罪嫌疑人的教育转换工作，巩固供述心理，促使其接受法律的处罚。

侦查讯问过程中，应由专人负责制作讯问笔录。讯问笔录是一种法律文书，应当在讯问接受室让被讯问人阅读或向其宣读，当被讯问人确认笔录无误后，令其在每页上签名和捺指印。如记录有差错或遗漏，应当允许犯罪嫌疑人更正或补充，并捺印指印。讯问人员也应在笔录上签名或盖章。

 知识链接

犯罪嫌疑人的心理状态

审讯前应当全面掌握犯罪嫌疑人的身份、文化程度、社会经历、一贯表现、性格爱好、家庭成员、犯罪原因和羁押后的心态变化。通过了解审讯对象的个体情况，分析犯罪嫌疑人的心理状态，可以帮助审讯人员寻找审讯中的突破点，确定审讯中的技巧、方法、审讯节奏和使用证据的时机。犯罪嫌疑人在审讯中常见的心理障碍有：

1. 畏罪心理，是犯罪嫌疑人害怕罪行被揭露而受到刑罚处罚的一种心理，是犯罪嫌疑人普遍存在的最基本的心理状态。在审讯中表现为：一是拒绝回答审讯人员的问题。认为如实供述就会受到处罚，担心言多必失，有时甚至连与犯罪无直接关系的一般性问题也拒绝回答。二是反复无常，供述时供、时翻，供词不稳定。针对犯罪嫌疑人的畏罪心理，审讯人员可以用"减压"的方式来淡化和消除畏罪心理对审讯工作的不利影响，使其认识到只要自己坦白交代就有比自己的想象要好得多的出路，让其正视现实，丢掉不切实际的幻想，深刻认识到只有交代罪行，才是唯一出路。

2. 侥幸心理，是犯罪嫌疑人自认为可以逃避罪责的一种自信心理。在审讯中表现为漫不经心，情绪比较稳定，把注意力放在其他事物上，不愿去想自己的犯罪问题。犯罪嫌疑人往往认为自己关系多、路子广，只要自己坚决不供，就会有人为自己脱案。针对犯罪嫌疑人的侥幸心理，审讯人员应加强心理攻势，向犯罪嫌疑人讲明侦查机关查清案件事实的决心和信心，以瓦解犯罪嫌疑人的侥幸心理；也可以利用制造错觉的方法加重犯罪嫌疑人的猜疑心理使其认为检察机关已经掌握其犯罪的证据，还可以直接出示证据来瓦解犯罪嫌疑人的侥幸心理。

3. 对抗心理，是犯罪嫌疑人对侦查机关和审讯人员一种不信任和敌视的心理。审讯中的对抗心理一般表现为：情绪激动，行为暴躁缺乏理智。时而公开对抗，出言不逊；时而矢口否认，极力狡辩；时而喊冤叫屈，发泄不满；时而反应冷淡，懒懒散散，使审讯工作陷入僵局。因此，审讯人员先不与犯罪嫌疑人正面交锋，不急于追讯案件

情节和实质性内容，以缓解其对抗情绪。待犯罪嫌疑人情绪稳定后再从其最感兴趣的话题入手，进而将其对抗心理逐步转化到供述罪行上。

4. 悲观心理，是犯罪嫌疑人自知罪行将被揭露、面对法律的惩罚而对自己的前途未来丧失了信心的一种心理。力求生存是人类的本能。悲观心理的出现只是暂时现象，一旦审讯情况发生变化，悲观心理依然可以恢复到稳定平衡状态。关键是审讯人员要有极大的耐心和热情，唤起犯罪人对人生的留恋和对新生活的向往，激发其争取光明前途的信心。悲观心理实际上是畏罪心理的极端化，因此畏罪心理的应对策略也适用于悲观心理。

能力训练

1. 训练目的：通过分析案例，理解并掌握侦查讯问的方法和策略，并能够对具体案件开展第一次讯问、续审等工作。

2. 训练说明：试分析下列案例，总结侦查讯问的基本方法，分析侦查讯问在案件侦破过程中的作用。

3. 训练内容：

某年8月9日21时许，某公安分局丰产路派出所值班民警接到"110"指令：在经三路北段一建筑工地上，发现一男子浑身是血，生死不明，立即出警。

经现场勘查，侦查员未发现有价值的痕迹物证及线索。后查明，被害人名叫陈某，系河南集浩房地产公司总经理。8月9日晚，陈某驾驶公司轿车行至经一路南段时，忽然被四个男子劫持。四人对被害人连刺十余刀后，又用砖头猛砸被害人头部数下（经法医鉴定为重伤），并将被害人携带的2.5万元现金抢走，然后将被害人连人带车扔在经三路北段。被害人提供不出四人的身份及其他情况，侦查工作陷入僵局。

10月中旬，丰产路派出所民警接到情报：西郊几个人帮西韩寨一村民于8月上旬打了一个人，得了几万元钱。此线索立即引起专案组的高度重视。同时又获悉：11月13日，打人者当晚要到西韩寨打牌（赌博）。得此情报后，侦查员分为两路开始行动。于14日凌晨2时，在陇海东路郑州烟厂门口将犯罪嫌疑人韩某（男，32岁）抓获。随后，侦查员以韩某为突破口，边突审边抓捕，连续出击，将另两名主犯范某（从事房地产生意）、曹某（范某的司机）抓获，犯罪嫌疑人张某（男，26岁）、杜某相继落网。在强大的政策压力下，犯罪嫌疑人的心理防线被一一摧毁，交待了谋杀陈某（未遂）、曹某等人的犯罪事实，侦查人员从犯罪嫌疑人范某处搜获赃款11万元。

总结与思考

1. 侦查讯问的对象有哪些？
2. 侦查讯问的基本法律要求有哪些？
3. 侦查讯问的基本程序是什么？

4. 侦查讯问的方法与策略是什么？

参考阅读

1. 毛建军："'以审判为中心'背景下侦查讯问工作的实践考察与完善"，载《江苏警官学院学报》2017 年第 5 期。

2. 宁平："我国'抗辩式'侦查讯问模式构建的必要性及可行性探究"，载《犯罪研究》2015 年第 4 期。

工作任务七 掌握搜查扣押的方法

第一节 搜 查

工作目标

知识目标：掌握现场搜查的方法、步骤。

能力目标：培养学生的现场搜查的实际运用能力。

工作情景

侦查人员在侦办"2001.2.15"贩毒案件过程中，了解到犯罪嫌疑人租住在市郊王某的一处房子。为获取犯罪证据，经侦查机关负责人批准，办理了搜查证，由侦查员李某等三人前往执行搜查任务。李某等三人来到搜查地点，房东王某以这是自己的房子，自己并不了解租房子的人是毒贩为由拒绝侦查人员进入该处房屋。侦查员以妨碍执行公务为由将王某铐在楼道栏杆上，而后强行进入房屋进行搜查。搜查中将一个立柜推翻，还扣押了一批物品，搜查历时 3 个小时。李某负责使用在搜查中获取的横格稿纸制作了搜查笔录，叙述了搜查的过程后，李某自己签上了另外两名侦查员的名字。

思考：上述案例中，侦查机关实施搜查工作时有哪些错误或不妥之处？

工作准备

一、了解现场搜查的概念

现场搜查是实地勘验的过程中，为了寻找、发现遗留在现场外围的与犯罪有关的痕迹、物品、尸体、尸块、赃物、作案工具及隐匿的犯罪嫌疑人而进行的一种搜索、检查活动。现场搜查是侦查人员对现场周围开展公开搜查的一种形式，是现场实地勘验工作的重要组成部分。《公安机关办理刑事案件程序规定》第 222 条规定，为了收集犯罪证据、查获犯罪人，经县级以上公安机关负责人批准，侦查人员可以对犯罪嫌疑人以及可能隐藏罪犯或者犯罪证据的人的身体、物品、住处和其他有关的地方进行搜查。

二、明确现场搜查的任务

搜查时围绕以下任务开展搜查工作：

1. 搜寻隐藏在现场周围或尚未逃离的作案人。

2. 寻找与犯罪有关的痕迹、物品等。

3. 搜寻被害人尸体、人体生物检材、衣物等。

4. 寻找隐蔽、遗弃的赃款、赃物等。

5. 发现并排除可能发生危害安全的隐患。

6. 确定作案人逃跑的方向和路线，追踪作案人。

三、掌握现场搜查的种类

根据不同的标准，搜查可以分为以下几类：

1. 根据搜查的范围和目的的不同，搜查分为人身搜查、住宅搜查和露天搜查三种。人身搜查是指为了收集与犯罪有关的各种痕迹物证，对犯罪嫌疑人的身体、衣着、鞋帽、袜套及随身携带物品进行搜查。住宅搜查是指对室内场所进行搜查，是最常见的搜查方式。露天搜查又称室外搜查，指对可能遗留有与犯罪有关证据的露天场所开展的搜查。

2. 根据警察执行搜查时有无令状，将搜查分为有证搜查和无证搜查。有证搜查是指侦查人员必须先取得法律规定的有权作出搜查决定的机关签发的搜查令状，并把持有或出示搜查令状视为合法搜查的先决条件。只有在法律规定的个别情况下，才准许在没有预先取得搜查令状的情况下实施搜查。

3. 根据搜查实施方式的不同，将搜查分为公开搜查和秘密搜查。公开搜查大多是在执行逮捕、拘留或讯问过程中进行的，秘密搜查多是在侦查过程中进行的。公开搜查必须严格履行法律手续。

四、掌握现场搜查的范围

搜查的范围一般根据案件的性质、搜查目标和现场位置、地形地势、周围环境等，并结合现场访问和现场勘验所获取的材料和结果，以及犯罪行为人的心理特点等具体情况来确定。实践中，以下地点是搜查的重点：

1. 犯罪行为的发生地、犯罪现场出入口和犯罪行为人所必经的路线。这些地方是犯罪人实施犯罪活动的动作行为集中地，会遗留较多的犯罪痕迹、物品。

2. 结合案件性质及有关情况，犯罪行为人在前往现场和逃离现场过程中可能行走的路线以及有可能抛弃或隐藏赃物、作案工具或其他物品的场所。如城市搜查应以中心现场附近的公园、车站、仓库、码头、垃圾箱为搜查重点，农村搜查则应以中心现场附近的山林、庄稼地、山洞等为搜查重点。

3. 结合现场勘验所取得的资料及犯罪行为人的心理活动情况来确定搜查范围。

五、掌握现场搜查的方法

现场搜查的方法根据搜查的目标、范围、地形、天气以及参加搜查人员的不同，有不同的形式。主要有以下几种：

1. 直线搜查法。该方法一般适用于大面积现场的搜查。实践中根据犯罪现场情况和搜查人员的人数将直线搜查法分为单向推进搜查法和相向推进搜查法两种。

（1）单向推进搜查法，即将参加搜查的人员按一定距离一字排开，同时从一端搜向另一端。如图4-7所示。

（2）相向推进搜查法，即将参加搜查的人员分成两组，从搜查范围的两端按照一定距离一字排开，同时从两端向中间相向搜查。如图4-8所示。

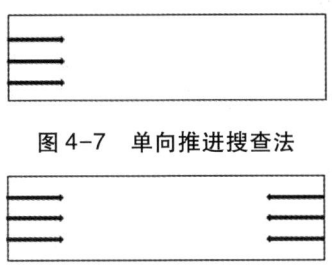

图4-7　单向推进搜查法

图4-8　双向推进搜查法

2. 螺旋式搜查法。即将现场视为一个圆形区域，以现场中心为起点，以一定距离宽度向现场外援逐层铺开进行搜查；反之，从现场外援逐层向现场中心旋转收缩也可。该方法适用于某些特殊的地形地貌，如高山、湖泊等。如图4-9所示。

3. 辐射式搜查法。即以搜查中心为起点，搜查线路呈放射状向四周延伸的搜索方法。这种搜查法将搜查人员集结到搜查中心，然后分头向四周搜查，直至搜查范围的外沿。如图4-10所示。

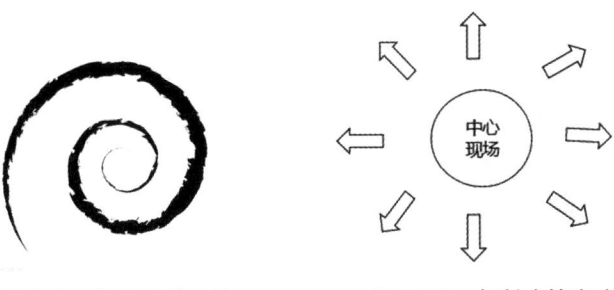

图4-9　螺旋式搜查法　　　　图4-10　辐射式搜查法

4. 分片分段搜查法。即按照搜查区域的自然边界，从边缘开始，或沿着犯罪行为人行走的路线，逐片逐段进行搜查。如图 4-11 所示，将需要搜查的现场分为 ABCD 等几个区，然后逐区进行搜查。

5. 包围式搜查法。即搜查人员对范围不大的现场采取四周包围，步步向中心现场收缩，以发现搜查目标的方法。如图 4-12 所示。

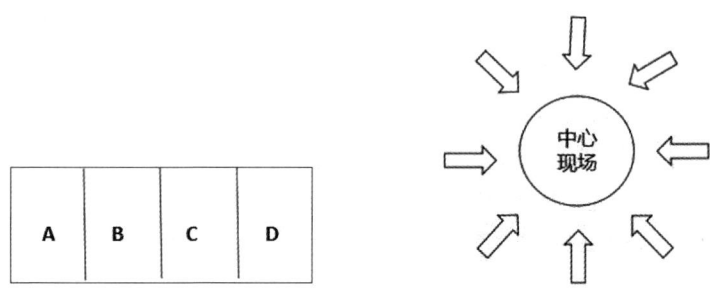

图 4-11　分片分段式搜查法　　　　图 4-12　包围式搜查法

6. 条格式搜查法。即将搜查范围纵横交错划分为若干格状地域，搜查人员可先按照横条进行搜查，再按照纵条进行搜查，直到将整个区域交叉搜查一遍的方法。如图 4-13 所示。

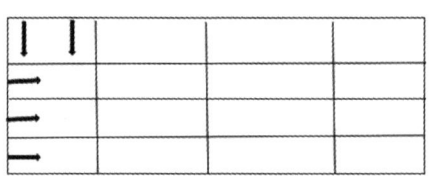

图 4-13　条格式搜查法

7. 警犬搜查法。即根据警犬对气味的鉴别能力，由警犬引路有方向地进行搜查。

六、掌握现场搜查的基本法律程序及原则

我国《刑事诉讼法》第 136～140 条和《公安机关办理刑事案件程序规定》第 222～226 条明确了搜查应当遵守的法律程序：

1. 搜查只能由侦查人员进行，其他任何机关、团体和个人都无权对公民人身和住宅进行搜查，否则，情节严重构成犯罪的，将依法追究其刑事责任。

2. 搜查的人员不得少于 2 人。

3. 搜查时，必须向被搜查人出示搜查证，否则被搜查人有权拒绝搜查。但是，侦查人员在执行逮捕、拘留时，遇到紧急情况，不另用搜查证也可以进行搜查。根据

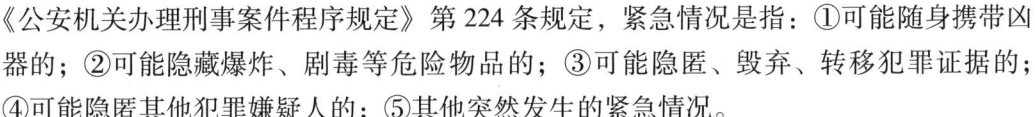

《公安机关办理刑事案件程序规定》第224条规定，紧急情况是指：①可能随身携带凶器的；②可能隐藏爆炸、剧毒等危险物品的；③可能隐匿、毁弃、转移犯罪证据的；④可能隐匿其他犯罪嫌疑人的；⑤其他突然发生的紧急情况。

4. 任何单位和个人都有义务按照公安机关和人民检察院的要求，交出可能证明犯罪嫌疑人有罪或无罪的物证、书证、视听资料等。遇到有拒绝者，侦查机关可依法强制提取。

5. 搜查时，应有被搜查人或他的家属、邻居或其他见证人在场。

6. 搜查妇女的身体，应当由女工作人员进行。

7. 搜查的情况应制作笔录，由侦查人员和被搜查人员或者他的家属、邻居或其他见证人签名或盖章。如果被搜查人在逃或他的家属拒绝签名、盖章的，应当记明。

工作程序

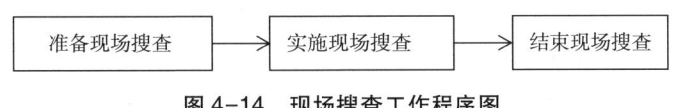

图4-14　现场搜查工作程序图

一、准备现场搜查

1. 明确现场搜查的目的。由于案件情况不同，搜查的目的也不同。有的是搜查与犯罪有关的痕迹、物品，有的是搜查可能隐匿在周边的犯罪嫌疑人，有的是搜查尸体、尸块等。

2. 确定搜查对象的有关特征和情况。如对犯罪嫌疑人进行搜查，首先要明确犯罪嫌疑人的性别、年龄、身高、体态、衣着、人数、是否受伤等特征和情况，才能采取正确的搜查方法，做到有的放矢。

3. 确定参加搜查的人员。根据现场搜查范围的大小、搜查的复杂程度确定配置搜查人员的数量、专业技能、是否需要有搜查经验或经专门训练的人员参加。参加搜查的人员不得少于2人，不允许1人单独执行搜查。如果被搜查人中有妇女，还需要选派女侦查员参加搜查。同时，需要配备担任警戒工作的人员，防止被搜查人脱逃、行凶、自杀或转移毁灭罪证。

4. 确定搜查范围和重点。根据现场搜查对象和现场的地理位置、地形地貌、周围环境等来确定。

5. 准备搜查所需的器材。一般情况下需要的器材有照明工具、通信工具、照相摄影器材、探测工具、打捞工具、攀登工具、强制器械、交通工具等。如果是在较大范围的密林和深山搜查，还需要准备指南针、地图、帐篷、药品、食品等。

二、实施现场搜查

搜查人员根据各自的分工，按照恰当的方法及时开展搜查工作。如果搜查目标或范围不够明确，搜查人员应当采取相应的搜查方法，如辐射式或螺旋式，从现场中心向外围扩展进行，寻找踪迹。如果搜查过程中发现可疑情况，应立即停止搜查并进行处理，或报告指挥人员，等待下达命令后再做处理。根据搜查对象的不同，有不同的搜查方法。

（一）住宅搜查

被搜查人的住宅常常藏匿有罪证、赃物或保留有能证实犯罪嫌疑人预备犯罪、实施犯罪的各种物品和痕迹。因此，对其住宅进行搜查能证实犯罪证据和发现新的侦查线索。但是对住宅搜查有一定的难度，需要搜查人员掌握正确的搜查策略和方法。

1. 搜查的初步行动。搜查人员搜查现场时，应在搜查现场周围布置警戒监视岗哨，断绝搜查现场同外面的联系。搜查人员还应事先了解搜查场所的环境，如房屋结构、室内摆设等。

2. 进入现场后，应立即向被搜查人出示《搜查证》，令其在上面签字。随后，对被拘捕的犯罪嫌疑人和在场其他可能隐藏有赃物罪证的人，进行人身搜查。除留被搜查人或1名家属在场外，其余人员均应带离搜查现场，集中监视看管。同时，搜查时住宅内的电话机电源也应该控制。

3. 搜查人员查看住宅的情况和周围环境，确定搜查的重点、顺序。

（1）搜查的重点。一般包括以下几个部分：地板、墙壁、家具和日常用品。

（2）搜查的顺序。住宅的搜查应根据搜查的目的和室内的结构特点，先从最有可能发现搜查目标的部分开始搜查，并采取分区定位的搜查方法。如果有必要重新搜查，可以让搜查人员相互调换搜查的区域。搜查每一个房间，应先确定搜查的起点，沿墙壁的移动方向、墙壁安置的物品、挂在墙上的物品及墙壁本身、墙下的地面搜查，最后搜查位于房间中间的物品及地面。

4. 搜查过程中注意观察被搜查人的言行举止。因为被搜查人的一些行为可能表明搜查目的物的位置，因此搜查人员需要临场分析判断，并模拟被搜查人的思维方式，依据搜查的特点，被搜查人的职业、生活习惯、兴趣爱好等对其藏匿物品行为的影响，判断搜查目的物的藏匿地址。

（二）露天场所搜查

1. 由于露天场所范围较大，环境复杂，犯罪嫌疑人用以藏匿赃物罪证的条件较好，痕迹物证又容易受人为、自然或动物的因素破坏或消失。搜查前，应走访群众，特别向搜查地点周围的老住户、常年在附近劳作的人员详细询问。

2. 在调查的基础上，根据搜查的任务，结合搜查地点的环境特点，划定搜查范围。

3. 搜查过程中，应注意根据搜查物品的特性，结合现场的具体情况搜查。观察地表及植物的情况也有助于发现搜查目的物。同时，注意动物的痕迹和动态，尸体或有些物品气味特殊，能招引鸟兽，根据它们的活动和活动痕迹，有利于发现目的物。

4. 一般犯罪嫌疑人在藏匿物品后，会留下易于识别的记号，以便自己将来取回。因此，在搜查时注意观察一些与表面无关的现象，有时也可以发现这些识别记号，使搜查事半功倍。

（三）人身搜查

一般在执行逮捕时，应对被拘留人进行人身搜查。搜查住宅时，也需要对被搜查人或在场的亲属及其他可能隐藏赃物罪证的人员进行人身搜查；此外，根据侦查工作的需要，可以在必要的时候，对其他可疑人员进行人身搜查。

1. 开始搜查前，需要搜查并接触被搜查人随身携带的武器、毒物及一切可能用来伤人的物品，防止其行凶或自杀。

2. 一般配置两名以上的侦查人员搜查一名被搜查人，若遇到侦查人员少而被搜查人多时，需要出示证据，更严重的情形下是出示武器以控制局面。此外，在人身搜查时需要配置两人以上担任警戒，负责保卫现场安全。

3. 搜查的姿势和顺序。搜查时，比较常用的搜查姿势是站立式，即被搜查人背向搜查人员，两脚分开站立，举起双手并伸展手指。除此之外，还有跪式和卧式搜查。搜查的顺序是从背后开始，从上向下，由两侧向前后，由外及里进行全身搜查。

4. 搜查的重点。即人体的腰间、腋下、前后胸、裆部、头发、耳孔、口腔等可藏匿物品部位。对于人的衣物，应注意衣袋、衣领、垫肩、裤腰、鞋底、袜底、皮带、袖口等有夹层的部位。

5. 对女性被搜查人要尽量避免在公开场所进行搜查，而且应由女搜查人员进行。

三、结束现场搜查

是否结束搜查，由指挥人员或现场勘验负责人根据现场搜查的时间和结果来决定。结束工作时，首先，汇总情况，即各搜查人员将自己搜查的结果或搜查过程中发现的情况，如发现的痕迹、物品等，向指挥人员进行汇报，指挥人员记录、汇总情况并进行处理；其次，提取并保存搜查中发现的痕迹、物品；最后，填写搜查物品清单，并由参与搜查的指挥人员、搜查人员、见证人签名、盖章。

第二节 扣 押

工作目标

知识目标：掌握扣押的方法、步骤。

能力目标：培养学生现场扣押的实际运用能力。

工作情景

2015 年，周某因经营需要向王某借款 20 万元，约定借款期限 3 个月，月利率 2%，按月付息，到期还本。借款到期后，周某按约定支付了利息，但未偿还借款本金。王某多次与周某交涉未果，于 2016 年 1 月 20 日在公路上强行将周某车辆开走。称将该车作为还款的抵押，若周某把款还清，就把车归还周某。王某向当地派出所报警，公安人员称王某和周某之间属于民事纠纷，不属于公安机关管辖，建议周某向法院起诉。

思考：①债权人王某强行将债务人周某车辆开走进行扣押的行为合法吗？②王某怎样要回被扣押的车辆？③公安机关以属于民事纠纷为由不予处理正确吗？

工作准备

一、了解扣押的概念

扣押，是指侦查人员在勘验、检查、搜查、复验、复查等侦查活动中，依法向持有人强制提取、留置同案件有关的物品、文件、邮件、电报等的侦查措施。扣押是与搜查、勘验检查同时进行的，它通过法定程序，取得和保全证据，防止证据被损毁、丢失或隐匿，保护公民的合法财产权益。

二、明确扣押的对象

扣押只限于与案件有关的具有证据意义的物品和物证。包括以下几种：

1. 搜查中发现的一切可以用来证明被搜查人有罪或无罪的各种物品和文件。

2. 被搜查人主动交出的同犯罪有关的物品和文件。

3. 用以补偿因犯罪行为造成损失的现金、有价证券和各种财物。

4. 违禁物品及国家法律法规明文规定不允许个人使用、持有的物品。

三、掌握扣押的法律要求

根据我国《刑事诉讼法》的规定，扣押应当遵守下列程序：

1. 扣押只能由侦查人员进行，且需要两名以上侦查人员。如果是在现场勘查中发现需要扣押的物品、文件，凭勘查证和搜查证即可扣押；如果是单独进行扣押，则应持有侦查机关的证明文件，如侦查人员的工作证件。

2. 扣押的范围仅限于与案件有关的具有证据意义的各种物品、文件。如果发现是违禁品，无论是否与案件有关都应先行扣押，然后移交有关部门处理。如果是应当扣押的物品、文件，持有人拒绝交出的，侦查机关可以强行扣押。

3. 对于扣押的物品和文件，应当会同在场的见证人和被扣押物品、文件持有人查点清楚，当场开列清单，写明物品或文件的名称、编号、规格、数量、重量、质量、特征及来源，由侦查人员、见证人和持有人签名或盖章。

4. 对于扣押的物品和文件，侦查机关应当妥善保管或封存，不得使用、损毁、丢弃，对于涉及国家秘密的文件、资料等应当严格保守秘密。

5. 侦查人员认为需要扣押犯罪嫌疑人的邮件、电报时，经公安机关或人民检察院批准，即可通知邮电机关将有关的邮件、电报等扣押。

6. 公安机关和人民检察院根据案件侦查的需要可以按照规定查询、冻结犯罪嫌疑人的存款、汇款，已被冻结的，不得重复冻结。只要查明是犯罪嫌疑人的存款或汇款，不管是否是以犯罪嫌疑人的名字存入、汇出的款项，都可以予以查询和冻结。

7. 对于扣押的物品、文件、邮件、电报或冻结的存款、汇款，经查明确实与案件无关的，应当在3日内解除扣押、冻结，退还原主或原邮电机关。

工作程序

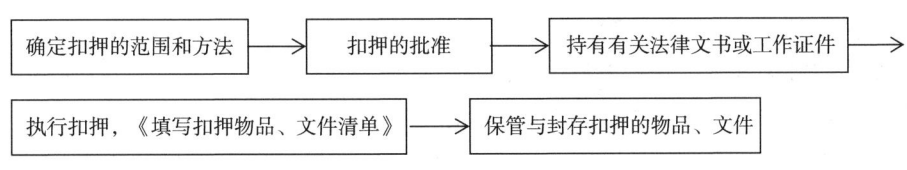

图 4-15　现场扣押工作程序图

一、确定扣押的范围和方法

侦查人员对在勘验、检查、搜查、复验、复查中发现的可以用于证明犯罪嫌疑人有罪或无罪的物品和文件应当扣押。但是与案件无关的物品、文件，不得扣押。

二、扣押的批准

在勘验、检查、搜查、复验、复查中需要扣押物品、文件的，由现场勘查指挥人员决定。在其他时候的扣押，应当经过有关机关的负责人批准。

三、持有有关法律文书或工作证件

在搜查时进行扣押，应持有搜查证。在逮捕时扣押，应持有逮捕证。

四、执行扣押，填写《扣押物品、文件清单》

侦查人员发现了需要扣押的物品时，可以执行扣押，但应当会同在场见证人和被扣押物品、文件的持有人查点清楚，当场开列《扣押物品、文件清单》一式三份，写明物品或文件的名称、数量、特征等，由侦查人员、见证人和持有人签名或盖章。一份交由扣押物品和文件的原持有人，一份交给侦查机关保管，一份附卷备查。

对于应当扣押但是不便提取的物品、文件，经拍照或录像后，可以交被扣押物品持有人保管或封存，并单独开具《扣押物品、文件清单》一式两份，在清单上注明已经拍照或录像，物品、文件持有人应当妥善保管，不得转移、变卖、毁损。由侦查人员、见证人和持有人签名或盖章，一份交给物品、文件持有人，另一份连同照片或笔录附卷备查。

五、保管与封存扣押的物品、文件

扣押的各种物品、文件都应该妥善保管或封存，不得使用、损毁和丢失。

 知识链接

美国搜查扣押程序

大约从 20 世纪末开始，美国联邦最高法院发布美国宪法修正案，规定任何通过非法逮捕、搜查、扣留所得的证据，一律不得进入司法程序。所谓"一律不得"，指的是排除非法得来的证据。这就要求警察在搜集证据时不仅要找出"事实"，同样也要考虑取证程序是否合法，否则不能进入司法程序。

一、对住宅的搜查

在没有人被捕，又没有搜查证的情况下，如果一个人同意让警察对自己进行人身搜查，或对他的住宅进行搜查（以及其他情况下的搜查），那么搜查即是合法的，搜查所得的证据也可以进入司法程序。例如，某警察在巡逻时发现某所房子可疑，怀疑里面有人存放了毒品，但他的怀疑尚不足以构成"合理根据"，因此不能取得搜查证，而如果不及时搜查，证据可能被转移。在这种情况下，警察可以敲开这所房子的门，问房主是否同意让他搜查一下。如果房主同意，那么搜查就是合法的。

1. "同意"必须是自愿的，判断同意是"自愿"还是"被迫"的标准是客观标准，也就是说，不以警察个人认为怎样为标准，需要把当时所有有关情况考虑在内。一般来说，尽管警察表面上是在征得房主的同意，而他的口气、表情和态度实际上并没有商量的余地，这便是一种"暗示的强迫"。常见的情况是，警察叫开门以后，声称自己是来搜查的，问可不可以进去；或者说自己虽然没有搜查证，但他完全可以取得搜查证（有时确实是这样）。这些做法，都是强迫行为，所得到的同意都不是自愿的。另外，法律还规定，如果同意搜查的是小孩（小孩不可能懂得搜查的法律后果）、有精神病的人，或者当时由于喝了酒或服用某种药物而神志不清的人，那么这样的同意也不是自愿的。

2. 以欺骗取得的同意，即如果警察隐瞒了自己的身份而得以进入住宅，并在那里发现了犯罪证据，这个证据是否是合法取得的呢？答案是：合法。但是，如果警察并不隐瞒自己的身份，而是隐瞒要求进入住宅的目的，法律上一般规定这样做构成非法搜查。

3. 第三者同意。如果房主不在家，而他的朋友同意让警察进屋搜查，那么由此所得的证据是否是合法的呢？关于这个问题，答案是：这要看这个第三者是否得到过房主的"授权"表示同意。怎样才算得到房主的授权？如果房主对第三者曾明确表示可

以代替他同意让警察进入房屋进行搜查，那么这个授权是没有问题的。但这样的授权实际上是不存在的。所以这里所说的授权都是"暗示的"。暗示授权往往取决于第三者与房主的关系。如果第三者与房主是同居者（不一定非要是准夫妻式的同居者），也就是说双方都有权支配房子的使用，那么第三者就有权让警察进入，因而获得的证据也是合法的，如夫妻任何一方都有权同意让警察进屋搜查。再如几个大学生共住一个宿舍，其中任何一个人都有权让警察进入。

二、对车辆的搜查与扣押

美国私人汽车很多，跟汽车有关的犯罪也多，尤其是同贩毒和抢劫有关的犯罪。所以与汽车有关的逮捕、搜查和扣留也就成了刑事诉讼法的重点问题。法律上一般把私人汽车作为一种隐私权加以保护。但汽车不同于住宅，受到的保护的程度也不同。一般原则是，如果警察有合理根据相信汽车里面的人已经犯了某种罪行，或正在犯罪过程中，他可以在无逮捕证的情况下加以逮捕。如嫌疑人开车逃走，警察可以追赶并予以逮捕。这同住宅外面的逮捕并没有什么两样。问题较复杂的地方是在逮捕后对车辆的搜查和扣留方面。在车里的人被依法逮捕以后，整个车内被捕者所能"直接控制的范围"都在合法搜查范围，这个直接控制范围包括座位下面和车内的手套箱（也就是驾驶员右边座位前方放手套、地图和其他小东西的地方）。原因同在住宅内逮捕情况下的直接控制范围一样，检查是否有武器存在，是警察的一种自卫措施（但这时车内的人已经被捕并提出车外，所以这个原因从现实意义上来讲是不存在的，但目前法律如此）。那么车后面的行李箱是否可以搜查呢？以前的法律是，这个行李箱，因为不在直接控制范围之内（需下车才能打开），所以不能搜查。要搜查，需等到把车拖到警察局的停车场，并在法庭取得了搜查证后方能进行。这条法律后来经最高法院一系列判例而作了彻底修改，修改后的法律允许警察在逮捕现场或车拖到警察局后，不用取得搜查证便可进行行李箱的搜查。最高法院解释说，汽车与住宅不同，汽车是作为交通工具的，车里的人和物透过车窗玻璃便可以看到，因此车里的隐私权也就小得多。同时，汽车是活动的，随时可以开走，如不尽快搜查，证据可能被拿走或毁坏。在车里的人已经被捕的情况下，搜查的基础已经存在，因此没有必要花时间去法官那里取得搜查证。

✍ 能力训练

1. 训练目的：通过案例分析，理解并掌握搜查扣押的对象、方法及策略。

2. 训练说明：试分析下列案例，说明案例中应该重点搜查的对象以及搜查时应该采用的方法。

3. 训练内容：

1991年4月10日，亚利桑那州马里兰大街的 Wat Promkunaram Buddhish 寺庙里发生了一起骇人听闻的凶杀案。侦查人员对现场进行了勘察，寺院的9个死者脸朝下，趴在地上并且围成了一个圈，像车轮上的辐条一样排列着，小腿露在外面，他们周围的地毯和身上的袈裟都浸着血。死者的手指被系在他们的脖子后面，所有人都在近距离内脑后中枪，有些人甚至被枪击了3次。在死者中间有一个装满烟灰的烟灰缸，有灭火器在室内被肆意使用过的喷溅痕迹，在厨房桌子上有一些钥匙，墙上刻着一个"血"的字样。在尸体周围的地板上有3颗20口径猎枪的子弹壳，附近有更多22口径的子弹壳，但有长有短，有些还是来福枪的。僧侣们身上佩戴的珠宝不见了，而寺庙里值钱的东西却没被动过。侦查人员又对和寺庙有关的人员进行了访问，并调查了受害者的相关信息，在进行系统分析后，把目标主要锁定在寺庙所在小区的孩子们的身上。在案发后一个月，侦查人员得到两条重要线索，一是发现两个携带来福枪的小孩，形迹可疑；二是接到一个自称对案件知情的举报电话。经过调查后，侦查人员排除了第一条线索，并根据第二条线索，顺藤摸瓜，终于侦破案件，使案情真相大白。

总结与思考

1. 搜查与扣押的方法、法律要求及基本程序是什么？
2. 对人身搜查的法律要求是什么？
3. 对露天场所搜查的方法是什么？
4. 对住宅搜查的方法是什么？

参考阅读

1. 宋维彬："搜查、扣押笔录的证据能力研究——以美国法为借镜"，载《中国刑事法杂志》2017年第6期。
2. 陈永生："电子数据搜查、扣押的法律规制"，载《现代法学》2014年第9期。
3. 易延友："公民宪法权利的刑事程序保护与非法证据排除规则——以美国宪法第四修正案为中心展开"，载《清华法学》2011年第4期。

项目 五

掌握查缉控制性侦查措施

查缉控制性侦查措施，是指侦查机关在侦查过程中，为迅速查获犯罪嫌疑人、查明有关案情以及保护人民群众的人身和财产安全而采取的紧急控制性侦查措施。它既适用于严重暴力犯罪案件，也适用于已经明确但是畏罪潜逃的犯罪分子；既可以在现场勘查前后或同时采取，也可以在侦查活动中结合其他措施进行。其中查缉性的侦查措施是人民警察在侦查过程中与各种违法、犯罪活动进行斗争时所采取的带有查缉、堵截战术性质的特殊措施，是打击和制服违法犯罪分子的有效方法和手段，是与违法犯罪活动作斗争的有力武器。侦查实践中查缉性侦查措施主要有通缉通报、追缉堵截、缉捕逃犯等。控制性的侦查措施，主要是为了保证侦查活动的顺利进行而扣押、控制赃款赃物的各种强制性措施。这不仅可以帮助查清赃款赃物的下落，发现侦查破案线索，还能对赃款赃物予以追缴或责令退赔，甚至直接发现、抓获犯罪嫌疑人。它不仅是获取证据的重要途径，还是扩大战果的重要方法。控制性侦查措施主要包括查询冻结、控制赃物、留置盘问等。

工作任务一 掌握通缉通报的方法

🖊 工作目标

知识目标：掌握通缉、通报的概念、对象、法律要求等基本知识。

能力目标：学会对重大犯罪嫌疑人实施通缉、通报。

🖊 工作情景

某市人民检察院在办理该市国土局局长孙某贪污受贿一案中，侦查机关经过侦查掌握了孙某的大量犯罪证据，但是依法逮捕时发现犯罪嫌疑人孙某已畏罪潜逃。经该检察院检察长的批准，在全省范围内发布通缉令，通缉犯罪嫌疑人孙某。

思考：人民检察院的通缉令合法吗？

🖐 **工作准备** ⌐

一、了解通缉、通报的概念

1. 通缉的概念。通缉，是公安机关为了缉捕逃跑的犯罪嫌疑人，以通缉令的形式，通告各有关地区的公安机关以及其他有关部门予以协助的一种查缉人犯的侦查措施。通缉这一项侦查措施，只能由公安机关实施。通缉通常以通缉令的形式发布。

2. 通报的概念。通报，是为了查缉犯罪嫌疑人和控制赃物，各地侦查机关之间互通情报、协同作战的一种侦查措施。

二、明确通缉的对象、通报的种类

（一）通缉的对象

根据《刑事诉讼法》第155条第1款，应当逮捕的犯罪嫌疑人如果在逃，公安机关可以发布通缉令，采取有效措施，追捕归案。具体来说，需要符合下列三个条件：

1. 被通缉的人必须是犯罪嫌疑人。

2. 该犯罪嫌疑人符合逮捕条件。

3. 该犯罪嫌疑人确实在逃避法律责任而下落不明。

侦查实践中需要发布通缉令的，一般是去向不明的重大、特大案件的犯罪嫌疑人，他们或者是罪行严重，或者是可能继续犯罪，对社会治安有很大危害，应当有针对性地发布通缉令，以获得有关地区、部门和广大公民的协助。具体情形如下：

1. 案件发生不久，经过侦查已有证据证明其犯有可能判处有期徒刑以上的刑罚，但潜逃在外的犯罪嫌疑人。

2. 案件经过侦查，破案条件已经成熟，已准备将其逮捕而逃跑的犯罪嫌疑人。

3. 已经逮捕，破案条件已经成熟，已准备将其逮捕而逃跑的犯罪嫌疑人。

4. 已经判刑，在服刑、关押期间越狱逃跑的犯罪人。

（二）通缉的种类

按照通缉的方式，可以分为通缉令、悬赏通告、边控通知。

1. 通缉令，通常以布告的形式发布，也可以通过广播、电视、报刊等新闻媒体发布，还可以在公安部计算机网络上发布进行网上追逃。

2. 悬赏通告，为了发现重大犯罪线索，追缴涉案财物、证据，查获犯罪嫌疑人，必要时，经县级以上公安机关负责人批准可以发布悬赏通告。

3. 边控通知，为防止犯罪嫌疑人逃往境外，需要在边防口岸采取边控措施的，应按照有关规定制作《边控对象通知书》，经县级以上公安机关负责人审核后，逐级上报省级公安机关批准，办理边控手续。需要在全国范围采取边控措施的，应逐级上报公安部批准。

（三）通报的种类

根据通报的内容和使用通报所要达到的目的的不同，通报通常有以下几类：

1. 不知名尸体协查通报。通过将不知名尸体案件发生、发现的时间、地点和主要经过，死者的性别、年龄、身高、发型、身体外表特征，生前是否患有疾病，受过某种创伤或作过外科手术，衣着的式样、质地、花色和新旧程度，随身携带的物品的种类、数量和特征及这些特征的特写比例照片等进行通报，请求有关单位协助查明死者的身份、生前居住或工作的情况。

2. 赃物协查通报。通过对涉及赃物的简要案情、赃物的种类、数量、特征以及某些不常见赃物的照片等进行通报，以便有关单位进行控制，或在追查已捕获犯罪人赃物的过程中查找。

3. 案情协查通报。由于某些重大案件尚未破获或者在发生重大刑事案件的当时，如果根据现场勘查情况分析，认为犯罪人很可能是外地人或流窜犯罪分子，可以向邻近地区和犯罪人可能流窜犯罪的交通沿线城市的公安机关发出案情、敌情协查通报，以便有关地区的公安机关注意发现案件线索，注意在未破案件中或已拘留的犯罪嫌疑人中发现类似特点、类似手法进行协助侦查。

三、掌握通缉、通报的基本法律程序及原则

（一）通缉的基本法律程序及原则

1. 有权采用该侦查措施的机关是公安机关，人民检察院在办理自侦案件时，如需要通缉犯罪嫌疑人的，应通过公安机关进行。

2. 通缉的主要形式是发布通缉令。通缉令必须由县（市）以上公安机关发出，其他任何机关不得自行发布。《刑事诉讼法》第155条第2款规定，各级公安机关在自己管辖的地区以内，可以直接发布通缉令；超出自己管辖的地区，应当报请有权决定的上级机关发布。在全国范围内发布通缉令，必须由公安部决定和发布。

3. 通缉令发布的地区为：犯罪嫌疑人逃跑可能经过的车站、码头、机场、可能出现的地方以及预计可能捕获在逃犯罪嫌疑人或犯罪人的地区。

（二）通报的基本法律程序及原则

1. 有权采取该项侦查措施的机关是县级以上公安机关的侦查部门。各级公安机关可以在自己管辖的地区范围内直接发布通报；省、自治区、直辖市的公安厅（局）可以向其他省、自治区、直辖市发布通报；公安部可以向全国或部分省、自治区、直辖市发布通报。通报接收单位是有关地区的公安机关（包括地方公安机关和铁路、民航、林业等非地方公安机关），对非公安机关和广大公民不发通报，如有必要，可以发悬赏通告。

2. 通报的发布范围要适当，通报的内容要准确简明，描述语言要规范。发布通报的单位要写上单位名称并加盖公章，写明文号、电话号码和联系人。

工作程序

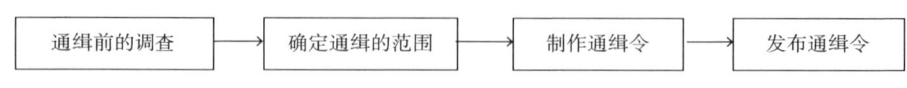

图 5-1 通缉的工作程序图

一、通缉的工作程序

（一）通缉前的调查

通缉的目的是使潜逃的犯罪嫌疑人被缉拿归案，因此，通缉令的发布一定要有针对性，只有认真做好通缉前的调查工作，才能保证通缉令通缉的内容明确具体、通缉令发布的地区明确。在制作通缉令前，应切实查明被通缉人的情况：

1. 查明被通缉人的全部社会关系。主要包括其亲友、同事、同学和同案犯及其姓名、住址以及被通缉人在出逃前是否表示要前往某地，或流露出其他行动计划。

2. 获取被通缉人的照片和指印。通过搜查获得或请被通缉人原来的单位提供。对于有犯罪前科的被通缉人，还可通过有关司法部门获取。

3. 确定被通缉人的衣着特征和体貌特征。通过询问熟悉被通缉人的人或知情人，研究被通缉人的近期照片以及利用某种有关痕迹或遗留物品进行分析判断。

（二）确定通缉的范围

通缉令通常发布到以下地区：

1. 犯罪嫌疑人逃跑可能经过的车站、码头、机场以及其他主要道口。

2. 犯罪嫌疑人可能出现的地点，包括亲朋好友家里，罪犯隐藏、居住的地区，如宾馆、饭店等。

3. 预计可能捕获在逃犯罪嫌疑人或犯罪人的地区。

（三）制作通缉令

通缉令的制定格式要统一规范，内容要言简意赅，语言要通俗易懂，以便有关机关及广大人民群众协助查缉。通缉令的格式及内容包括以下几个方面：

1. 标题部分，包括题目（通缉令）和发文号。

2. 内容部分主要包括：

（1）案件的基本情况。包括案件的性质，发案时间、地点，简要的案件情况以及犯罪的手段、方法，实施了何种犯罪，造成了何种后果，逃跑的方式和方向。

（2）被通缉人的基本特征。主要写明被通缉人的姓名（包括曾用名、绰号）、性别、年龄、籍贯、职业、住址、逃走时的衣着打扮、体貌特征，并附上被通缉人的照片。

（3）被通缉人出逃时携带物品的特征。应将出逃时携带物品的数量、种类、特征进行准确描述，如果有携带武器，则应尽可能详细地注明武器的种类、型号、数量等有关情况。

（4）通缉令的要求及联络方法。有关地区在接到通缉令后，落实查缉工作的要求以及缉捕犯罪嫌疑人时应注意的问题。并注明发布通缉令的单位的联系方法、联络地址、邮政编码、电话号码及传真号码等。

3. 结尾部分，包括发文单位（应加盖公章）及发布日期。

（四）发布通缉令

通缉令制作好之后，应适时发布，以便有效调动有关地区及广大人民整体力量协同作战，有效缩短发现、缉捕犯罪嫌疑人的时间，及时破案。同时，适时发布通缉令，可以促使有关地区和部门启动各种预防措施，消除可能有利于犯罪嫌疑人重新犯罪的条件和途径，防止新的犯罪发生。通缉令既可以发往各地的公安保卫部门、国家机关、企事业单位、人民团体，又可以进行公开张贴，以达到公告之目的，便于人民群众参与。

二、通报的工作程序

通报的工作程序同通缉的工作程序基本相似，但是要注意以下几点：

1. 通报是公安机关内部通力合作、协同破案的一种有效方法，一般都是发布到有关地区的公安机关内部，不对外张贴。

2. 通报除了用作查缉在逃的犯罪嫌疑人外，还可以查缉犯罪人，因此有些案件通报时通常只知道其外貌特点、作案手段、携带的赃物等一般情况，而不知道真实姓名和地址。

3. 对于潜逃的重大犯罪嫌疑人，在确定拘捕之前，不宜使用通缉手段，必要时可以向有关地区公安机关发布通报，请求协助查缉。另外，通缉发布后又发现新情况的，可以补发通报。对于通缉中不易暴露的情况，也可在发布通缉时，用通报的形式进行发布。

 知识链接

红色通缉令

目前，国际刑警组织共有190个成员国（地区），协助成员国侦查罪犯是国际刑警组织的一个重要合作领域。这种执法合作通常是通过"国际通报"这一渠道进行的。国际通报分为：红色通报、蓝色通报、绿色通报、黄色通报、黑色通报五种类型，它

们都以通报的左上角国际刑警徽的颜色而得名。其中，红色通报俗称"红色通缉令"。

"红色通缉令"是国际刑警组织最著名的一种国际通报。它的通缉对象是有关国家的法律部门已发出逮捕令、要求成员国引渡的在逃犯；由经办国国际刑警中心局局长和国际刑警组织总秘书处秘书长共同签发；由特定国家中心局申请，针对需要逮捕并引渡的在逃犯作出的一种通报。红色通缉令被公认为是一种可以进行临时拘留的国际证书。无论哪个成员国接到"红色通缉令"，应立即布置本国警力予以查证；如发现被通缉人员的下落，应迅速组织逮捕行动，将其缉拿归案。党的十八大以后，在党中央的统一部署下，尤其是"天网"行动部署和实施后，国际刑警组织中国国家中心局针对100名犯罪分子，包括腐败犯罪分子，发布红色通缉令，已经取得显著成效，有力震慑了犯罪分子，展示了良好的大国形象。

通常情况下，"红色通缉令"上除了印有犯罪嫌疑人的大头照，还包括两大部分的主要内容：一是身份描述，如姓名、国籍、外貌特征等，有的还标明了指纹、护照或身份证件号码等；二是司法内容，主要说明犯罪嫌疑人的犯罪事实及通缉的法律根据，包括案情摘要、同案犯、罪名、引用法律条款、刑期、执法时效和逮捕证、判决书等。

红色通报是通报中唯一可以对所通缉的人员实施拘捕并进行引渡的通报，不过这并不意味着接到红色通报的国家，必须立即逮捕被通缉人员。其自身不具有强制执行的法律效力，对成员国没有强制缉拿要求，只是要求各国协助缉拿，查与不查的决定权在各国自身。因此，"红色通缉令"并不像人们想象得那样"法力无边"。

能力训练

1. 训练目的：通过案例分析，理解掌握通缉令的使用条件、发布主体、发布范围及格式。

2. 训练说明：试分析下列案例，写一份公安部的A级通缉令和市级的B级通缉令。

3. 训练内容：

3月16日凌晨，某市育才街4处宿舍、民房发生爆炸，当场炸死群众108人、炸伤38人。公安人员考察4个爆炸现场，都与靳某的亲属和前妻的住处有关，第一爆炸现场棉纺三厂宿舍，是他与父亲、继母同住的那一栋楼。第二爆炸现场棉一厂附近宿舍，是他前妻父母的居住地。第三爆炸现场电大街宿舍是他前妻与现任丈夫居住地。第四爆炸现场有他生母所留的房产，他与他的亲姨曾因此房产发生纠纷。因此，公安机关锁定犯罪嫌疑人靳某涉嫌"3·16"特大爆炸案。

由于案情重大，省公安厅立即上报公安部请求在全国范围内发布通缉令。公安部3月16日向全国发布A级通缉令，通缉曾于今年3月9日将女青年韦某花杀死后潜逃的某市人靳某，通缉令表明，靳某还涉嫌其他特别严重的犯罪。3月18日，某市公安局发出通告，悬赏10万元追缉"3·16"爆炸案真凶。

总结与思考

1. 通缉令的决定主体是谁？

2. 通缉令的发布范围是什么？

3. 通缉令发布时需要遵守哪些法律要求？

4. 通缉令的格式是什么？

5. 通缉和通告的区别与联系有哪些？

参考阅读

1. 吕泽华、刘晶："论公安机关'网络通缉'的法律规制"，载《山东警察学院学报》2009 年第 9 期。

2. 贾延安："对通缉、通报存在的若干问题的思考"，载《森林公安》2011 年第 6 期。

3. 孙志佳："浅析红色通缉令的法律性质与实施程序"，载《南方论刊》2015 年第 9 期。

工作任务二　掌握追缉堵截的方法

工作目标

知识目标：掌握追缉堵截的概念、基本法律程序及原则、追缉堵截的策略方法。

能力目标：学会在实践中运用追击堵截侦查措施，开展相关工作。

工作情景

10 月 7 日凌晨 2 时，吉隆镇某鞋厂办公室 5 名工友乘值夜班之时玩牌。突然，黑暗中窜出 3 条黑影，这 3 人头盖灰色毡帽，手握卡宾枪、手枪或尖刀，飞快地窜入敞开的鞋厂大门，直冲办公室将 5 人洗劫一空。受害者立即向公安机关报警，请求破案。

侦查人员到达现场后，很快根据事主的描述画出了 3 名歹徒的模拟画像。专案组马上作出部署，在全县范围展开侦查，并向毗邻的某市海丰县发出协查通报。经过十多天的排查，专案组把目标缩小在黄埔、吉隆两镇。11 月 3 日下午，黄埔镇派出所黄警官带着户口协管员王某到北门村巡查出租屋，在给出租屋钉门牌时，富有侦察经验的黄警官发现旁边的出租屋走出一名外貌特征与模拟画像相似的男子，而这名男子见有民警在旁，马上低头疾走。黄警官和王某交换了一下眼色，当这名男子走近身边时，黄警官迅猛出击，那男子拼命逃跑。黄警官乘胜追击，将可疑男子逼进出租屋里，和王某将其制服。

派出所所长带领民警火速赶到，当场搜查，从出租屋里搜出"五四"式手枪 1 支、子弹 7 发、手机 5 部、港币 5000 元、摩托车 1 辆。被抓男子叫韦某龙（外号"阿龙"，广西人）供认其参与了吉隆镇"10·7"和"10·22"抢劫案，并交代其他 3 名同伙的可能落脚点。

思考：上述案例中民警采用了什么追缉堵截方法？针对犯罪嫌疑人供述的其他犯罪嫌疑人，民警下一步应该采取何种侦查措施？

工作准备

一、了解追缉堵截的概念

追缉堵截是对在逃的犯罪人和重大犯罪嫌疑人进行追捕的一种紧急措施。追缉堵截包括追缉和堵截两个方面的行动。追缉是根据已掌握的犯罪嫌疑人的外貌特征、携带物品、现场痕迹和遗留物反映的情况，沿着其可能逃跑的方向和路线进行寻迹追捕的行为；堵截是根据侦查机关的通知和布置，在犯罪嫌疑人逃跑过程中可能经过的路口、关卡进行的阻截、拦截行动。追缉和堵截通常同时并用，两者表现出一种"紧密结合、相互配合"的关系。

二、掌握追缉堵截原则

追缉堵截是一项危险系数大、牵涉面广、往往需要动用多警种联合作战的侦查措施。因此需要针对不同的情况，因地制宜、因时制宜。但是追缉堵截实施的过程也有一定的原则和要求，基本要求如下：

1. 明确案情，全面了解追缉目标。

2. 快速部署，实行统一指挥。

3. 沿途调查，随时掌握逃跑方向。

4. 调整部署，机动灵活，采取措施。

5. 协调行动，及时捕获犯罪嫌疑人。

6. 有效装备，保证追堵顺利进行。

三、掌握追缉堵截的条件

追缉工作是在查明犯罪人或重大犯罪嫌疑人已经逃跑时，及时组织力量，寻其踪迹进行追捕的查缉活动。堵截是在犯罪嫌疑人逃跑方向的前方所进行追捕的查缉活动。因此，要进行这两项侦查活动需要具有以下条件：

1. 特征条件。即需要了解追缉堵截对象的特征，如犯罪嫌疑人的人身、体貌、衣着有明显易辨识特征，犯罪嫌疑人逃离时使用的车辆有能辨识的标志，犯罪嫌疑人携带的赃物特征明显等。

2. 时间条件。时间是衡量是否有采取追缉堵截必要的一个要素。如果案发后不久、犯罪嫌疑人逃离不远，又有迹可循、有特征可查，就可以实施追缉。或者负案在逃的犯罪嫌疑人的行动踪迹被发现，此时可以就近实施追击堵截。

3. 空间条件。空旷、开阔、人员流动小、容易留下足迹等痕迹、嗅源不易被破坏的环境适宜追击堵截。例如，犯罪嫌疑人在白天潜逃进人员比较集中的城镇，同时犯罪嫌疑人特征条件不太好，这就不利于追缉堵截。如果犯罪嫌疑人白天潜逃入人员较少的乡村，即使犯罪嫌疑人特征条件不明显，仍然可以采取追缉堵截。

4. 人员流量条件。现场人员成分单一，全是本地的熟人，陌生的犯罪嫌疑人进入此地作案，就有追缉堵截的条件。同时，如果现场人员流量比较少，也有采取追缉堵截的条件。

5. 交通工具条件。如果现场反映出的犯罪嫌疑人有交通工具，或有被盗窃或抢劫的机动车辆等，并且这些车辆的特征比较明显，同时有特定的路线、方向和标志灯，就有采取追缉堵截的条件。

6. 痕迹条件。现场遗留有表明犯罪嫌疑人行踪的痕迹物证时，可以根据遗留的痕迹物证追踪、查缉犯罪嫌疑人。如足迹、气味、车票、视频监控等能反映犯罪嫌疑的行踪。

四、掌握追缉堵截的方法

追缉堵截必须考虑敌我双方的不同条件及客观外部因素，因此其实施过程和方法是灵活多变的。实践中，常常采用以下几类方法：

（一）追缉的方法

1. 单向尾随。犯罪嫌疑体貌特征明显时，查缉人员可根据犯罪嫌疑人逃跑的方向和路线，直接进行尾随。

2. 两线策应。如果犯罪嫌疑人的逃跑方向和路线不是唯一的，有两种可能，那么就要从犯罪嫌疑人可能逃跑的两个方向派出警力进行追缉。

3. 多路迂回。对于重大案件的犯罪嫌疑人或暴力犯罪嫌疑人，根据犯罪嫌疑逃跑的方向和路线，组织警力，分兵多路进行追缉和堵截。

4. 边追边访。由于犯罪嫌疑人随时可能改变行动方向，那么在追缉的同时需要注意对相遇的知情人进行访问，以期进一步了解犯罪嫌疑的逃跑方向和路线，以便及时修正追缉的方向和路线。

（二）堵截的方法

1. 设卡堵截。根据犯罪嫌疑人逃跑的方向和路线，布置前方力量进行设卡堵截。

2. 定点堵截。在犯罪嫌疑人的可能落脚点，布置力量进行定点堵截，以便堵截查缉潜逃来此的犯罪嫌疑人。

3. 寻查堵截。在犯罪嫌疑人可能出没活动、落脚藏身的地点和场所布置查缉力量，以游动方式寻找、发现、查获犯罪嫌疑人；也可以在这些地点、场所建立临时掩护点，如化装成小商、小贩、三轮车工人、修鞋人、收购废品人等进行定点寻查守候，发现、堵截和缉捕犯罪嫌疑人。

4. 围捕堵截。在追缉堵截过程中，确认犯罪嫌疑人已经隐藏在一个明确的地点，或在一个较小的区域范围内，缉捕人员应迅速四散分开，抢占有利地形，堵住进出通道，将犯罪嫌疑人包围起来，逐步缩小包围圈，直到将其捕获或迫使其自动放弃反抗，缴械投降。

（三）追缉堵截并用的方法

1. 城市外围堵截，室内搜索追捕。由于城市内部街巷纵横交叉，建筑物密集，易于犯罪嫌疑人藏匿逃跑，侦查人员常常难以准确判断犯罪嫌疑人逃跑的方向、路线及地点。如果判断犯罪嫌疑人未逃离该地区，应先行布置力量在城市外围所有的交通要道车站、码头、港口设关卡进行设卡堵截、定点堵截、寻查堵截、伏击堵截等，在市内采取多种形式寻查、搜捕。

2. 立体的追缉堵截。通过使用现代的海、陆、空交通运输工具，使地面、水面的追缉堵截和空中的观察控制及指挥高度紧密地结合起来，把犯罪嫌疑人控制在一个特定的空间范围内，或始终将犯罪嫌疑人的行踪纳入追捕人员的视线内，最后将其捕获。

工作程序

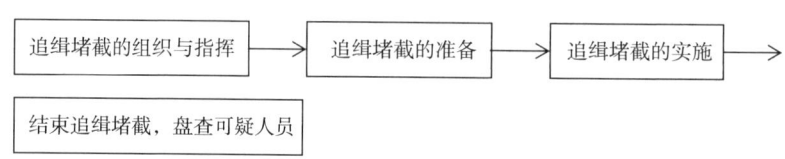

图5-2　追缉堵截的工作程序图

一、追缉堵截的组织与指挥

追缉堵截工作通常需要多警种多方面联合行动，行动的机动性强，具有紧迫性甚至危险性。追缉堵截人员既要分头行动，又必须彼此呼应，行动上协调一致。所以正确的组织与指挥是保证追缉堵截行动有序、顺利抓捕犯罪嫌疑人的关键。

1. 指挥人员应当亲临第一线，加强具体的指挥，对各追缉小组、各堵卡网点、犯罪嫌疑人所处位置、追缉过程中发现的线索和预备行动的方面应有全面掌握。

2. 追缉堵截实行统一指挥、统一部署、统一行动，不受行业之间、部门之间权限的限制，甚至在紧急情况下，可以就近组织力量进行追捕，不用层层请示，或坐等上级出面协调。

3. 指挥人员应与各方面保持通信联络，发现新的情况，应及时通报各有关方面的人员，做到信息传递的及时、准确。

4. 遇到紧急情况，指挥人员应该果断作出正确判断和相应的决策，不失时机地抓住每一个有利于行动成功的机会。同时，其他各侦查机关也不能按部就班，应该立即启动应急预案、采取应急措施，根据案情灵活开展现场勘查、调查访问、组织追缉力量、迅速通知有关堵卡网点，立即展开对犯罪嫌疑人的追缉堵截。

二、追缉堵截的准备

为了正确组织实施追缉堵截措施，应事先做好相关的准备工作，抓住有利时机，正确运用追缉堵截措施，做到人赃俱获，防止和避免发生新的、更严重的后果。

1. 接到紧急情况通报后，侦查人员应及时通过事主、被害人或目击群众了解和掌握犯罪嫌疑人的基本情况、突出的体貌特征及因实施犯罪而形成的新特征。如犯罪嫌疑人的人数、年龄、面部特征、身高、体型、发型、衣着、讲话口音、携带物品（包括赃物、犯罪嫌疑人自带的物品）特征、数量以及犯罪嫌疑人受伤、沾染血迹、泥土或其他物质的情况。

2. 仔细观察和牢记犯罪嫌疑人留在现场的足迹或车辆痕迹，并根据痕迹特征对鞋的种类、车辆类型和犯罪嫌疑人的人身特征作出尽可能准确的判断。

3. 准备好追缉所必需的交通、通信工具和武器。

三、追缉堵截的实施

实践中，追缉堵截的对象主要是犯罪嫌疑人和车辆，因此在实施追缉堵截时需要分情况进行。

（一）对车辆的追缉堵截

1. 对车辆追缉堵截前的准备。首先，在警察跟踪并准备拦截机动车辆时，及时认准其牌照号码和外形特征，并用通信工具报告犯罪情报信息中心，以便在犯罪情报中心的电脑上加以检索。如果该车辆是被盗窃车辆或涉嫌刑事案件，那么警察在对其拦截前就可以掌握更多的信息。

2. 对车辆的实施拦截要分情况进行。

（1）对普通车辆的拦截。目标不明确时，追缉拦截人员可直接拦截、检查或以某种借口拦截检查过往车辆。目标明确时，可以直接拦截检查。一般可以利用的借口有：交通检查、货物检查、车辆出事故而求救、道路稽查、道路维修限速、缓行、边路行驶需查看等。直接拦截的方式有：设置路障拦截，强行命令停车检查等。

（2）对于暴力犯罪嫌疑车辆的拦截。一般需要两道拦截卡点：第一道拦截卡点，即识别目标的卡点，其目的不是拦截，而是为了识别和发现目标。因此需要利用上述各种借口进行拦截、观察、识别和发现目标。一旦发现目标及时通知下一拦截卡点，提前做好拦截准备。第二道拦截卡点，是直接进行拦截的卡点，一般需要配置一定的防闯卡器具，如破坏汽车轮胎的器具、防撞击拦截的器具等。同时，可以采取设置障碍拦截、包围强行拦截、伪装交通事故拦截或其他伪装的拦截检查方法进行拦截。有些特殊情况可以设置第三个隐蔽拦截卡点，在第一、第二拦截卡点判断失误后进行进一步辨识或拦截失败后进行补救。

具体拦截点位置见图5-3：

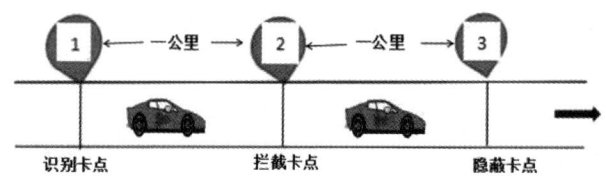

图5-3　拦截卡点示意图

（3）警车拦截时的位置。追缉拦截时的警用车辆停车的位置应该在距离被追缉拦截车辆的后面至少3米远的地方，警察汽车车头的2/3部分应露在被拦截汽车的左侧外面；公开拦截时，警车应置于路面正中间，或横或竖地有效拦截被追缉车辆。

（4）观察识别车辆疑点。对一般车辆观察的重点有：汽车牌照的位置是否合适、牢固；挂牌的方式状态及车辆型号与牌照所显示内容是否一致；开车人或乘车人对警察的出现是否表现出反常现象；车辆型号、颜色、牌照灯特征是否与被通缉协查的车辆特征相似或一致。

（5）注意事项：首先，被拦截车辆虽然停住，但查缉人员不要急于登上嫌疑车辆匆忙进行检查；其次，命令嫌疑人的双手不得随意活动，防止其使用武器伤人；最后，不要让被拦截的嫌疑车辆司机轻易接近我方的车辆，防止其行凶。

（二）对犯罪嫌疑人的追缉堵截

1. 正确选择拦截位置。当确信拦截对象是危险人物时，要尽量选择远离拥挤人群的地方进行拦截，一般选择地形较为平坦，人员较少之处；道路车辆流量少的狭窄之处；道路上坡或转弯之处等。

2. 确保安全的跟踪追缉站位。一般选择被跟踪对象的左后方，并随时调整跟踪位置和跟踪人员的相互配合。

3. 选择和利用跟踪时的遮掩物。一般利用道路两侧的各种遮蔽物进行遮掩，有效地调整与被跟踪者的距离等，视情况而采取下一步行动。

4. 保持高度警惕。由于被追缉的人员成分复杂，可能是犯罪嫌疑人，也可能是与被通缉人相似的人或举止行为表现出犯罪可能的人，在盘问和拦截时很可能发生搏斗或枪战。因此需要特别注意观察其隐藏枪支、武器、工具的部位和迹象。

5. 发现持枪嫌疑人应迅速作出反应。当发现追击堵截的人持有枪支时，需要迅速就近寻找隐蔽物进行隐蔽，迅速拔出武器，推弹上膛，控制对方举动。

四、结束追缉堵截，盘查可疑人员

1. 公开表明自己的身份，使用合适的语言进行盘查。

2. 盘查时注意站位。

（1）半包围站位。几名警察呈半圆形围住犯罪嫌疑人，警察之间的直线距离为 1 米~2 米，警察与犯罪嫌疑人之间的距离为 1.5 米~2 米。见图 5-4。

（2）包围站位。多名警察均匀分布在犯罪嫌疑的周围，警察与犯罪嫌疑人之间的距离控制在 1.5 米~2 米。见图 5-5。

（3）只有一名警察时的站位。当警察力量比较薄弱时，警察要站在犯罪嫌疑人前方 1.5 米处，同时要注意应当侧身对着犯罪嫌疑人。见图 5-6。

（4）带回审查时的站位。当警察将犯罪嫌疑人带回公安局等地方进行盘问审查时，多名警察仍是均匀分布在犯罪嫌疑人的周围，警察与犯罪嫌疑人的距离控制在 1 米~1.5 米，同时犯罪嫌疑人站在前面，警察站在后面，以便进一步控制犯罪，防止其逃脱。见图 5-7。

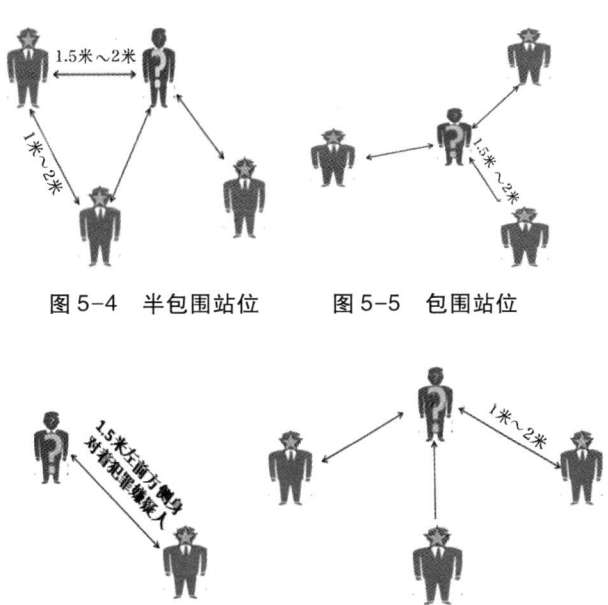

图 5-4　半包围站位　　　图 5-5　包围站位

图 5-6　只有一名警察时的站位　　图 5-7　带回审查时的站位

3. 注意事项。在拦截时发现可疑人员，及时进行盘问审查。对于可疑人员，如果还未取得可靠证据时，不宜轻易抓捕，而应根据已有材料设法以其他手段查清疑点。对于已取得可靠证据的犯罪嫌疑人，抓捕时也要讲究方式方法，以免犯罪嫌疑人乘隙脱逃，或激化成不必要的搏斗或枪战，造成人员伤亡和物资损毁。

 知识链接

现代科技为"智慧警务"助力

随着社会步入"互联网+"时代，大数据、云计算、人工智能等高新技术，能够让风险隐患变得可知可控，实现刑事侦查从事后被动应对向事前精准防控转变。目前，全国各地正在运用大数据、信息化手段提高社会治理智能化水平，提升预测预警预防能力。

当前，许多侦查机关在特殊节日、特殊活动人流较多的场合，往往配置很多高科技装备，如多功能移动指挥车、"暴龙"装甲防暴车、全景摄像机等。多功能移动指挥车，随时随地通过视频监控监测现场实时情况，并进行可视化应急指挥调度。新装备的"暴龙"装甲防暴车，搭载声波驱散器、催泪烟雾发射器、图像收集器等先进设备，可执行应急处突、武装巡逻、设卡堵截、追缉抓捕等多项警务工作。全面应用高清视频、全景摄像、人流智能监测、无人机空中巡逻等信息化科技，实时掌握客流流量情况，指导警力部署，强化应急处置能力，以科技全力支持智慧警务工作。

能力训练

1. 训练目的：通过案例分析，理解并掌握追缉堵截的方法和策略。

2. 训练说明：试分析下列案例，分析刑警赶赴现场后，根据当时案情，应当采取哪种紧急措施？通常情况下，采取此紧急措施应把握哪几个条件？根据现场勘查所见，此案应主要采取哪几项侦查措施？当在公路上发现遗弃的白色捷达车后，应及时采取哪项侦查措施？该项措施的主要内容是什么？

3. 训练内容：

4月22日（星期一）早7时50分，A市南区长胜路某银行分理处发生抢劫运钞车案，7时55分刑警赶到现场。

调查访问分管处刘某：运钞车每天都是7时50分左右到，今天也很准时，车到后押运员王某先下车进入营业厅，说"车来了，准备接款"。这时就听见外面有急刹车的声音，紧接着又听到三声枪响，王某说："出事了！"掏出手枪就往外冲，看见两个头上套尼龙袜的人正从运钞车后部往外拖一个大钱袋，两个保安倒在地上。王某马上向歹徒射击，射中其中一个歹徒左肩部，两个歹徒仓皇钻进一辆停在旁边的白色捷达车里，开车逃窜。

距运钞车尾部约5米处路边有一个卖报纸的小贩张三，他反映：事发时他看见从

白车里出来三个人，头上都套着尼龙袜、拿着手枪，打死了两个保安和一个司机，然后上车抢钱。后来一个歹徒好像说："九哥，打着我了，跑吧！"然后就上车跑了。

抢劫现场位于长胜路中段路南，运钞车距营业厅门口约8米，司机头部中一弹死于驾驶室，两保安各头部中弹死于运钞车后部地上，附近发现"五四"弹壳3枚，经鉴定均非出自同一支枪。车内被抢钱袋一只，内装人民币60余万元，车厢内遗有大号克丝钳一把，用于将钱袋锁在车厢铁梁上的锁头被剪断扔在一边。运钞车边地上有滴落状血迹两处，系受伤歹徒所留。

当日9时45分，正在执行任务的警员在A市与B地区交界处附近的公路上发现一辆被遗弃的白色捷达车，车后排座位上沾有大量血迹，当即向市局汇报。

总结与思考

1. 追缉堵截的条件、方法和策略是什么？
2. 结束追缉堵截，对可疑人进行盘查时的注意事项有哪些？
3. 对车辆的追缉堵截方法是什么？

参考阅读

1. 陆才俊："论追缉堵截的临战处置"，载《湖北警官学院学报》2008年第1期。
2. 马李芬："追缉堵截在交通肇事逃逸案件侦查中的运用"，载《四川警察学院学报》2011年第5期。

工作任务三 掌握缉捕逃犯的方法

工作目标

知识目标：了解犯罪嫌疑人逃跑的基本情形、逃跑的主要特点和逃跑规律，了解查缉犯罪嫌疑人的具体策略方法。

能力目标：学会用各种手段和方法对犯罪嫌疑人进行查寻和缉捕。

工作情景

16日下午4时30分，犯罪嫌疑人刘某华在某街上砍伤两名行人陈某良、陈某云。县公安局接到报警后，立即组织民警赶赴刘某华的住所实施抓捕。民警在抓捕刘某华的过程中，该犯罪嫌疑人引爆爆炸物，致5名民警和协警受伤，其中1名民警在送往医院抢救无效后身亡。目前犯罪嫌疑人刘某华已被警方控制。

问题：分析缉捕过程中的注意事项有哪些？

📝 **工作准备**

一、了解逃犯的种类、特点

一般情况下，根据逃犯是否被羁押过，将逃犯分为潜逃犯和脱逃犯。

（一）潜逃犯

即实施犯罪行为后畏罪潜逃还未被警方控制的犯罪嫌疑人。一般潜逃犯有以下特点：

1. 犯罪嫌疑人尚未被羁押，有的是作案后立即逃走，案件尚未被发现；有的是案件虽已立案，但犯罪嫌疑人尚未暴露或已经被列为犯罪嫌疑人开展侦查。

2. 逃跑时，犯罪嫌疑人往往有充分的物质准备、家庭事务安排、逃向选择等。

3. 犯罪嫌疑人逃跑时的心理多为侥幸心理，认为只要逃出去，躲过风头，就能逍遥法外，逃避侦查。

4. 犯罪嫌疑人在逃跑过程中多有伪装，因此他们多以外出旅游、经商、务工、探亲访友为借口，掩盖外逃目的。

（二）脱逃犯

即已经被依法拘留、逮捕、关押而从羁押场所逃走的犯罪嫌疑人或罪犯。他们一般有以下特点：

1. 反缉捕意识较强，这类罪犯有些可能是"几进宫"，加上在监狱、看守所的"交叉感染"，使其反缉捕经验丰富。

2. 逃跑后继续流窜作案较多，由于其没有生活来源，所以会继续从事犯罪活动以解决生计。

3. 一般不与家庭发生直接联系，只有脱逃很长一段时间后，才可能通过朋友、亲戚等关系与家人间接联系。

二、查缉控制逃犯

查缉控制逃犯，是指侦查机关为查获犯罪嫌疑人并对其实施缉捕的行为。查缉控制逃犯一般分两个步骤进行，第一步是查寻犯罪嫌疑人，指在侦查过程中明确犯罪嫌疑对象的基本情况但不知其行踪的情况下，为了尽可能将逃犯抓获归案而采取的发现其踪迹的查缉方法，实践中也称为追逃。其目的是确定犯罪嫌疑人所在地，然后分情况决定是否对犯罪嫌疑人实施缉捕。第二步是缉捕犯罪嫌疑人，指缉捕人员在发现犯罪嫌疑人后，以语言、徒手动作或警械、武器等器械，作用于犯罪嫌疑人和现行犯的心理和身体，使其不愿、不知、不敢、不能对抗缉捕而自愿或被迫到案的方法。

实践中，查缉行动有以下几种情形：

1. 先查后缉。由于犯罪嫌疑人所在地不明确，需要先查明犯罪嫌疑人所在地，如果犯罪嫌疑人是应当拘留、逮捕的犯罪嫌疑人，以及经传唤没有正当理由不到案的犯罪嫌疑人，则需要缉捕。

2. 查而不缉。由于犯罪嫌疑人所在地不明确，查明只需传唤的犯罪嫌疑人所在地后，对于尚不足以拘留、逮捕的犯罪嫌疑人和未经合法传唤的犯罪嫌疑人，一般不需要缉捕而予以传唤即可。

3. 不查即缉。由于缉捕对象的所在地非常明确，根据犯罪嫌疑人涉嫌罪行的轻重、是否携带武器及其所在地的地形、结构、人员分布等情况，采取相应的缉捕措施将其缉获。

工作程序

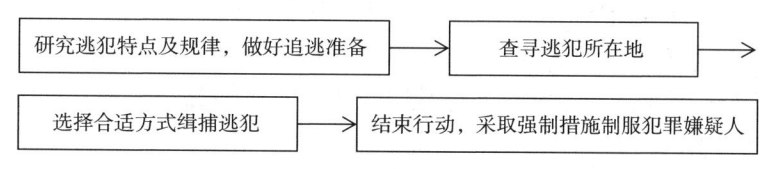

图 5-8　缉捕逃犯的工作程序图

一、研究逃犯特点及规律，做好追逃准备

（一）逃犯特点及逃向规律

1. 逃犯主体具有复杂性和相对集中性。复杂性表现为任何案件的犯罪嫌疑人都有可能成为逃犯。相对集中性表现为：一是从年龄上看以中青年为主，尤其是以 20～40 岁年龄段更为集中；二是从职业上看以农民和城市无业人员居多；三是从犯罪经历上看以惯犯、累犯居多。

2. 逃犯的身份伪装性。逃犯外逃时一般都要从职业、名称、口音等方面进行伪装，将自己装扮成某种身份的守法公民进行活动。

3. 逃犯逃跑时的心理具有复杂性。一般逃犯具有趋利避害、恐惧紧张、反社会、思家等心理，于是非常敏感、高度恐惧紧张、不敢过多与陌生人接触。

4. 逃犯逃跑的行为具有阶段性和特定性。随着逃跑时间越来越长，其罪责感逐渐减少，逃跑行为会发生明显的阶段性变化。根据逃犯逃跑时间可分为三个阶段：现行犯逃窜阶段、潜逃阶段、隐蔽稳定阶段。每个阶段寻找栖息住所、谋求生活来源、联系家庭成员等情况都会有所不同。

5. 逃犯的逃向选择具有规律性。逃犯选择逃向首先需要考虑本身各种条件的限制，如案件性质、罪行程度、逃跑动机、社会交往关系、个人职业技能和活动能力、生活经历及经验等，例如，生活经历复杂、社会经验丰富、社会关系多的逃犯，其逃跑过程中抵抗各种挫折和困难的能力强、适应力强，这类逃犯逃跑后隐蔽性高。此外，逃犯对逃向的选择还受一定时期犯罪地所处的外部环境的潜在影响，如自然环境情况、人文环境情况、法制环境情况等。例如，逃犯在城市中潜逃，往往会选择偏远闭塞、交通不便的山区进行逃窜庇护。

（二）做好追逃准备

1. 广泛开展宣传教育，充分发挥群众在缉捕逃犯中的作用。通过对群众进行教育，使群众知晓包庇、窝藏逃犯的法律后果；通过对逃犯及其关系人进行法律教育，使逃犯及其关系人产生恐惧感，走投无路，自动投案；通过对羁押犯进行认罪服法教育，消除其反社会心理和逃跑心理，使其认罪服法。

2. 加强专业队伍建设，在各级侦查机关设立专门缉逃机构，负责搜集逃犯情报资料，实现资源共享；开展调查研究，总结追逃经验；部署缉逃工作，负责重大逃犯缉捕等。同时，加强业务建设和装备建设，提高缉逃人员素质和缉捕装备性能。

3. 夯实基础业务工作，通过架设控制网、加强情报资料工作、建立协同作战机制、快速反应机制等，迅速获取逃犯信息，建立全国各地区各部门各种力量协同作战，快速反应的作战机制。

二、查寻逃犯所在地

由于社会发展、犯罪智能化水平提高、犯罪分子反侦查能力增强，侦查机关查寻犯罪嫌疑人的难度加大，因此，在查寻犯罪嫌疑人时需要采取一定的策略和方式。

1. 对犯罪嫌疑人的关系人进行调查监控。包括对犯罪嫌疑人的家庭成员、亲戚朋友及其他适合关系等进行监控，常用的监控方法有外围监控法、特情监控法、技术监控法、外线监控法和直接调查法等。

2. 在犯罪嫌疑人可能的藏身落脚地架网布控。由于逃犯在逃跑过程中，需要衣、食、住、行，因此可以考虑对其衣、食、住、行的公共场所进行布控，包括车站、码头、机场、商场、旅馆、歌舞厅等。常用的架网布控的方法有从业人员布控、特情布控、基层治安组织布控等。

3. 针对犯罪嫌疑人及其关系人的通信联络进行技术查控。犯罪嫌疑人在逃跑过程中会用通信工具与外界进行联系，因此针对其通信联络进行技术查控，能有效查明犯罪嫌疑人的行踪。常用的方法有通信工具查控、网络查控。

4. 开展网上追逃。我国已经建立了"金盾工程"和全国违法犯罪信息中心、全国在逃人员信息系统等基础数据库，将在逃人员录入全国在逃人员数据库，可以及时查明逃犯基本信息。主要方式是将治安查询系统中暂住、流动人口信息、抓获对象、旅客信息、旅馆信息系统、在押人员信息系统、网上指纹比对系统等与全国在逃人员信息系统进行比对。

5. 其他常规侦查措施。如追击堵截、通缉、通报、边境控制、搜查、通告等方式对于查寻犯罪嫌疑人也有一定的作用。

三、选择合适方式缉捕逃犯

缉捕行动主要有袭捕、诱捕、围捕等基本战术形式。

（一）袭捕

袭捕，又称突袭缉捕，是在发现缉捕对象后，在其落脚藏身之地或行进途中寻找恰当时机，在犯罪嫌疑人来不及反应的情况下，趁其不备，突然贴靠将其制服的缉捕方式。

1. 袭捕的主要方法。

（1）守候袭捕。也叫预伏袭捕，指缉捕人员预伏在缉捕对象必到或必经之地，待其出现时突然进行抓捕的突袭缉捕方式。

守候袭捕的基本要领有：选择合适的预伏地点，方便隐蔽进入；缉捕人员分为抓捕、警戒两组力量进行部署，在缉捕对象进入预伏地点后，由抓捕人员突然实施抓捕，预警人员的职责转为警戒，如果抓捕失败，警戒人员转而负责追缉、堵截；预伏袭捕优先选择依靠侦查人员两侧前置、前后夹击的警戒方式进行抓捕，必要时才考虑利用武器火力警戒装备的方式进行抓捕。

（2）跟踪袭捕。指缉捕人员跟踪缉捕对象到适当的地点后，突然贴靠并进行抓捕的突袭缉捕方式。

跟踪袭捕的基本要领有：选择人员往来不多、可供缉捕对象逃跑的路线少的地点为缉捕地点；抓捕前要按抓捕和策应两个小组进行；在跟踪过程中要进行伪装，防止引起跟踪对象的警觉；抓捕多采用前后夹击、以后为主的方式；策应人员在跟踪时，尽量分布在正后、侧后位；实施抓捕时，立即在外围形成对缉捕对象的包围圈；抓捕成功后，策应人员即负责疏通道路和外围警戒。

（3）借故袭捕。指缉捕人员以适当的身份和理由接近缉捕对象后，伺机突然进行抓捕的突袭缉捕方式。

借故袭捕的基本要领有：接近缉捕对象的身份和理由要合情合理，能够取得缉捕对象的信任；选准抓捕时机；借故接近的警力一般 2 人即可，人数多会易引起缉捕对象的怀疑；其他缉捕人员应隐蔽在可能的出入口或在外围进行警戒、策应。

（4）强行袭捕。指在室内的缉捕对象并无防备的情况下，缉捕人员以突然、猛烈、强劲的战斗动作，强行进入室内进行抓捕的突袭缉捕方式。

强行袭捕的基本要领有：强行进入方法主要有开锁、踹门、破窗；进入口应选择在既容易破坏并进入，又离缉捕对象最近的部位；要根据缉捕对象的顽抗能力，选择强有力的手段，一招制胜，将其制服、抓捕。

2. 袭捕的实施步骤。

（1）摸清情况，制定行动方案。在实施袭捕之前，需要掌握缉捕对象的人身特征、是否携带武器、落脚点、活动规律、周围环境等，再根据情况制定正确的行动方案。

（2）组织缉捕力量与人员分工。一般现场指挥人员1名，亲临现场直接指挥。缉捕力量分为抓捕组和策应组。一般袭捕1名对象，抓捕组配2人，策应组配2~3人。

（3）实施。抓捕组接到行动命令后，由缉捕人员2人从缉捕对象两侧夹持或按倒并迅速上铐、搜身；策应组在抓捕组实施袭捕时，应迅速靠近，控制现场协助抓捕，必要时火力掩护或火力封锁；在缉捕对象藏身场所袭捕的，要全面搜索现场，获取犯罪证据后迅速撤离。

3. 袭捕的注意事项。

（1）摸准情况，确保袭捕对象准确无误。

（2）选择时机，随机应变，灵活迎战。

（3）部署迅速，行动快捷，快攻、快抓、快撤，以快制胜。

（4）参战力量协调配合。

（二）诱捕

诱捕，又称设套缉捕，指以引诱、制造借口等方法将缉捕对象诱出不便缉捕的地点或诱入预伏地点，以便在缉捕对象不知或来不及反抗的情况下进行抓捕的缉捕方式。诱捕分为直接诱捕和间接诱捕两种，直接诱捕就是利用缉捕对象贪利、好色等心理，以某种借口将其诱离不利于缉捕的环境或诱入我方预伏地点伺机缉捕；间接诱捕是在不便于直接诱捕的情况下，侦查人员利用各种间接关系将犯罪嫌疑人诱出或诱入特定场所后，再伺机进行抓捕的方法。

1. 诱捕的方法。

（1）直接诱捕常用的方法有：

示例引诱：缉捕人员根据缉捕对象的生活习惯、从业活动、违法犯罪等情况，进行相应的化装、改变身份、编造事由、靠近联系，引诱缉捕对象上钩。

无中生有：缉捕人员以被缉捕对象冲撞、辱骂等借口制造纠纷，诱其就范。缉捕人员要按照制造借口、主持公道和策应三项任务做好分工。

编造借口：缉捕人员根据缉捕对象的近况，编造比较合理的借口，把缉捕对象引诱到预定场所，如声称有人叫接电话、外面有人找等。

商请配合：通过缉捕对象所在单位或其上级机关的领导，以工作需要为借口将缉捕对象调到预定的地点，如出差、开会、领导谈话等。

（2）间接诱捕的方法有：

制造假象：通过缉捕对象申报的群众或关系人散布虚假消息、制造假象，诱敌出笼，如托其关系人传递口信、打电话等。

虚留生路：缉捕人员根据缉捕对象戒备心较强的特点，故意制造放松抓捕的言论或行动，有意制造错觉，欲擒故纵，虚留生路，使缉捕对象麻痹，而在缉捕对象可能出没的路径、场所设伏守候，寻机抓捕。

设置诱饵：缉捕人员分析缉捕对象的情况，针对其最大需求，巧设诱饵，利用有关人员进行贴靠，取得缉捕对象的信任后，诱其上钩，将其捕获。

2. 诱捕的实施步骤。

（1）摸准情况，选择投其所好的引诱方法。

（2）组织缉捕力量与人员分工。一般分为三个小组：引诱组、抓捕组、机动组。诱捕1名缉捕对象时，缉捕力量一般由3~5人组成。若为5人，引诱组1人，抓捕组2人，机动组2人，指挥员兼职。

（3）实施行动。引诱组根据选定的引诱方法，将缉捕对象引诱到预定场所；抓捕组自然、隐蔽进入预定场所，细致观察周围情况，待时机成熟时，抓捕组人员从两侧突然靠近，将其双手牢牢抓住或将其绊倒，迅速搜身、上铐；机动组随时注意抓捕组的动态，当看到或听到抓捕组开始行动时，要迅速接应，帮助抓捕、撤离或采取应变措施。

3. 诱捕的注意事项。

（1）全面了解缉捕对象，认真分析其心理需要，设置诱饵。

（2）按需设饵，使用策略诱其上钩。常用的策略有引蛇出洞、赶鸟出笼、调虎离山、诱敌深入、张网以待等。

（3）内紧外松、秘密行动。

（4）周密控制，严防"反水"。在间接诱捕时，使用的特情或其他关系人要可靠，要采取控制措施，防止其违背我方意图或"反水"给缉捕对象通风报信。

（三）围捕

围捕，是缉捕人员在收集到缉捕对象可能出现在某地的有关情报后，对缉捕对象藏身、活动的场所进行包围、抓捕的缉捕方式。围捕是一项典型的对抗型缉捕方式，一般用于不具备袭捕、诱捕条件或袭捕、诱捕失败后敌我双方形成对峙的情形。

1. 围捕的主要方法。

（1）围而捕之。即缉捕人员针对一般的缉捕对象进行包围、抓捕。可分为先围后捕、围捕同步等具体形式。

（2）围而歼之。缉捕人员针对持枪、持爆炸危险物品的缉捕对象，将其藏身场所包围，在无法接近地方或迫降的情况下，进行火力打击，达到使其失去顽抗能力的目的。

（3）围而逼之。是指在缉捕对象占有有利地形，我方有无法直接抓捕或歼灭的情况下，采取包围后，喊话攻心、武力威胁、逼其投降或交出人质。

（4）围三缺一。为将缉捕对象包围在便于缉捕的地点或路段，借助通往繁华地段和复杂地形的道路，虚留生路或逼其逃离有利地形，在逃离途中或到另一藏身场所将其抓捕、歼灭。

2. 围捕的实施步骤。

（1）了解围捕对象的特点，精心准备。当接到情况报告后，要迅速对犯罪嫌疑人的犯罪情况、人身特征、性格特点、携带物品及凶器、是否有人质及其藏身、活动的场所的环境进行了解。

（2）组织围捕力量及人员分工。确定现场指挥员1名，负责现场指挥及收集各小组行动情况；设置3~4个包围小组，负责从不同方向向中心进行包围，每组不得少于2人；规模较大的围捕行动，需要配置警戒组和机动组，警戒组负责疏散群众，机动组负责处置紧急事态。

（3）实施包围。当现场指挥人员下达围捕命令后，各小组迅速按预定方案到位，开始行动，利用地形地貌，形成包围圈。

（4）搜索缉捕对象。包围圈形成后，迅速疏散、转移无关人员和易燃、易爆等危险物品，必要时还需要切断水、电、气等。搜捕人员按照一定的顺序对包围场所进行搜索，逐渐缩小包围圈，有条件的话，要争取在搜索中缉捕犯罪嫌疑人。

（5）施加心理影响。被包围的缉捕对象在暗处，缉捕人员在明处，当搜查无法推进时，应考虑对缉捕对象喊话，对缉捕对象施加心理影响，劝告缉捕对象放弃抗拒。施加心理影响的方式有：依法感召、情感软化、分化瓦解等。

（6）谈判。在对缉捕对象施加心理影响时，如果缉捕对象回话并提出条件，单方喊话则转化为谈判。对于劫持人质、持枪、持危险物品负隅顽抗的缉捕对象，在包围圈形成后，应尽量争取通过谈判使其放弃对抗或制造缉捕机会。

（7）强势进攻。对于经过依法感召、谈判后拒不投降的缉捕对象，在需要与可能的情况下，实施强行进攻。强攻的方法包括警戒攻击法和武器攻击法。前者是在非立即致缉捕对象死亡不可的情形下，使用催泪弹、震荡弹、麻醉弹等制服性警戒进行的攻击。后者是使用枪支、弹药等致命武器进行的攻击。

3. 围捕的注意事项。

（1）精心选择，合理部署警力。

（2）实施包围时要快速隐蔽地实行多层包围圈。

（3）灵活使用各种战术，如攻心战术、欲擒故纵战术、强攻战术等。

（4）随机合法使用武器警戒。在非致人死亡的条件下，首先选择使用催泪弹、强光弹、警犬扑咬等制服犯罪嫌疑人。同时，寻找最佳位置部署神枪手，为强攻做准备。

（5）牢固树立安全意识。要排除一切可能的威胁或干扰因素，注意疏散群众，避免安全事故和误伤群众、被劫持人质等。

四、结束行动，采取强制措施制服犯罪嫌疑人

当犯罪嫌疑人被控制住后，应立即对犯罪嫌疑人开展搜查工作，对其人身及住宿、活动场所等进行搜查，发现可疑物品。同时，应当立即上铐，防止其自由活动从而做出对侦查人员不利的行为。另外，注意对现场进行排爆处理，防止危险物品的爆炸等。最后，将犯罪嫌疑人带回开展下一步的侦查讯问等工作。

 知识链接

网上追逃

"网上追逃"是公安机关将已被批准刑事拘留或逮捕，由于潜逃尚未被执行的犯罪嫌疑人的信息资料利用公安网"全国在逃人员信息系统"或公安部定期下发的追逃光碟进行发布，全国所有的公安部门一旦发现可疑人员，立即利用网络查询、比对，从而抓获在逃犯罪嫌疑人的一种侦查活动。

"网上追逃"是公安机关的一种侦查手段，网上追逃说明公安机关已经立案侦查了，但还没有定罪，定罪只能由法院来判决。被上网追逃的人并非一定会被定罪，是否被定罪还要看案件的证据情况，如果证据不足或者法院认为不构成犯罪，就不会定罪。只有通过侦查、审查起诉、审判，被定罪量刑后，才算是犯罪。

近些年我国网络的发展已经超越了很多国家，处于世界前列。"网上追逃"作为一种新型侦查措施，在追查犯罪嫌疑人、打击犯罪、维护社会治安稳定方面发挥了越来越重要的作用。因此，无论在逃人员跑到哪里，也逃脱不了警察的追捕，最好的办法就是投案自首，配合公安机关查明事实，若构成犯罪，争取宽大处理。

能力训练

1. 训练目的：通过案例分析，理解并掌握缉捕的几种方式和实施策略。

2. 训练说明：本案采取的诱惑侦查是否合法？在实施中有无问题？本案成功运用了哪些侦查措施？在侦破此案的工作中有哪些教训？

3. 训练内容：

某市公安局缉毒大队接特情反应，有一伙外地贩毒人员在该市中转、贩卖冰毒，不仅数量巨大，并且涉及菲律宾和我国台湾地区的毒品犯罪分子，经过研究，缉毒大队认为案情重大，决定要"放长线，钓大鱼"，要求在查明情况后，力争将毒贩一网打尽。缉毒大队派出侦查员通过特情广泛搜集线索，通过吸毒人员设法贴靠、接触毒贩，并由侦查员化装成买主与毒贩周旋，同时请市局行动技术部门对获取的有关线索进行监控。在侦查中，化装成买主的侦查员提出要购买40公斤冰毒，最后和毒贩谈妥以每公斤2.5万元的价格成交。

三个月后的某日20时，林某、陈某某两名贩毒人员在酒店1208房与化装的侦查员进行毒品"交易"时，被当场查获，缴获冰毒40公斤毒资96万元以及两人所携带的手机等。一民警将两犯的手机作为收缴的赃物，关机后锁入装毒资的手提箱内，押解毒贩于23时30分离开了酒店。据酒店女服务员次日讲，当日凌晨零时到早晨8时曾经听到1208房内电话铃多次振响，但无人接听。讯问中，两犯拒不交代有关贩毒情况。三天后，该市公安局缉毒大队根据两贩交代的情况，派员抓捕在该地等候的毒贩，但毒贩已逃逸，现正在缉捕中。

总结与思考

1. 逃犯的特点及逃向规律是什么？
2. 查寻逃犯的方法及策略是什么？
3. 缉捕逃犯的方式及策略是什么？

参考阅读

1. 杜航："命案追逃工作机制分析"，载《吉林公安高等专科学校学报》2012年第1期。
2. 王龙喜、陈夏："试论信息化追逃与'网上追逃'之关系"，载《广西警官高等专科学校学报》2011年第5期。
3. 德丽娜尔·塔依甫："追捕在逃人员研究"，中国人民公安大学2017年博士学位论文。

工作任务四　掌握查询冻结的方法

工作目标

知识目标：掌握查询冻结的含义及对象。

能力目标：学会依照法律程序对犯罪嫌疑人的与案件有关的存款、汇款进行查询冻结。

工作情景

公司非法吸收公众存款遭调查

有人举报某公司涉嫌非法吸收公众存款，犯罪嫌疑人已潜逃到国外。公安分局迅速开展关于对某公司涉嫌犯罪案件的侦查工作。通过排查查明某公司涉嫌非法吸收公众存款达到 3.9 亿元，涉嫌非法吸收公众存款罪。立案侦查以来，因该类型案件涉及全国多个省、市、自治区的投资者和借款人，地域分布广、涉及人员多，侦查机关开展了调查取证、资产核查、冻结资金、查封财产等大量工作，对 3800 多名投资者和 7800 多名借款人核查取证，查询冻结账户 5500 多个，调取第三方支付平台 610 多万条数据等。侦查机关仍在依法推进，待侦查终结，公安机关将依照诉讼程序将该案移送人民检察院提起公诉，最终由人民法院依法确定罪名作出判决并处置涉案财物。

思考：侦查机关查询冻结犯罪嫌疑人的财产需要办理哪些手续？犯罪嫌疑人的哪些财产可以被查询冻结？查询冻结后，侦查机关应该如何处理？

工作准备

一、了解查询冻结的概念

查询冻结是指侦查机关根据侦查工作的需要，依法向银行或其他金融机构、邮电部门查询犯罪嫌疑人的存款、汇款，并通知上述机构、部门停止支付犯罪嫌疑人的存款、汇款的一项紧急性侦查措施。及时发现、查清、冻结犯罪嫌疑人的存款、汇款，不仅可以最大限度地挽回国家和公民的损失，还可以为揭露、证实犯罪提供证据。

二、明确查询冻结的对象

根据我国《刑事诉讼法》和有关规定，查询冻结的对象是犯罪嫌疑人的存款、汇款。

1. 查询冻结的对象是犯罪嫌疑人的存款、汇款，不是犯罪嫌疑人家属、子女、父母或其他亲属、朋友的存款、汇款。这里"犯罪嫌疑人的存款、汇款"不仅包括犯罪嫌疑人以本人的名义存入的存款和汇款，还包括犯罪嫌疑人以他人的名义存入的存款和汇款；不仅包括存进、汇进的款项，还包括取出、汇出的款项；不仅包括查询时还在犯罪嫌疑人账户上的款项，还包括一定时期内犯罪嫌疑人账户上款项存进、取出的整个流动状况。

2. "犯罪嫌疑人的存款、汇款"，不仅包括犯罪嫌疑人的存款、汇款，还包括与案件有关的单位的存款、汇款。如单位犯罪案件中单位的存款、汇款，通过单位转账的犯罪嫌疑人的存款、汇款，其他与案件有关的单位的存款、汇款等。有权机关查询的资料应限于存款、汇款资料，包括被查询单位或个人开户、存款情况以及与存款有关的会计凭证、账簿、对账单等资料。

3. 关于查询冻结的主体，《人民检察院刑事诉讼规则》第 212 条规定，人民检察院根据侦查犯罪的需要，可以依照规定查询、冻结犯罪嫌疑人的存款、汇款、债券、股票、基金份额等财产，并可以要求有关单位和个人配合。查询冻结前款规定的财产，应当制作查询、冻结财产通知书，通知银行或者其他金融机构、邮政部门执行。由此可见，查询冻结的决定主体是人民检察院，而查询冻结的执行主体包括银行、非银行金融机构（如信托公司、融资中心等）和邮政部门。

工作程序

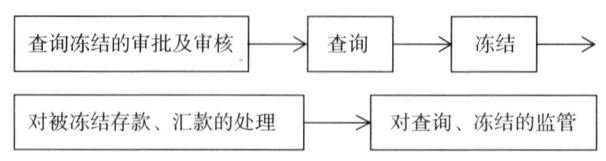

图 5-9　查询冻结的工作程序图

一、查询冻结的审批及审核

（一）有权机关对查询冻结的审批

侦查机关需要查询或冻结犯罪嫌疑人的存款、汇款时，应当经县级以上公安机关负责人批准，制作《查询存款、汇款通知书》或《冻结存款、汇款通知书》，通知银行或其他金融机构、邮电部门执行。犯罪嫌疑人的存款、汇款已经被冻结的，不得重复冻结。

（二）银行对查询冻结的审核

根据中国人民银行《金融机构协助查询、冻结、扣划工作管理规定》：

1. 办理协助查询业务时，银行应当核实执法人员的工作证件（法院查询时还必须同时出示执行公务证），以及有权机关县团级以上机构签发的协助查询存款通知书。

2. 办理协助冻结业务时，应当核实以下证件和法律文书：

（1）有权机关执法人员的工作证件。

（2）有权机关县团级以上机构签发的协助冻结存款通知书。

（3）人民法院出具的冻结存款裁定书、其他有权机关出具的冻结存款决定书。

3. 办理协助扣划业务时，应当核实以下证件和法律文书：

（1）有权机关执法人员的工作证件。

（2）有权机关县团级以上机构签发的协助扣划通知书。

（3）人民法院出具的扣划裁定书（该裁定书同时还应附有生效法律文书，包括民事、行政判决书、调解书，民事制裁决定、支付令、刑事附带民事判决、裁定、调解书）、其他有权机关的有关决定书。

二、查询

查询犯罪嫌疑人的存款、汇款一般有两种方法：一种是拉网式地查询；另一种是有针对性、有重点地查询。只有在第二种方法无效的情况下才采用第一种方法。要做到有针对性、有重点地查询，可以从以下几个方面入手：

1. 从发现犯罪嫌疑人的存款线索入手。主要途径有：通过搜查发现存款线索；通过讯问犯罪嫌疑及询问其家属、子女发现存款线索；通过调查有关知情人发现存款线索等。

2. 从分析犯罪嫌疑人的存款方面入手。根据人趋利避害的心理，通过分析不同金融机构信誉的高低、利率的高低、风险的大小、网点的多少、服务态度的优劣、离家的远近等情况，分析犯罪嫌疑人会将赃款存于哪个金融单位、哪个储蓄所，以此来决定查询的重点或顺序。

3. 利用网络查控系统。对犯罪嫌疑人的不动产、金融理财产品等，充分利用现代科技手段的网络查控，利用云计算、大数据等手段提高"查人找物"能力，实现"一网打尽"。

三、冻结

1. 侦查机关不能直接扣划单位的存款、汇款，银行需要根据侦查机关出具的《协助扣划存款通知书》及侦查人员的工作证或执行公务证明、有效的法律文书及副本，才能扣划有关企事业单位、机关、团体的有关存款。

2. 异地查询冻结。当需要异地查询冻结与犯罪有关的财物、文件的，侦查人员应当持办案协作函件和相关的法律文书，与协作地县级以上侦查机关联系，请其协助执行。

3. 冻结存款、汇款的期限。根据《公安机关办理刑事案件程序规定》等的规定，冻结存款的期限为 6 个月，有特殊原因需要延长的，公安机关应当在冻结期满前办理继续冻结手续。每次冻结最长不得超过 6 个月。逾期不办理冻结手续的，视为自动撤销冻结。申请执行人申请延长期限的，人民法院应当在冻结期限届满前办理续冻手续，续冻期限不得超过上述规定期限的 1/2。检察院、公安机关、军队保卫部门等冻结单位存款的期限不超过 6 个月，每次续冻期限最长不超过 6 个月。

四、对被冻存款、汇款的处理

对于被冻的存款、汇款，一般有三种处理方式：

1. 解除冻结。根据我国《刑事诉讼法》第 145 条和有关规定，对于冻结的存款、汇款、债券、股票、基金份额等财产，经查明确实与案件无关的，应当在 3 日内通知银行、其他金融机构、邮电部门解除冻结，并通知被冻结存款、汇款、债券、股票、基金份额等财产的所有者。

2. 依法没收或返还被害人。在侦查中犯罪嫌疑人死亡，对犯罪嫌疑人的存款、汇款应当依法没收或返还被害人的，可以申请人民法院裁定通知冻结犯罪嫌疑人存款、汇款的银行、其他金融机构或邮电部门上缴国库或返还被害人。

3. 随案移送人民法院。对于冻结在银行、其他金融机构或邮电部门的赃款，应当向人民法院随案移送该银行、其他金融机构或邮电部门出具的证明文件，待人民法院作出生效判决后，由人民法院通知该银行、其他金融机构或邮电部门上缴国库。

五、对查询、冻结的监管

上级公安机关发现下级公安机关冻结、解除冻结存款、汇款有错误时，可以依法作出决定，责令下级公安机关限期改正，下级公安机关应当立即执行。对拒不改正的，上级公安机关可以直接向有关银行或其他金融机构、邮电部门发出法律文书，纠正下级公安机关所作的错误决定，并通知原作出决定的公安机关。

 知识链接

有权机关查询、冻结、扣划权限表

有权机关	查询	冻结	扣划
法院	个人、单位存款及相关证据	有权	有权
检察院	犯罪嫌疑人的存款、汇款	有权	无权
公安机关	犯罪嫌疑人的存款、汇款	有权	无权
国家安全机关	犯罪嫌疑人的存款、汇款	有权	无权
军队保卫部门	犯罪嫌疑人的存款、汇款	有权	无权
监狱	犯罪嫌疑人的存款、汇款	有权	无权
海关	侦查走私（单位、个人） 调查走私（单位、个人） 关税征收（单位）稽查（单位）	有权	有权
税务	纳税人存款账户及资金往来	有权	有权
反洗钱（人民银行）	个人、单位的存款	48小时内	无权
财政部门	会计监督（单位）纠违行为（单位）	无权	无权
审计（军队）	单位或单位以个人名义的存款	无权	无权
银行业监管部门	个人、单位账户	无权	无权
证券（期货）监管部门	证券、基金（单位、个人）期货（单位）	有权	无权

续表

有权机关	查询	冻结	扣划
保险监管部门	涉嫌违法经营的保险公司、保险代理人、保险经纪人、保险资产管理公司、外国保险机构的代表机构以及与涉嫌违法事项有关的单位和个人的银行账户	无权	无权
外汇管理机关	单位和个人的账户（个人储蓄存款账户除外）	无权	无权
工商行政	涉嫌反不正当竞争（个人、单位） 传销（单位）	无权	无权
监察机关（军队）	单位、个人	无权	无权

能力训练

1. 训练目的：通过案例学习，了解实践部门查询冻结时所面临的挑战，掌握查询冻结程序，提高运用查询冻结这一侦查措施的能力。

2. 训练说明：试分析下列案例，分析侦查部门是如何快速落实查询冻结程序的？并分析其是否符合法律的要求？

3. 训练内容：

与传统犯罪相比，电信网络诈骗大多跨省甚至跨国作案，被骗资金几分钟就转到省外、境外，传统侦查办案手段往往难以应对，警方只能眼睁睁地看着涉案资金到处"飞"。侦查部门与时俱进，建立反电信网络诈骗中心应对危情。该中心与银行和移动、联通、电信运营商联合作战，并与市公安局110指挥调度中心相连通，24小时值班处置电信网络诈骗警情。对于转账时间不长、还有挽回可能的警情，快速转入警银联动室，值班民警联合银行工作人员启动快速冻结机制，对涉案资金进行冻结止付。

2016年10月17日下午3时45分，武汉市民田先生报警，称有人冒充好友借钱，骗走了7万元。田先生报警电话尚未挂断，中心已接到110指挥调度中心通过三方通话功能传递的诈骗警情。处警民警、110接警员、田先生同时在线通话。处置民警兵分两路，一路与骗子账户的开户银行联系，查询账户资金信息，另一路快速办理账户止付冻结所需的法律手续。三方通话功能，将诈骗警情流转处置时间缩短至3分钟以内，以最快速度、尽最大可能拦截并冻结群众被骗资金。经过查询，发现该账户还有7万余元资金尚未被转走。3时46分，骗子账户成功被冻结。

总结与思考

1. 查询冻结的含义是什么？

2. 查询冻结的程序有哪些？

3. 查询冻结时需要注意些什么？

参考阅读

1. 闫召："我国刑事查询冻结制度的规范化研究"，河北大学 2011 年硕士学位论文。

2. 冯军、孙延庆："侦查机关查询冻结制度的检视与完善"，载《东方法学》2010 年第 3 期。

3. 孙长祥："限制财产权侦查措施研究——以查询冻结为视角"，西南政法大学 2012 年硕士学位论文。

工作任务五　掌握控制赃物的方法

工作目标

知识目标：了解控制赃物的概念、基本法律程序及原则、常用手段方法。

能力目标：学会采用一定的策略，灵活选择方法和途径，对各种方式处理的赃款赃物予以追缴。

工作情景

1 月 8 日上午 9 时，北京市朝阳分局接平房乡黄家村家具修理厂厂长赵某报案称，4 件紫檀木古家具被盗。家具修理厂位于村北马路西侧，一条土路直通一里开外的公路，厂里有北房 8 间、西厢房 3 间，砖墙相围，被盗仓库和修理车间的门锁分别被铁棍撬坏。现场未提取到足迹和指纹。在西面墙一隅的土暖气管道上发现有蹬蹭的痕迹，循此上房发现有走动的痕迹，痕迹顺着房脊通向隔壁幼儿园的矮墙外消失。

值班员李某同讲，昨天晚上 10 点多钟，他睡前先检查了一遍，看到门锁都是完好的，今天一早发现门锁被撬。

厂里的老木匠张某奇反映，这 4 件家具有两把雕龙镂凤的太师椅、一个方凳、一个花架，均是皇家御用之物，估计价值上百万元。奇怪的是，库房中还有几十件古旧家具，而案犯专偷这几件最值钱的。据张介绍，这几件古家具都很沉重，一把太师椅就约 80 斤。

侦查过程中了解到，本村村民吴某，男，27 岁，半年前在厂里当过临时工，此人干活吊儿郎当，时不时爱往家里偷木料等，后来被厂里辞退了。国宾馆送家具那天，他来看热闹，几天前还来厂里借三轮车，说是拉煤。针对这些情况，请简要说明下一步应采取的侦查措施。

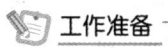 **工作准备**

一、了解控制赃物的概念

控制赃物，是指侦查机关在侦查有赃物可查的刑事案件时，依靠有关组织和专门人员，对赃物的隐藏、转移、销售、毁灭、使用等环节进行监视控制，通过发现赃物，从物到人，进而查获罪犯，及时破案的一项常规性侦查措施。通过对犯罪嫌疑人及其住处和有关行业、场所的严密控制，可以在犯罪嫌疑人销售、转移、毁灭和使用赃物的过程中，人赃俱获，从而直接或间接获得证据而破案，也可以为国家或个人挽回部分或全部损失；同时，通过对赃物的滞留场所和流通渠道严密控制，可以有效地发现侦查线索，并顺迹侦查发现犯罪嫌疑人。

二、掌握控制赃物的基本法律程序

目前国内针对控制赃物还没有具体的法律条文出台，但控制赃物是一项重要的侦查措施，因此可以参照其他侦查措施依照相关法律、法规执行。

根据我国《刑事诉讼法》和《公安机关办理刑事案件程序规定》，对犯罪案件采取各种侦查措施，应由有侦查权的县、市以上公安机关，以及省、市、自治区公安厅（局）授予刑事侦查权的公安（保卫）处、科实行。根据公安工作实际需要，基层派出所要为上一级公安机关侦查部门对本辖区发生的刑事案件进行调查侦查工作，提供信息资料和一切可能的协助，因此，也可以按规定同侦查人员一样使用某些一般性的侦查措施。除了上述规定的机关、部门外，其他没有侦查权的公安保卫组织不能单独实施侦查，但应协助配合侦查工作。

在实施侦查措施时，要依照法律程序和公安部有关规定，严格履行报审批准手续。特别是实行秘密措施和技侦手段，必须执行依法向上级呈报审批的具体规定，获得批准后方可使用。任何侦查措施的实施都不能侵犯公民的人身权、财产权和民主权等合法权利。

三、明确控制赃物的重点范围

控制赃物的范围是指犯罪嫌疑人销售、挥霍、使用、转移、隐藏和销毁赃物所要涉足的行业和场所。控制赃物的重点范围主要是依据犯罪分子处置赃物的规律和特点，针对案件的具体情况而确定。

1. 特种行业。主要是犯罪嫌疑人吃、住、行、销等经常涉足的场所，如餐饮业、旅租业、废旧物品收购业、修理行业、刻字印铸业、出租车业和网吧等。

2. 公共复杂场所。这些场所既是犯罪活动的多发场所，又是犯罪分子转移、挥霍享受的地方，如车站、码头、机场、影剧院、娱乐场所、货物集散地等。

3. 重点地区。主要指治安情况较为复杂的地区，如赌博、吸毒、地下色情娱乐场所；以收购、销售购物为业的人员集中的地区；犯罪分子经常聚集的地区；城郊结合部位治安死角地区等。

4. 金融机构和商贸交易场所。主要指银行、外币兑换场所、证券交易场所、期货交易场所等。

5. 各种专门的销赃渠道。如各种私人及地下交易场所等，是犯罪分子专门的销赃渠道。

工作程序

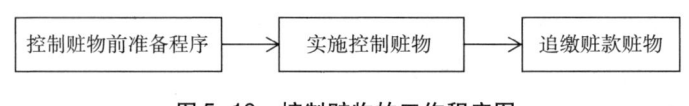

图 5-10　控制赃物的工作程序图

一、控制赃物前准备程序

控制赃物是长期的侦查基础业务和具体案件侦查措施有机结合的一项侦查措施。一旦有涉及财物的刑事案件发生，侦查机关就应迅速部署控制赃物。因此，组建专门的控制队伍和控制网络，研究销赃方式和规律，运用专门的控制手段对赃物进行控制是侦查工作中必要的准备程序。

二、实施控制赃物

对赃物的控制，主要根据案件性质、赃物属性、数量、价值、特征和侦查对象的情况及其所在单位、住址、人际关系等确定。犯罪嫌疑人对赃物的处置有多种方式，具体有销售赃物、隐藏赃物、转移赃物、毁灭赃物和挥霍使用赃物等，需要分情况进行控制。

（一）对销售赃物的控制

1. 销售赃物的方式。在当今市场经济条件下，犯罪嫌疑人销售赃物的方式多种多样，例如，将赃物转移到异地远离其居住地或发案地进行异地销赃；将一些高价赃物以低廉的价格销售给买主进行迅速脱手的低价销赃；在不法交易场所或公共复杂场所暗中物色买主，讨价还价后将买主带至赃物隐匿点进行暗中销售；将大量的成批成套的同类物品分为若干份、批次较小的数量予以销售，实现化整为零，小量多次销售；将特征明显的商品消除特征或改变特征后销售；设法借用、盗用他人的身份证件或利用伪造、变造的证据在旧货交易市场、寄卖商店和典当行等公开销售赃物；寻找专门从事"窝赃""销赃"的窝主等，利用他人代销赃物等。

2. 对销售的赃物进行控制。对销售的赃物的控制方法主要有：及时印发赃物协查通报，请求各有关地区、行业和有关部门协助控制；依靠公安、工商、税务、海关、边防等职能部门，在公开的行政管理中发现和控制赃物；依靠车站、码头、机场、公共交通工具、公共复杂场所、旅店业等有关行业职工，组成城市控制赃物的行业网络；组织基层治安保卫组织和治安积极分子，严密控制犯罪人场外销赃；布置秘密力量，对犯罪人经常销赃的场所和地区进行重点控制；严密控制隐藏、购销赃物的窝点。

（二）对隐藏赃物的控制

1. 隐藏赃物的方式。犯罪嫌疑人在实施犯罪后，有时不急于销售、转移、使用赃物，而是将赃物隐藏起来，等待合适的时机，伺机处理。如本地人犯罪，则大多将赃物隐藏在家中、办公室或住地周围有隐藏条件的地点，或假借各种名义存放在亲戚、朋友处。如流窜犯罪分子犯罪，赃物往往寄存在车站、码头的寄存处或隐藏在某一寄居处或窝点内。

2. 对隐藏的赃物进行控制。对隐藏的赃物的控制方法主要有：对发案不久已被确定为重点嫌疑对象的，可以在正面突击审查时，运用搜查措施发现隐藏的赃物；在侦查过程中发现了重点嫌疑对象，经过一定的批准程序，可运用密搜密取措施发现隐藏的赃物；在现场勘查过程中，扩大搜索范围，必要时使用警犬追踪，发现犯罪嫌疑人隐藏的赃物；侦查人员以化装身份或委托他人深入到有关场所进行侧面观察，发现隐藏的赃物。

（三）对转移赃物的控制

1. 转移赃物的方式。犯罪嫌疑人转移赃物的方式受各种心理动机的驱使会有不同：由于侦查工作力度加大，犯罪嫌疑人，尤其是单位内部的犯罪嫌疑人转移赃物到单位外部；犯罪嫌疑人由于害怕亲朋好友的发现或察觉，将赃物转移到自己居住地外其他处所；流窜犯罪分子因不便携带而将赃物通过邮局或车站寄、托运回家；有的犯罪嫌疑人将赃物当作礼品馈赠他人；有的将赃物主动抛出，秘密地将赃物放置于较为显眼的地方，希望侦查机关在查获赃物后放弃对犯罪嫌疑人的查找工作。

2. 对转移的赃物进行控制。对转移的赃物进行控制的方法主要有：对明显的犯罪嫌疑人，可以根据案情，采取跟踪守候监视的方法，在犯罪嫌疑人转移赃物的过程中寻找时机，人赃俱获；在尚无明显的犯罪嫌疑对象或经分析系流窜犯罪时，侦查机关可充分利用联防卡口、巡逻盘查等措施，对携带有可疑物品或形迹可疑的人进行盘问；利用秘密力量贴靠犯罪嫌疑人，设法了解犯罪嫌疑人转移赃物的时间、地点，然后组织力量选择相关地点拦截。

（四）对毁灭赃物的控制

1. 毁灭赃物的方式。犯罪嫌疑人实施犯罪后，往往试图通过毁灭赃物以割断其与案件的内在联系。有些犯罪嫌疑人为了报复被害人，获取赃物后立即毁灭赃物；有的为了转移侦查视线，逃避法律制裁，如在私仇杀人案和奸情杀人案中，犯罪嫌疑人为了掩盖其与被害人的因果联系，而故意将现场的某些物品拿走后毁灭，以制造图财杀人的假象。

2. 对毁灭赃物的控制。犯罪嫌疑人在毁灭赃物时不可能不暴露任何痕迹，不可能不遗漏任何痕迹。所以可以通过现场勘验获取犯罪嫌疑人毁灭赃物时留下的痕迹——新的物证，然后经过调查获得犯罪嫌疑人毁灭赃物的迹象或过程，获得证明犯罪嫌疑人毁灭赃物的重要证据，进而对犯罪嫌疑人进行定罪量刑。

（五）对挥霍使用赃物的控制

1. 挥霍使用赃物的方式。由于赃物如日常生活消费用品、现金、珍贵金银首饰等，具有一定的使用价值，犯罪嫌疑获取赃物的主要目的之一就是挥霍享受，所以其获得赃物后往往用于挥霍使用：有的变卖了赃物后，生活状态突然发生了根本性改变；有的将名贵首饰佩戴在自己手上，甚至四处炫耀等。

2. 对挥霍使用赃物的控制。对于赃物的挥霍使用，一般比较难以控制，但是可以通过深入的调查工作，发现犯罪嫌疑人犯罪后经济上的反常现象和行动上的反常迹象进而发现和查获赃物。

三、追缴赃款赃物

当对犯罪嫌疑人赃款赃物进行控制之后，下一步工作就是开展对赃款赃物的追缴或责令退赔。追缴赃款赃物是贯彻我国刑法对犯罪嫌疑人要求的罪责自负、不株连无辜的原则以及民事法律规定的有关精神，维护被害人、犯罪嫌疑人家属及其他公民的合法权益的体现。

对于应当追缴的赃款赃物，必须按照规定制作《收缴赃款赃物通知书》一式二份，其中一份交被收缴人。对于应予追缴不得退还或无法退还的，应依照有关规定上缴国库。对于查没的财产，应制作《没收财物决定书》，填写《没收财物清单》一式二份，分别交被没收人和附卷备查。非赃款赃物不得任意扣押、追缴。

不得以任何形式为经济纠纷当事人追款讨债；不得滥用职权，随意冻结企业的流动资金，以强迫企业还债。除此之外，严禁采取非法方式扣押人员，更不得以扣押人质的方式追缴赃款赃物。

 知识链接

刑事诉讼涉案财物管理

《人民检察院刑事诉讼规则》以及其他相关规定：

1. 严禁在立案之前查封、扣押、冻结财物，不得查封、扣押、冻结与案件无关的财物。凡查封、扣押、冻结的财物，都应当及时进行审查；经查明确实与案件无关的，应当在 3 日内予以解除、退还，并通知有关当事人。

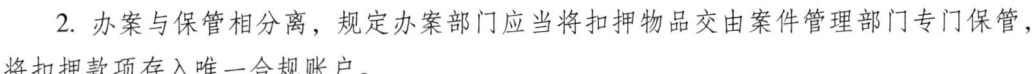

2. 办案与保管相分离，规定办案部门应当将扣押物品交由案件管理部门专门保管，将扣押款项存入唯一合规账户。

3. 严格对涉案财物的日常保管，防止涉案财物损毁、灭失。明确要求对扣押款项及其孳息应当逐案设立明细账，严格收付手续。对实物应当建账设卡，一案一账，一物一卡（码）。

4. 对涉案财物的审前返还与先行处置程序。在诉讼过程中，对权属明确的被害人合法财产，凡返还不损害其他被害人或者利害关系人的利益、不影响诉讼正常进行的，应当依法及时返还。

5. 诉讼程序终结后严格依照法律对涉案财物的处理期限、责任部门、审批流程、处理方式等进行处理。防止违法处理、拖延处理，损害国家利益和当事人合法权益等问题。

6. 信息公开，保障人民群众知情权。检察机关查封、扣押、冻结、保管、处理涉案财物，应当按照有关规定做好信息查询和公开工作。

7. 健全权利救济机制。当事人及其法定代理人和辩护人、诉讼代理人、利害关系人对人民检察院的查封、扣押、冻结不服或者对人民检察院撤销案件决定、不起诉决定中关于涉案财物的处理部分不服的，可以依照《刑事诉讼法》和有关规定提出申诉或者控告。

能力训练

1. 训练目的：通过案例分析，理解并掌握控制赃物的方法和策略。
2. 训练说明：阅读下列案例，分析如何对赃物进行控制，从而缉捕犯罪嫌疑人。
3. 训练内容：

9月底的一天晚上，长岭附近一名女子的手机被抢夺；10月2日晚8点多，郊尾往枫亭方向的梅岭附近，2名女子的手机先后被抢。据受害者的描述，嫌疑人为单人作案，特征相似，都骑着一部女士摩托车，身材中等。短短几天，便有3起飞车抢夺案，且都是单枪匹马作案。10月7日当天晚上，嫌疑人又在枫亭作案得手了。据受害女孩小柯的描述，当天晚上，她和闺蜜骑摩托车外出玩得较晚，在路边停车自拍时，一男子开着一辆女士摩托车突然把她们放在车上的一个包夺走，得手后加大油门扬长而去。

总结与思考

1. 控制赃物的重点范围是什么？
2. 控制赃物的主要方式是什么？

参考阅读

1. 马忠红："论刑事案件中的销赃与控赃"，载《山东警察学院学报》2016年第

1 期。

2. 李长坤："刑事涉案财物处理制度研究"，华东政法大学 2010 年博士学位论文。

3. 龙建明："赃款赃物追缴的程序控制"，载《青海师范大学学报（哲学社会科学版）》2016 年第 3 期。

工作任务六 掌握留置盘问的方法

工作目标

知识目标：了解留置盘问的条件及法律要求。

能力目标：掌握留置盘问的实施程序。

工作情景

5 月 21 日中午 12 点左右，一名女孩与妹妹路经西乡流塘市场大门时，遇一名身着警服的男子盘查身份证。由于该名女孩与妹妹均未随身携带身份证，且"只看到他穿着警服，没有出示证件，也没有拿扫描身份证的仪器，再加上说话很凶狠"，于是女孩向这名警察提出查看证件，遭到拒绝。穿警服男子随后又叫来一名便衣男子，试图将女孩和妹妹拉入警车。争执中，穿警服的男子将该名女孩的妹妹的手拉伤，并称其妨碍公务，最终将两人拖入警车内。

该辆警车前后座之间用铁丝网隔开，车内 4 人，一名身着警服的中年男子一边开车，一边与坐在车后座的两名女子争吵。在这辆车的副驾驶位置上，亦有一名男子偶尔帮腔。穿警服男子与后座女子先后就"是否涉嫌打人""未带身份证是否应被强制传唤""执法中为何不出示警官证""是否妨碍公务"等问题发生争执。双方情绪均较为激动。

警察说道："没错，我看你长得漂亮，我就把你关起来。把你跟那些艾滋病、小偷、强盗关在一起，我让你慢慢去享受。""我就是警察，你就必须配合我，今天是你自己犯贱。"两名女孩被带回派出所后，女孩和妹妹被带入一间审讯室"录数据"。在派出所滞留 1 个小时后，这名女子和妹妹被告知可以离开。

思考：上述案例中警察留置盘问两名女孩的行为是否合法？

工作内容

一、了解留置盘问的概念

留置盘问，是指为维护治安秩序，公安机关的人民警察在盘问、检查工作中，对有违法犯罪嫌疑的人员依法将其带至公安机关，进一步盘问、调查，以确认或排除其违法犯罪嫌疑的一种强制性侦查措施。

留置盘问虽然不是我国《刑事诉讼法》规定的强制措施，但是就其针对的对象来看，包括犯罪嫌疑人。我国《人民警察法》第9条规定，公安机关的人民警察对有违法犯罪嫌疑的人员，经出示相应证件，可当场盘问、检查。具有该法规定的四种情形之一的，可以对其留置。留置盘问措施的行使，在一定程度上限制了公民的人身自由，因此，从实质上看，它应是一种强制性侦查措施。

二、明确留置盘问的条件

根据我国《人民警察法》第9条及《公安机关适用继续盘问规定》第8条和相关规定，适用留置盘问应符合以下条件：

1. 留置盘问的主体只能是公安机关的人民警察，其他司法、行政执法部门的人员都不能行使。公安机关中不具备执法资格的聘用人员和治安联防人员也不具备这项权力。

2. 适用留置盘问的前提条件是人民警察在盘问、检查工作中当场发现有违法犯罪嫌疑的人员。如果不是当场发现，则不能适用留置盘问。

3. 留置盘问的对象只能是：被害人、证人控告或指认其有犯罪行为的；有正在实施违反治安管理或犯罪行为嫌疑的；有违反治安管理或犯罪嫌疑且身份不明的；携带的物品可能是违反治安管理或犯罪的赃物的。不属于上述规定的四种对象的其他人员则不能适用留置盘问。

4. 留置盘问必须经过审批程序。适用留置盘问应当经实施的公安机关批准，留置的时间不得超过24小时，特殊情况下，经县级以上公安机关批准，可以延长至48小时，并且应当立即通知被留置人员的家属或所在单位，在法定期限届满时不能对留置人员采取拘留或其他强制措施的，应立即释放被留置人。

5. 留置盘问的地点应在公安机关。

工作程序

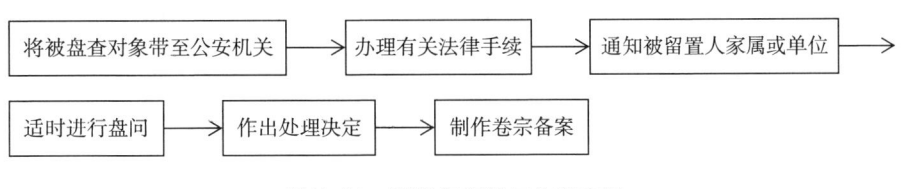

图5-11　留置盘问的工作程序图

一、将被盘查对象带至公安机关

公安机关的人民警察在执行当场盘查、检查工作时，对符合留置盘问条件的人，必须带至就近设有规范询问室的公安机关继续盘问，以进一步证实或排除其嫌疑。

二、办理有关法律手续

决定对被盘查对象进行留置盘问，执法的公安警察应立即填写《继续（留置）盘问审批表》，经留置的公安机关负责人批准。如果经过 24 小时留置盘问仍不能证实或排除嫌疑的，有延长留置盘问必要的，应在 24 小时结束前，填写《延长继续（留置）盘问审批表》，并经县级以上公安机关批准，可将留置盘问的时间延长至 48 小时。

三、通知被留置人家属或单位

公安机关应依法履行通知程序，即在对被盘查对象进行24 小时留置盘问或48 小时留置盘问时，应立即通知其家属或所在单位。通知的形式视具体情况而定，应选择最有效的通知形式，在实际工作中，大多数采取电话通知的形式。

四、适时进行盘问

留置盘问是一项法定权力和措施，公安机关应在有限的法定时间内，科学分析被留置对象的心理，利用掌握的证据和留置对象存在的疑点，制定切实可行的盘问策略，选准突破口，适时盘问，证实或排除留置对象的嫌疑。

五、作出处理决定

对不批准留置盘问或不批准延长留置盘问，以及在经过 24 小时或 48 小时留置盘问后，被留置对象的疑点基本查清、嫌疑已被排除，应立即予以释放。如果经过留置盘问，被留置对象的犯罪嫌疑得到证实，需要立即侦查的，应立即采取拘留、逮捕或取保候审、监视居住等刑事强制措施；如果被留置对象的违法嫌疑被证实，需要给予治安管理处罚的，应按照《治安管理处罚法》给予处罚。

六、制作卷宗备案

一般来说，留置盘问卷宗包括《继续（留置）盘问审批表》《延长继续（留置）盘问审批表》《继续（留置）盘问通知书》、盘问记录、对指控人的询问记录、证人证言以及处理决定等。因此，当处理决定作出后，需要进一步整理各种卷宗，交被留置对象家属或存卷、存根等。

 知识链接

美国的留置盘问

在美国，警察盘查权一般称为警察拦停、搜拍权。即在公共场所，警察有任意拦

阻及询问人的权力，无需具备任何实质理由，可以任意与人搭话或拦阻及询问，这被称为"有权讯问"法则。其目的是尽快发现违法犯罪嫌疑人，使社会公众免受违法犯罪的威胁，保障警察的安全。

1. 美国 1942 年《统一逮捕法》规定，警察若有合理的理由，怀疑在户外之疑犯已经或正在或即将犯罪时，可以拦阻，并询问其姓名、住址、在外逗留的原因及去处。若任何可疑人无法证明自己的身份，或解释自己的行为令警察满意时，警察可以加以留置，并进一步侦查讯问。

2. 特里原则。1968 年联邦最高法院受理一起刑事案件：俄亥俄州一名便衣侦探在一条犯罪率很高的街区巡逻时，发现被告人 Terry 等人于午后 2 时 30 分左右在商店门口窥视并且窃窃私语，然后又走开，如此往返重复了十几次。便衣侦探依其多年的办案经验认为被告形迹可疑，有理由怀疑他们欲抢劫而上前表明自己的身份，对被告进行盘查询问。被告闪烁其词，侦探进而合理怀疑被告身藏武器，故轻拍被告 Terry 胸口外部而发现有类似手枪的物品，进而伸手入口袋而取出该物，发现确为手枪。法官认为，侦探发现可疑行径，并根据其经验可以"合理地"推断可能有某种犯罪发生，进而对当事人进行"合理的"询问，并对其拍身检查的行为是合法的。

结合《统一逮捕法》和"特里原则"，美国的盘查制度适用的条件为：

（1）以"合理怀疑"为标准：①必须是根据当时的事实，警察依据其执法经验，所作合理推论或推理，形成合理怀疑，警察主观上的猜测或预感不足以形成合理的怀疑。②警察发现某人有反常行为以至引起其认为犯罪即将发生或是此人携带武器并会威胁公共安全。③现场目击者或者其他可靠信息表明某人与犯罪行为有关。

（2）适用对象针对正在实施犯罪或有犯罪嫌疑之人。

（3）盘查的地点为开放领域，对在私人所属土地上、建筑物内的可疑犯罪活动则需搜索令状。

（4）简单搜身时只可拍打当事人衣服的外部，只有在触摸到武器时才能伸入到衣服内去取武器。没有合理怀疑就搜查当事人，为非法搜查，搜查到的证据为非法证据，不能用来给当事人定罪。

（5）依照《统一逮捕法》的规定，盘查的时间以 2 个小时为限。但美国联邦最高法院指出，不采用固定时间，一般警察可留置的时间最长是 24 小时，经督察长以上的长官授权，可以延长至 36 小时；如需再延长须向法院申请同意，延长至 72 小时，确有必要时，可再向法院申请再延长 24 小时，即最长可留置 96 小时。

（6）对警察之盘问，人民有"不自证己罪"的缄默权。如当事人不愿与警察对话，要求离去，警察应允许其离去。

能力训练

1. 训练目的：通过案例分析，学会如何实施留置盘问，掌握其具体实施中的注意事项。

2. 训练说明：试分析下列案例，找出警察留置盘问过程中哪些行为不符合法律规定。

3. 训练内容：

2018 年 6 月 28 日晚 10 点左右，某在读研究生黄某和同学们做完项目数据分析，10 点多离开办公室打一滴滴车回家。刚上车不久，黄某因接电话请求滴滴司机把车上的音乐声音放低一点，司机不仅没有放低音乐声，而且口中不干不净地说："不想坐下车滚蛋！"同时将滴滴车停在北池头十字路北边。黄某无奈之下下车，关门使了一把劲，不料滴滴司机下车追打，打得黄某口鼻血流不止，遍体瘀青。

被打后黄某立即报警，民警张某等人来到现场，将双方当事人带回派出所，同时让双方当事人去就近医院检查。检查完后民警张某将黄某带走，并没收了黄某的手机。黄某的父亲说，那天晚上 11 点连续接了其子的几个电话，说民警要求调解，赔偿 2000 元变 5000 元之后，最后一个电话是 11 点 45 分，其子说民警不让打电话了，再不调解就拘留了，通话中民警夺走了手机，通话被迫中断之后再没有打通。

留置室谈完话让黄某在留置手续上签字画押，黄某不签字、不画押，理由是：①他被打，没打人。②头痛难忍要出去看病。和张某一块办案的另一位不知姓名的民警说，他的病不需要出去检查治疗，有问题其全权负责。说完各位民警睡觉去了，一直到 29 日上午 10 点左右办理放行手续。

总结与思考

1. 留置盘问的条件有哪些？
2. 留置盘问具体该如何实施？

参考阅读

1. 陈露："留置盘问行为的性质分析"，载《世纪桥》2014 年第 5 期。
2. 黎慈："继续盘问制度的实施困境与变革"，载《江西警察学院学报》2014 年第 2 期。

项目六

掌握强制到案性侦查措施

强制到案性侦查措施，是指公安机关、人民检察院和人民法院为了保证刑事诉讼的顺利进行，依法对犯罪嫌疑人、被告人的人身自由进行暂时限制或剥夺的各种强制方法。我国刑事诉讼法规定了五种强制措施，分别为拘传、取保候审、监视居住、拘留、逮捕。强制到案性侦查措施是一种临时限制人身自由的最常用的刑事侦查手段，在刑事侦查学体系中具有非常重要的地位，它的实施关系到刑事诉讼能否顺利进行，也关系到刑事诉讼中人权的保障。实践中，侦查机关在办理强制到案性侦查措施时，如果没有严格遵循强制侦查措施的条件办理相应的措施，或条件发生变化时未能及时变更强制性侦查措施，甚至变性为超期羁押或无限期羁押，这些都可能侵犯当事人的权益。因此，公安司法机关在刑事侦查实践中一定要依法办案，严格按照法律规定的原则、程序去使用强制到案性侦查措施，严禁利用强制措施侵犯人权，注意保障当事人的合法权益。

工作任务一　掌握拘传的方法

工作目标

知识目标：理解拘传的适用条件、程序。

能力目标：学会在实际工作中合理实施拘传侦查措施。

工作情景

甲（女）和乙（男）为同事，认识不久后，双方确定恋爱关系。相处4个月后甲提出分手。乙对此非常气愤，遂捏造事实称，甲过去是卖淫女，因该段历史被他发现，甲觉得对不起他才主动要求和他分手。此事在单位闹得沸沸扬扬，人们背后议论纷纷。甲觉得自己的名声受到了乙的严重玷污，于是向人民法院提起自诉，请求以诽谤罪追究乙的刑事责任。人民法院受理了该自诉案件，并将起诉状副本送达乙。乙恼羞成怒，在接到起诉状副本当日，与甲进行纠缠并企图殴打甲。甲无奈，向公安派出所请求保护。民警丙了解情况后非常气愤，当即决定对乙进行拘传，然后关进本所审讯室。次日下午，内对乙进行了审问，在乙保证不再欺辱甲后将其释放。

思考：上述案例中公安机关的拘传是否合法？

📝 **工作准备**

一、了解拘传的概念

拘传，是指公安机关、人民检察院对未被拘留、逮捕的犯罪嫌疑人依法强制其到指定地点接受讯问的一种强制措施。拘传是我国刑事诉讼强制措施中强制程度最轻的，在强制的手段、方法和时间上都比其他强制措施更弱、更短。

二、明确拘传的适用条件

根据我国刑事诉讼法及有关司法解释，适用拘传的条件主要有以下几种：

（1）经公安机关、人民检察院侦查部门合法传唤，无正当理由拒不到案的。"合法传唤"指侦查机关的侦查人员手持《拘传证》向犯罪嫌疑人出示、宣布，责令其到案接受审查和讯问。"正当理由"，一般是指被传唤人患有严重疾病、在外不能返回或者因不可抗力阻断交通等不以人的意志为转移的客观因素。

（2）因具体的侦查、起诉和审判需要，对特定的未被羁押的犯罪嫌疑人，可以不经传唤，直接拘传。这里的"侦查工作需要"主要是犯罪嫌疑人可能存在干扰侦查的情况，如犯罪嫌疑人串供，转移赃物，隐匿、伪造、毁灭证据，逃跑，走漏消息等。这种情况需要公安司法机关控制拘传的适用，防止拘传的滥用。

（3）根据已掌握的证据材料，罪行显著轻微，不需要采取拘留、逮捕措施，但问题尚未查清的犯罪嫌疑人。

（4）根据已掌握的证据材料，需要追究刑事责任，但不够判处徒刑以上刑罚的犯罪嫌疑人。

（5）需要查清罪行、追究刑事责任，但患有疾病或有其他理由，适宜采取拘传措施的犯罪嫌疑人。

📝 **工作程序**

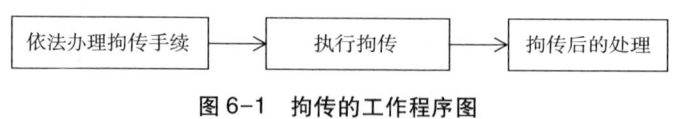

图6-1　拘传的工作程序图

一、依法办理拘传手续

在办理案件中遇到需要拘传的情况时，应当由案件的经办人提出申请，填写《呈请拘传报告书》，并附有关的案件材料报本部门负责人审核后，由县级以上公安机关、人民检察院侦查部门的负责人、人民法院院长批准，签发《拘传证》。《拘传证》是适用拘传的必要前提，严禁无证拘传。

二、执行拘传

1. 执行拘传时，应当向被拘传人出示《拘传证》，并责令被拘传人在《拘传证》上签名和按指印。拒绝签字的，由侦查人员在《拘传证》上注明。

2. 执行拘传的公安司法人员不得少于 2 人。遇到有抗拒执行拘传的，必要时可以依法适用手铐、脚镣、警绳等约束性警械，强制到案。

3. 每次拘传持续的时间不得超过 12 个小时，两次拘传之间的时间间隔不少于 24 小时。案情特别重大、复杂需要拘留、逮捕的，不得超过 24 小时。不得以连续传唤、拘传的形式变相拘禁。被拘传人到案后应当责令其在《拘传证》上填写到案时间。

三、拘传后的处理

拘传后，在法定期限内要及时开展讯问，讯问后应当填写讯问结束的时间。对拘传的犯罪嫌疑人、被告人讯问后，根据案情需要采取拘留和其他人身控制性措施的，应当在拘传期间内办理审批手续。对不需要采取其他人身控制性措施的，应当立即解除拘传。不得以连续拘传变相羁押犯罪嫌疑人。需要变更为其他强制措施的，应当在拘传期间内依法变更，否则应当立即释放。

 知识链接

留置盘问与拘传的区别

留置盘问与拘传都是公安机关行使职权的行为，在行为方式上二者很相近，即都是由公安机关的警察将嫌疑人带往公安机关，进行盘问或讯问。因此，很多时候，大家对留置盘问和拘传的区别不是很清楚。留置盘问和拘传的区别如下：

第一，留置盘问与拘传的性质不同。留置盘问是公安机关的警察为维护社会治安秩序而依法行使行政职权的行为。而拘传则是公安机关的警察在刑事诉讼活动中行使刑事诉讼职权的行为。

第二，这两种行为由不同部门法进行规范。《刑事诉讼法》是关于刑事诉讼程序的法律，它只对刑事诉讼中各主体之间的权利义务关系以及诉讼的方式、方法等作出规定；而留置盘问并非刑事诉讼活动，因此，《刑事诉讼法》的规定对留置盘问没有约束力。

公安机关的警察在维护社会治安、执行公务时，可以依照《人民警察法》第 9 条的规定进行相关的留置盘问。该条规定为：为维护社会治安秩序，公安机关的人民警察对有违法犯罪嫌疑的人员，经出示相应证件，可以当场盘问、检查；经盘问、检查，有法定情形的，可以将其带至公安机关，经该公安机关批准，对其继续盘问。

第三，时间规定不同。留置盘问时间自被盘问人被带至公安机关之日起不超过24小时，在特殊情况下，经县级以上公安机关批准，可以延长至48小时。对于到期不批准继续留置盘问的，应当立即释放被盘问人。拘传只能适用于当犯罪嫌疑人、被告人经传唤不到案的，或如不拘传犯罪嫌疑人、被告人可能逃跑或走漏消息的情形。拘传的时间不得超过12小时，拘传不得连续使用，拘传时间届满，对被拘传人未依法变更为其他强制措施的，应当立即结束拘传。

能力训练

1. 训练目的：通过案例分析，理解并掌握拘传的法律要求。
2. 训练说明：试分析下列案例，思考拘传的主体、对象是否合法？
3. 训练内容：

李某是地方税务局一名公职人员。去年4月份，李某的亲戚向某农村商业银行股份有限公司桥下支行借款400万元，李某为其作担保。一年的借款期限过去了，仍有140万元未还银行。李某作为担保人负有连带责任，但李某声称自己没有钱，拒不履行还款义务。因李某身份的特殊性，在某县人民法院组织涉特殊主体案件集中执行行动过程中，将李某纳入集中执行范围。执行人员前往李某所在单位拘传其来法院谈话，因拒不申报财产，法院对李某作出司法拘留15日的决定。

总结与思考

1. 拘传的适用条件是什么？
2. 拘传该如何实施？
3. 拘传后该如何处理？

参考阅读

1. 郭烁："中国刑事拘传存在的问题及其变革"，载《比较法研究》2013年第4期。
2. 李忠诚："关于拘传措施的改革与完善"，载《人民检察》2010年第7期。
3. 李哲："短期限制人身自由刑事强制措施体系之比较与完善"，载《国家检察官学院学报》2015年第5期。

工作任务二　掌握取保候审的方法

工作目标

知识目标：了解取保候审的条件、种类、执行、变更及解除。

能力目标：理解并掌握取保候审的法律要求，并能实施取保候审侦查措施。

工作情景

非法挪用资金案取保候审未获批

2017年10月23日，区法院对王某涉嫌挪用资金罪和非法转让土地使用权罪一案作出一审判决，王某构成非法转让土地使用权罪和挪用资金罪，各判处有期徒刑4年，合并执行6年。王某上诉，目前正在二审审理过程之中。王某一直患有各种严重疾病，一审期间就曾多次向法院申请取保候审，转院治疗，但截至目前，一审法院、二审法院均不予同意。取保候审既可以不羁押犯罪嫌疑人、被告人，使其照顾家庭或者从事原来的工作和劳动，为社会做一些有益的事情，又可以使他们感到国家和社会对他们的关怀，还可以减少国家用于在押人犯的生活、管理费用等项开支，从而减轻羁押场所的工作压力。

思考：法院为什么不为其办理取保候审？取保候审的条件是什么？

工作准备

一、了解取保候审的概念

取保候审，是指公安机关、人民检察院的侦查部门在侦查中对未被逮捕的犯罪嫌疑人、被告人，责令其提出保证人或者交纳保证金，保证其不逃避或妨碍侦查，并随传随到的一种强制到案性侦查措施。取保候审是限制犯罪嫌疑人人身自由以保证刑事侦查、起诉和审判顺利进行的一种强度较轻的强制措施，它不剥夺自由，亦不产生羁押的效力。

二、明确取保候审的种类

根据我国《刑事诉讼法》第68条，人民法院、人民检察院和公安机关决定对犯罪嫌疑人、被告人取保候审，应当责令犯罪嫌疑人、被告人提出保证人或者交纳保证金。因此取保候审分为保证人保证和保证金保证两种方式。对同一犯罪嫌疑人取保候审不得同时适用保证人保证和保证金保证。

1. 保证人保证，又称人保，是指公安机关、人民检察院的侦查部门责令犯罪嫌疑人提出保证人并出具保证书，保证被保证人在取保候审期间不逃避和妨碍侦查，并随传随到的保证方式。保证人保证是以保证人的信誉来担保，不涉及金钱。《刑事诉讼法》第69条规定保证人必须符合下列条件：与本案无牵连；有能力履行保证义务；享有政治权利，人身自由未受限制；有固定的住处和收入。

2. 保证金保证，应责令犯罪嫌疑人缴纳保证金，保证金一般不低于1000元，具体数额应当根据不同类型案件的性质、社会危害性及可能判处刑罚的轻重，结合当地的经济发展水平、犯罪嫌疑人的经济状况等情况综合考虑确定。《刑事诉讼法》第72条规定，取保候审的决定机关应当综合考虑保证诉讼活动正常进行的需要，被取保候审人的社会危险性，案件的性质、情节，可能判处刑罚的轻重，被取保候审人的经济状况等情况，确定保证金的数额。提供保证金的人应当将保证金存入执行机关指定银行的专门账户。

三、掌握取保候审的适用条件

根据我国《刑事诉讼法》第67条和《公安机关办理刑事案件程序规定》第81条，取保候审在一般情况下适用于可能判处管制、拘役或独立适用附加刑的犯罪嫌疑人，或者虽然可能判处有期徒刑以上刑罚，但采取取保候审不致发生社会危险性的犯罪嫌疑人。具体有以下情形：

1. 可能判处管制、拘役或独立适用附加刑的；

2. 可能判处有期徒刑以上刑罚，采取取保候审不致发生社会危险性的；

3. 应当逮捕但患有严重疾病、生活不能自理，怀孕或正在哺乳自己未满1周岁婴儿的妇女，采取取保候审不致发生社会危险性的；

4. 对被拘留的犯罪嫌疑人，需要逮捕而证据尚不符合逮捕条件的；

5. 提请批准逮捕后，检察机关退回补充侦查或不批准逮捕，需要提请复议、复核的；

6. 移送起诉的，检察机关决定不起诉，需要复议复核的；

7. 犯罪嫌疑人被羁押的案件，不能在刑事诉讼法规定的侦查、审查起诉、一审和二审期限内办结，需要继续侦查、审查起诉或审判的；

8. 持有有效护照和其他有效出入境证据，可能出境逃避侦查的，但不需要逮捕的。

工作程序

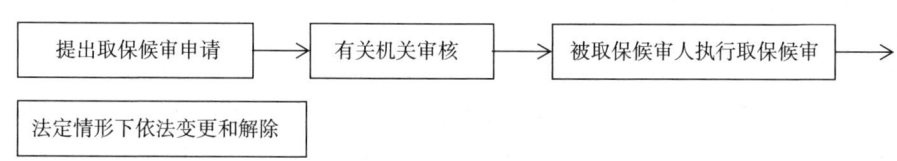

图6-2　取保候审的工作程序图

一、提出取保候审申请

取保候审应当由法定人员提出申请。有权提出取保候审的人员包括：犯罪嫌疑人及其法定代理人、近亲属和犯罪嫌疑人聘请的律师。取保候审的申请一般以书面形式提出，书写《申请取保候审书》，报经县级以上公安机关负责人批准。只有在特殊情况下，才允许使用口头形式。

二、有关机关审核

取保候审申请应当由公安机关、人民检察院的侦查部门在 7 日内作出同意或不同意的答复,由公安机关执行。国家安全机关决定取保候审的,以及人民检察院在办理国家安全机关移送的犯罪案件时决定取保候审的,由国家安全机关执行。具体程序为:先由办案人员提出《呈请取保候审报告书》,经办案部门负责人审核后,县级以上公安机关负责人、人民检察院检察长审批。予以批准的,由办案人员填写《取保候审决定书》和《执行取保候审通知书》,经办案部门负责人审核后,由上述负责人签发。不同意取保候审的,应当通知申请人,并说明理由。

三、被取保候审人执行取保候审

被取保候审人在执行取保候审期间应当遵守法律的规定,一旦有违反者,需要接受法律的处理。根据《刑事诉讼法》第 71 条,被取保候审的犯罪嫌疑人、被告人应当遵守下列规定:①未经执行机关批准不得离开所居住的市、县;②住址、工作单位和联系方式发生变动的,在 24 小时以内向执行机关报告;③在传讯的时候及时到案;④不得以任何形式干扰证人作证;⑤不得毁灭、伪造证据或者串供。

人民法院、人民检察院和公安机关可以根据案件情况,责令被取保候审的犯罪嫌疑人、被告人遵守以下一项或者多项规定:①不得进入特定的场所;②不得与特定的人员会见或者通信;③不得从事特定的活动;④将护照等出入境证件、驾驶证件交执行机关保存。

被取保候审人在执行取保候审期间,必须遵守上述规定。被取保候审的犯罪嫌疑人、被告人违反上述规定,已交纳保证金的,没收部分或者全部保证金,并且区别情形,责令犯罪嫌疑人、被告人具结悔过、重新交纳保证金、提出保证人,或者监视居住、予以逮捕。对违反取保候审规定,需要予以逮捕的,可以对犯罪嫌疑人、被告人先行拘留。

四、法定情形下依法变更和解除

取保候审最长期限为 12 个月,在此期限内或届满时由取保候审的决定机关对取保候审进行变更或解除。

被取保候审人在取保候审期间违反应当遵守的规定,侦查机关应根据具体情况将取保候审变更为监视居住或拘留、逮捕。

对不应当追究刑事责任或者在取保候审期间遵守各项规定期满的,侦查人员应当制作《呈请解除取保候审报告书》,报经县级以上公安机关负责人批准后,签发《解除取保候审决定书》《解除取保候审通知书》和《退还保证金决定书》,及时通知指定的银行将保证金退还犯罪嫌疑人或通知保证人解除保证义务。

取保候审的执行机关接到决定机关的解除取保候审决定书或者变更强制措施的通知后，应当立即执行，并将执行情况及时通知决定机关。

 知识链接

取保候审申请书范本

案件简介：张某某涉嫌非国家工作人员受贿罪一案被刑事拘留，律师接受其家属委托后，第一时间会见张某某，向公安机关先后递交《法律意见书》和《取保候审申请书》，随后张某某被取保候审。

取保候审申请书

申请人：王某，某律师事务所律师，是张某某的辩护人。

申请事项：对犯罪嫌疑人张某某申请取保候审。

理由：犯罪嫌疑人张某某因涉嫌非国家工作人员受贿罪一案，于201×年×月××日经某某市某某区公安局拘留，现被羁押在某某区看守所。

（申请取保候审理由……）

综上所述，本律师认为，根据《刑事诉讼法》第六十七条"（一）可能判处管制、拘役或者独立适用附加刑的；（二）可能判处有期徒刑以上刑罚，采取取保候审不致发生社会危险性的……"的规定，恳请贵局查明事实后，给予采取取保候审强制措施。

张某某提供的保证人是_____（是张某某的_____）（或保证金为_____元）。根据《中华人民共和国刑事诉讼法》的规定，为了避免错抓错捕，导致无辜的人被拘押，特提出申请，请予批准。

此致
某市某区公安局

申请人：某律师事务所

王某律师

201×年×月××日

✎ **能力训练**

1. 训练目的：通过案例分析，了解取保候审执行过程中出现逃跑情节等的处置方式。

2. 训练说明：试分析下列案例，理解取保候审期间需要遵守哪些法律规定，如果违反了，应该如何处置？

3. 训练内容：

2007年8月30日，犯罪嫌疑人陈某因掩饰、隐瞒犯罪所得被公安局抓获并刑事拘留，同年9月28日变更为取保候审。在取保候审期间，陈某逃跑。后经检察院批准，

2008 年 3 月 28 日，陈某被逮捕（未执行）。2011 年公安部开展清网行动时，其主动到公安局投案，公安认定其系自首，于 2011 年 10 月 9 日将其取保候审。2012 年 1 月 29日，检察院对陈某提起公诉，未认定其自首情节。人民法院于 2012 年 2 月 15 日宣判，认为被告人陈某虽在取保候审期间违反取保候审的规定，但其事后又能自动投案并如实供述自己的罪行，应当构成自首，公诉机关未认定其构成自首不当，应予纠正。

总结与思考

1. 取保候审的适用条件是什么？
2. 取保候审的保证方式是什么？
3. 取保候审的申请主体、批准主体、执行主体等分别是哪些人？
4. 取保候审的实施、变更及解除的法律要求有哪些？

参考阅读

1. 林静、饶明党："流动人口取保候审问题研究"，载《国家检察官学院学报》2014 年第 2 期。
2. 张剑锋："论取保候审适用的基础及其完善"，载《中国刑事法杂志》2013 年第5 期。

工作任务三　掌握监视居住的方法

工作目标

知识目标：了解和学习监视居住的条件、种类、执行、变更及解除。

能力目标：理解并掌握监视居住的法律要求，并能实施取保候审侦查措施。

工作情景

2013 年 1 月 15 日晚，朱某在某火车站候车室盗窃旅客甲人民币 5000 元，被女青年宋某发现并报案。某铁路公安处刑警大队民警张某、吴某根据宋某对犯罪嫌疑人形态的描述，认为系家住本市的朱某所为。朱某被传唤至刑警大队后拒不回答问题。张某严厉斥责："你必须交代你的罪行，否则永远别想出去！"朱某仍不承认自己的犯罪事实，于 2013 年 1 月 16 日 10 时被某铁路公安处刑事拘留，并于 17 日 13 时被送往看守所执行，后某铁路公安处又以朱某多次作案为由，将其刑事拘留延长至 30 日。

朱某被抓获后其家属立即聘请李某作为律师，2013 年 1 月 17 日 14 时，李某持律师执业证书、律师事务所证明和委托书要求会见，看守所安排在 2013 年 1 月 20 日 10

时会见，同时通知刑警大队，刑警大队领导派办案民警小吴到场一起会见。会见中律师李某向朱某暗示会"帮忙搞定证人宋某"。次日李某来到宋某学校对其利诱不成后威胁要其小心点，宋某因害怕遭到报复，向公安机关求助，公安机关认为没有保护义务，没有采取任何保护措施。后来宋某改变了前期所作的证言，刑警大队以律师李某涉嫌辩护人妨害作证罪立案侦查，并对其采取技术侦查措施。朱某刑拘期限届满时，公安机关认为朱某盗窃证据不足，但仍有继续侦查的必要，而在朱某的住所执行监视居住又有碍侦查，为朱某办理了指定居所监视居住，将朱某安排在 C 火车站派出所办案场所执行。为了保密，公安机关没有将朱某被指定居所监视居住的情况通知其家属。

思考：上述案例中侦查机关的行为哪些不符合法律要求？

工作准备

一、了解监视居住的概念

监视居住，是指公安机关、人民检察院的侦查部门责令未被逮捕的犯罪嫌疑人、被告人在法定期限内不得离开住所或居所，并对其行动予以监视和控制的一种强制措施。这里的"住所""居所"指犯罪嫌疑人在办案机关所在的市、县内合法的住所、居所等。根据《刑事诉讼法》第 75 条规定，监视居住应当在犯罪嫌疑人、被告人的住处执行；无固定住处的，可以在指定的居所执行。对于涉嫌危害国家安全犯罪、恐怖活动犯罪，在住处执行可能有碍侦查的，经上一级公安机关批准，也可以在指定的居所执行。但是，不得在羁押场所、专门的办案场所执行，如办案机关不得建立专门的监视居住场所，不得在看守所、拘留所内设立监视居住场所，不得变相羁押被监视居住人。

二、明确监视居住适用的条件

《刑事诉讼法》第 74 条规定，人民法院、人民检察院和公安机关对符合逮捕条件，有下列情形之一的犯罪嫌疑人、被告人，可以监视居住：①患有严重疾病、生活不能自理的；②怀孕或者正在哺乳自己婴儿的妇女；③系生活不能自理的人的唯一扶养人；④因为案件的特殊情况或者办理案件的需要，采取监视居住措施更为适宜的；⑤羁押期限届满，案件尚未办结，需要采取监视居住措施的。对符合取保候审条件，但犯罪嫌疑人、被告人不能提出保证人，也不交纳保证金的，可以监视居住。监视居住由公安机关执行。

工作程序

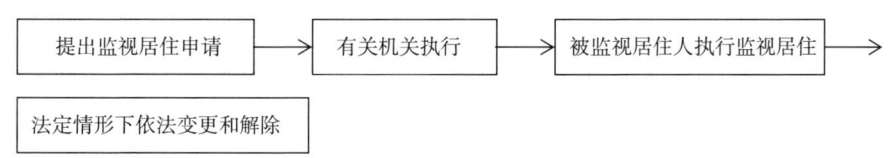

图 6-3　监视居住的工作程序图

一、提出监视居住申请

监视居住由公安机关、人民检察院侦查部门的办案人员经过审核后，根据案件情况，需要对犯罪嫌疑人采取监视居住措施时，制作《呈请监视居住报告书》，说明监视居住的理由和法律依据，提出监视居住的指定区域和执行监视居住的单位，报经县级以上公安机关负责人批准。公安机关负责人对犯罪嫌疑人决定监视居住的，制作《监视居住决定书》和《执行监视居住通知书》。

二、有关机关执行

监视居住的决定机关应当及时将《监视居住决定书》和《执行监视居住通知书》送达公安机关。公安机关执行监视居住，应当向被监视居住人宣读《监视居住决定书》，由犯罪嫌疑人签名或盖章，并告知被监视居住人应当遵守的法律规定及相关法律责任。指定居所监视居住的，除无法通知的以外，应当在执行监视居住后 24 小时以内，通知被监视居住人的家属。

三、被监视居住人执行监视居住

根据《刑事诉讼法》第 77 条，被监视居住人在监视居住期间应当遵守下列规定：①未经执行机关批准不得离开执行监视居住的处所；②未经执行机关批准不得会见他人或通信；③在传讯的时候及时到案；④不得以任何形式干扰证人作证；⑤不得毁灭、伪造证据或串供；⑥将护照等出入境证件、身份证件、驾驶证件交执行机关保存。

公安机关执行监视居住时，如果发现被监视居住的犯罪嫌疑人违反上述规定，情况严重的，予以逮捕；需要予以逮捕的，可以对犯罪嫌疑人、被告人先行拘留。情节较轻的，可以予以训诫、责令具结悔过。如果监视居住系人民检察院或人民法院决定的，还应当及时向作出监视居住决定的机关报告。被监视居住人如有正当理由需要离开住所或指定居所，必须经过公安机关的批准。人民检察院决定监视居住的，公安机关还应当征得决定机关的同意。所谓"正当理由"，是指被监视居住人需要治病、奔丧等正当事由。

四、法定情形下依法变更和解除

监视居住最长期限为6个月。在此期间内或届满时由监视居住的决定机关对监视居住进行变更或解除，具体如下：监视居住期限届满或者发现不应追究犯罪嫌疑人刑事责任的，应当及时解除或撤销监视居住。解除或撤销监视居住的，应当由办案人员制作《呈请解除监视居住报告书》，报经县级以上公安机关负责人批准后，签发《解除监视居住决定书》《解除监视居住通知书》，后及时通知执行机关，并将解除或撤销监视居住的决定书送达犯罪嫌疑人。

犯罪嫌疑人及其法定代理人、近亲属或者犯罪嫌疑人委托的律师及其他辩护人认为监视居住超过法定期限的，有权向公安机关、人民检察院提出申诉，要求解除监视居住。经审查情况属实的，应当解除监视居住，经审查未超过期限的，应当书面答复申请人。公安、司法机关不得对同一犯罪嫌疑人、被告人重复采用取保候审、监视居住措施。

 知识链接

指定居所监视居住的适用条件

《刑事诉讼法》第75条第1款规定，"监视居住应当在犯罪嫌疑人、被告人的住处执行；无固定住处的，可以在指定的居所执行。对于涉嫌危害国家安全犯罪、恐怖活动犯罪，在住处执行可能有碍侦查的，经上一级公安机关批准，也可以在指定的居所执行。但是，不得在羁押场所、专门的办案场所执行"。由此得知，指定监视居住的情形有二：一是嫌疑人无固定住处；二是涉嫌法定二类犯罪，且有碍侦查的。以下情况适用监视居住时需要认真考察：

1. 对存疑不捕案件变更适用指定居所监视居住问题。侦查监督部门对侦查机关采取拘留措施报请逮捕的案件因证据不足作出不捕决定后，不能擅自采取指定居所监视居住强制措施。由于监视居住的适用对象是符合取保候审条件，既不能提供保证人又不能交纳保证金的犯罪嫌疑人。因此侦查监督部门因证据不足作出不捕决定后，对符合取保候审条件的案件，应变更为取保候审。如果经过进一步调查取证后，被追诉者的行为符合逮捕条件的，就可变更为指定居所监视居住。

2. 指定居所监视居住措施适用的证据标准把握问题。采取指定居所监视居住强制措施的前提是符合逮捕条件，但现行做法中，有的侦查机关调查取证后，采取指定居所监视居住的措施的证据标准审查由侦查机关自行决定，即侦查机关可不经再次报请逮捕程序而自行决定是否采取指定居所监视居住措施。在具体实践中，侦查机关自行决定采取指定居所监视居住，往往出现因办案需要自行降低适用条件的情况。

实践中，监视居住运用较少。一是因为对指定的区域大小难以掌握和执行，如果

把监视居住的对象限制在一间房间或很小的范围，特别是看守所、拘留所或招待所，就是把监视居住变相为监禁，这是违法的。二是因为执行机关不愿意承担监视的责任，派出所、受委托的乡镇或被监视居住人所在单位难以设专人监视其活动。三是被监视居住人与家人同室同居，家人完全可以为其密谋策划，为其充当与外界联系的联络者，很难阻隔犯罪嫌疑人与外界的联系。

能力训练

1. 训练目的：通过分析下列案例，理解侦查期间如何对怀孕的妇女变更强制措施。

2. 训练说明：通过分析下列案例，指出侦查机关对怀孕的妇女变更强制措施的意义。该犯罪嫌疑人重新犯罪时，是否还需要将其认定为正在哺乳的妇女？

3. 训练内容：

2012 年 2 月，被告人王某某伙同他人购得冰毒 532.95 克（含量为 38.40 克/100 克），以每克 400 元的价格贩卖 50 克，随后被公安机关抓获。王某某因怀孕而被监视居住，同年 7 月分娩。同年 8 月，王某某再次与他人共同贩卖冰毒 934.41 克（含量为 80.79 克/100 克），进行交易时被当场抓获。公诉机关对王某某并案提起公诉。

总结与思考

1. 监视居住的条件是什么？

2. 被监视居住人应当遵守哪些法律规定？

3. 变更和解除监视居住的条件是什么？

参考阅读

1. 马静华："公安机关适用指定监视居住措施的实证分析——以一个省会城市为例"，载《法商研究》2015 年第 2 期。

2. 程雷："指定居所监视居住实施问题的解释论分析"，载《中国法学》2016 年第 3 期。

3. 汪建成、胡星昊："论监视居住制度的司法完善"，载《中国刑事法杂志》2013 年第 6 期。

工作任务四　掌握拘留的方法

工作目标

知识目标：了解拘留的条件、期限、执行程序及解除变更程序。

能力目标：能在实践中具体执行拘留程序。

工作情景

傅某是一公司老板，在松江某高档小区购买了一套 336 平方米的独立别墅。但从 2006 年 1 月至 2007 年 10 月，他一直未支付物业费。物业公司遂将傅某告上法庭，要求其支付万元物业费。法庭上，虽然傅某辩称物业公司服务不到位，却提不出相关的证据，最终败诉，法院判令其限期交付物业费 1.18 万元。然而判决生效后，傅某并没有履行法定义务，故物业公司向法院申请执行。法院立案执行后，向傅某发出了执行令、传票，并电话通知其履行生效判决确定的义务，但傅某既不履行义务，也不向法院申报财产情况。执行人员调查时发现，傅某为了逃避法院执行，已离开住所，去向不明，而他名下的别墅现由其家人居住，致使法院难以进行处理。法院遂对其作出罚款、拘留 15 天的决定。

思考：法院上述拘留处理决定是否合理？

工作准备

一、了解拘留的概念

拘留，是指公安机关、人民检察院对直接受理的案件，在刑事侦查的法定紧急情况下，对现行犯或重大犯罪嫌疑人所采取的临时剥夺其人身自由的一种强制措施。拘留会产生羁押的法律后果，因此拘留是强制措施中程度较强的一种。在紧急情况下适用拘留措施，是为了及时抓获现行犯或重大嫌疑分子，及时取得罪证、查明案情，防止新的犯罪发生，保证侦查工作的顺利进行。实践中，一般在两种情况下实施拘留：一是在侦查过程中，发现需要采取拘留措施的现行犯或重大嫌疑分子；二是被司法机关当场抓获或由群众扭送到司法机关的现行犯，经侦查机关审查后，发现需要采取拘留措施的。

二、明确拘留的适用条件

刑事拘留适用的对象是现行犯或重大犯罪嫌疑人。现行犯是指正在实施犯罪的人，重大犯罪嫌疑人是指有证据证明具有重大犯罪嫌疑的人。在拘留的适用条件上，公安机关决定拘留和人民检察院决定拘留有所不同。

根据《刑事诉讼法》第 82 条，公安机关对现行犯或者重大嫌疑分子，如果有下列情形之一的，可以先行拘留：①正在预备犯罪、实施犯罪或者犯罪后及时被发觉的；②被害人或者在场亲眼看见的人指认他犯罪的；③在身边或者住处发现有犯罪证据的；④犯罪后企图自杀、逃跑或者在逃的；⑤有毁灭、伪造证据或者串供可能的；⑥不讲真实姓名、住址，身份不明的；⑦有流窜作案、多次作案、结伙作案重大嫌疑的。

人民检察院在办理其直接受理的案件中对于以下两种情形的犯罪嫌疑人有权决定拘留：①犯罪后企图自杀、逃跑或者在逃的；②有毁灭、伪造证据或串供可能的。人民检察院决定拘留后由公安机关执行。

工作程序

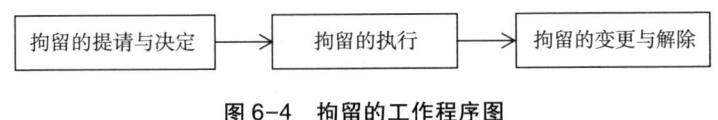

图6-4　拘留的工作程序图

一、拘留的提请与决定

公安机关、人民检察院有权提请拘留，并由公安机关统一执行。人民法院作为审判机关不具有决定拘留的权力。公安机关决定拘留的，应当由办案单位侦查人员填写《呈请拘留报告书》，由县级以上公安机关负责人批准，签发《拘留证》，然后由提请拘留的公安机关负责执行。

人民检察院决定拘留的，应当由办案人员提出意见，部门负责人审核，检察长决定。决定拘留的案件，由县级以上公安机关凭人民检察院送达的决定拘留的法律文书签发《拘留证》，由公安机关执行。

二、拘留的执行

1. 公安机关执行拘留时必须出示《拘留证》，并责令被拘留人在拘留证上签名（盖章）、按指印。被拘留人员如果抗拒拘留，执行人员有权使用包括戒具在内的适当的强制方法。

2. 拘留后，应当立即将被拘留人送看守所羁押，至迟不得超过24小时。除无法通知，或者涉嫌危害国家安全犯罪、恐怖活动犯罪，通知可能有碍侦查的情形以外，应当在拘留后24小时以内，通知被拘留人的家属。有碍侦查的情形消失以后，应当立即通知被拘留人的家属。

3. 公安机关、人民检察院对于被拘留的人，应当在拘留后的24小时内进行讯问。通过讯问，能及时查清事实，防止错误拘留，同时及时收集证据，查明其他同案犯。在讯问中发现错误拘留的，应当立即释放，发给释放证明。所谓"错误拘留"，是指以下情形：①发生或者被拘留人的行为不构成犯罪的。②犯罪行为没有发生或者依法不应追究刑事责任的。③虽然有犯罪行为，但依法不应追究刑事责任的。④虽有犯罪行为，但不是被拘留人所为的。⑤犯罪行为虽然是被拘留人所为，但该人并不具备法定的适用拘留的情形，不需要拘留的。

4. 特殊人员的拘留程序。根据《全国人民代表大会组织法》和《地方各级人民代表大会和地方各级人民政府组织法》及有关司法解释，公安机关、人民检察院在决定拘留下列有特殊身份的人员时，需要报请有关部门批准或者备案：

（1）县级以上各级人民代表大会代表因现行犯被拘留的，应当由决定拘留的机关立即向其所在的人民代表大会主席团或者常务委员会报告；因其他原因需要拘留的，由决定拘留的机关报请该代表所属的人民代表大会主席团或者常务委员会许可。

（2）决定对不享有外交特权和豁免权的外国人、无国籍人采取刑事拘留时，应当报请有关部门审批。边远地区来不及报告的，可以边执行边报告，同时征求省、自治区、直辖市外事办公室和外国人主管部门的意见。

（3）对外国留学生采取拘留的，在征求地方外事办公室和高教厅、局的意见后，报公安部或国家安全部审批。

5. 拘留的期限。拘留的期限是公安机关提请人民检察院批准逮捕的时间和人民检察院审查批准逮捕的时间的总和。公安机关对被拘留人认为需要逮捕的，应当在拘留后的3日内，提请人民检察院审查批准。在特殊情况下，经县级以上公安机关负责人批准，提请审查批准的时间可以延长1~4日。对于流窜作案、多次作案、结伙作案的重大嫌疑人，经县级以上公安机关负责人批准，提请审查批准的时间可以延长至30日。人民检察院应当自接到公安机关提请批准逮捕书后的7日以内，作出批准逮捕或者不批准逮捕的决定。

人民检察院直接受理的案件，需要逮捕被拘留人的，应当在10日内作出决定。在特殊情况下，决定逮捕的时间可以延长1~4日。对于不需要逮捕的，应当立即释放。

因此，一般情况下，拘留的期限最长为14日，流窜作案、多次作案、结伙作案的重大嫌疑人的拘留期限最长为37日。

6. 公安机关异地执行拘留的，应当通知被拘留人所在地的公安机关，被拘留人所在地的公安机关应当予以配合。

三、拘留的变更与解除

1. 需要逮捕的，在拘留期间内，依法办理逮捕手续。

2. 应当追究刑事责任，但不需要逮捕的，办理取保候审或监视居住手续后，直接向人民检察院移送起诉。

3. 对需要逮捕而证据还不充足的，可以取保候审或监视居住。经过讯问，认为被拘留人犯有罪行，依法需要逮捕，但在拘留期间内没有收集到足够的证据证明其犯罪事实的，如果出于办案的需要，应限制其人身自由的，可以依法将拘留变更为取保候审或监视居住。拘留后，符合逮捕条件的，应当办理逮捕手续。

4. 犯罪嫌疑人、被告人及其法定代理人、近亲属或者犯罪嫌疑人委托的律师及其他辩护人认为拘留超过法定期限的，有权向公安机关、人民检察院提出申诉，要求解除拘留。经过审查情况属实的，应对犯罪嫌疑人、被告人解除拘留。经审查未超过法定期限的，应书面答复申请人。

5. 没有实施危害社会行为的，应书写书面报告，报经县级以上公安机关负责人批准，立即释放，发放释放证明。

 知识链接

刑事拘留与行政拘留

刑事拘留是一种临时保障措施，是公安机关在侦查过程中为了保障刑事诉讼程序的顺利进行，对犯罪嫌疑人采取的临时性的限制人身自由的方法。根据法律规定，在公安机关侦查期间，只有律师可以在看守所会见。行政拘留是公安机关根据《治安管理处罚法》对一般违法人员作出的行政处罚措施。家人只需要向拘留所提出申请，就可以进行会见。刑事拘留与行政拘留的区别如下：

1. 适用的对象不同。刑事拘留是公安机关在侦查过程中，遇有紧急情况时，对触犯刑法、需要追究刑事责任的现行犯或者重大嫌疑分子所采取的临时限制人身自由的强制方法；而行政拘留则主要是针对违反《治安管理处罚法》，尚未构成犯罪的违法者。

2. 法律依据不同。刑事拘留适用《刑事诉讼法》，而行政拘留适用《治安管理处罚法》《行政处罚法》等行政法律规范。

3. 法律性质不同。刑事拘留不具有惩罚性，只是一种临时的保障性措施；行政拘留是一种处罚。

4. 目的不同。刑事拘留的目的是保证刑事诉讼的顺利进行，而行政拘留是处罚和教育一般违法的人。

5. 适用机关不同。刑事拘留的决定权在公安机关和人民检察院，由公安机关执行；只有县级以上公安机关才享有行政拘留裁决权。

6. 羁押期限不同。普通刑事拘留不得超过14日，对流窜作案、多次作案、结伙作案的重大嫌疑分子的拘留期限不得超过37日；而行政拘留的期限一般为10日以内，最长不超过20日。

7. 法律后果不同。刑事拘留先行拘留1日的可以折抵刑期1日；行政拘留是对违反治安管理处罚法的人的处罚。

8. 关于案底与前科。当事人由于违反《治安管理处罚法》而被行政拘留的，一般不会留下前科，但当事人超过16岁再被处以行政拘留的，则会在当地公安机关留下案底；如果5年内再次因违反《治安管理处罚法》而被处以行政拘留的，则会加重处罚。行政拘留案底在公安机关长期保存，可以查询，对报考公务员以及特殊部门雇员的当事人的政审环节可能造成不利影响。被判处拘役、有期徒刑以及无期徒刑或者死刑缓期执行的罪犯会留有前科。有前科的人又犯新罪，如果符合累犯的条件，就构成累犯，要从重处罚。有某种前科的人不能担任某些职务，如被剥夺过政治权利的人不能担任

中华人民共和国人民法院助理审判员以上职务。曾有违法行为，受过行政处罚的，不能视为有前科。

能力训练

1. 训练目的：通过案例分析，理解并掌握拘留的适用条件。
2. 训练说明：试分析下列案例，指出公安机关的处理决定是否合法。
3. 训练内容：

案例一：2018 年 5 月 1 日，曹某（男，42 岁，辽宁省沈阳市沈北新区黄家乡王村人）通过车友会的微信群接收和观看了一段 3 分钟左右的暴力恐怖微电影，经核实，并根据有关法律法规，公安机关依法对曹某予以刑事拘留。

案例二：2018 年 5 月 7 日，党某（女，28 岁，河南省杞县官庄村南街 73 号）手机内存储有一段暴恐音视频，经核实，并根据有关法律法规，公安机关依法对党某予以刑事拘留。

案例三：2018 年 5 月 13 日，王某（男，汉族，黑龙江省富锦市上街镇合村）手机内存有一段暴恐音视频，经核实，并根据有关法律法规，公安机关依法对王某予以刑事拘留。

总结与思考

1. 简述拘留的提请和决定主体。
2. 简述拘留的执行程序。
3. 简述拘留的期限。
4. 拘留的条件是什么？

参考阅读

1. 李哲："短期限制人身自由刑事强制措施体系之比较与完善"，载《国家检察官学院学报》2015 年第 5 期。
2. 吴宏耀："现行犯视角下的拘留扭送制度"，载《中国刑事法杂志》2016 年第 1 期。

工作任务五　掌握逮捕的方法

工作目标

知识目标：了解逮捕的概念及适用条件。

能力目标：掌握执行逮捕的程序。

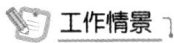 **工作情景**

涉嫌强奸幼女案未批捕

某法院未检处受理公安机关提请批捕的一起强奸案，犯罪嫌疑人与本市某初一学生多次自愿发生性关系。公安机关提供了被害人手机中的部分QQ聊天记录，聊天记录里显示"我看你才初一"等内容可以证实犯罪嫌疑人应当知道被害人未满14周岁，但犯罪嫌疑人辩称被害人告知其已满14周岁，其行为不构成犯罪。

在审查全部案卷材料后，承办检察官发现被害人手机中尚有微信及大部分QQ聊天记录未及调取，且该部分记录已被删除。遂依法调取该手机，并委托检察技术处提取恢复相关数据。电子数据鉴定人对涉案手机内的微信、QQ聊天记录进行数据提取恢复，最终在机身未分配组中成功恢复微信中已删除的聊天记录。聊天记录显示"宝贝15岁快乐""我15刚好"等内容佐证了犯罪嫌疑人当时认为被害人已满14周岁的辩解。承办检察官结合其他证据材料，认为现有证据尚不足以证实犯罪嫌疑人明知被害人当时未满14周岁，故作出不批准逮捕的决定。

思考：逮捕的条件是什么？

工作准备

一、了解逮捕的概念

逮捕，是指公安机关、人民检察院的侦查部门，为了防止犯罪嫌疑人实施妨碍刑事诉讼的行为、逃避侦查或者发生社会危险性，依法在一定时间内剥夺其人身自由的一种强制措施。包括我国在内的多数国家都将逮捕和羁押合一，由于逮捕将在较长时间内剥夺犯罪嫌疑人的人身自由，因而除在特殊情况下对特殊对象可以无证逮捕外，各国都实行司法令状主义，即逮捕需要司法机关审批。逮捕是刑事诉讼强制措施中最严厉的一种，是强制措施中剥夺人身自由时间最长、强度最大的一种。因而正确实施逮捕不仅能防止犯罪嫌疑人逃跑、自杀、毁灭证据、串供，保障侦查、起诉程序的正常进行，同时也可以有效震慑社会上其他意欲犯罪的危险分子，起到预防作用。

二、明确逮捕的适用条件

根据我国《刑事诉讼法》第81条，对有证据证明有犯罪事实，可能判处徒刑以上刑罚的犯罪嫌疑人、被告人，采取取保候审尚不足以防止发生下列社会危险性的，应当予以逮捕：①可能实施新的犯罪的；②有危害国家安全、公共安全或者社会秩序的现实危险的；③可能毁灭、伪造证据，干扰证人作证或者串供的；④可能对被害人、举报人、控告人实施打击报复的；⑤企图自杀或者逃跑的。

根据这一规定，逮捕应当同时具备以下三个条件：

1. 证据条件，即有证据证明有犯罪事实。"有证据证明有犯罪事实"是指同时具备以下情形：①有证据证明发生了犯罪事实；②有证据证明犯罪事实是犯罪嫌疑人实施的；③证明犯罪嫌疑人实施犯罪行为的证据已经查证属实的。

2. 罪责条件，即可能判处有期徒刑以上的刑罚。这里的刑罚不包括可能判处管制、拘役、独立使用附加刑等或者可能免除刑罚的。

3. 社会危险性条件，即采取取保候审、监视居住等方法，尚不足以防止发生社会危险性，而有逮捕必要的。

"有逮捕必要"是指有下列情形之一的：①可能实施犯罪行为，危害社会的；②可能毁灭、伪造证据、干扰证人作证或者串供的；③可能自杀或者逃跑的；④可能实施打击报复行为的；⑤可能有碍其他案件侦查的；⑥其他可能发生社会危险的情形；⑦对有组织犯罪、黑社会性质组织犯罪、暴力犯罪和多发性犯罪等严重危害社会治安和社会秩序以及可能有碍侦查的犯罪嫌疑人，一般应予以逮捕。

逮捕的三个条件相互联系，缺一不可。只有同时具备了三个条件，才适用逮捕。只有严格掌握逮捕的条件，才能有效防止错捕和滥捕的现象发生。

工作程序

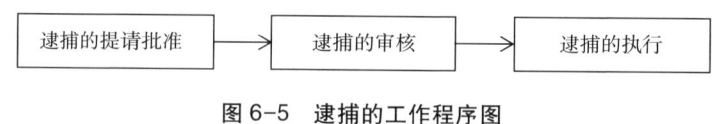

图6-5　逮捕的工作程序图

一、逮捕的提请批准

公安机关在刑事侦查中需要逮捕犯罪嫌疑人时，应当经县级以上公安机关负责人批准、制作《提请批准逮捕书》一式三份，连同案卷材料、证据，一并移送同级人民检察院审核。公安机关自行决定逮捕的，必须报请人民检察院批准。

人民检察院对于其直接立案侦查的案件需要采取逮捕措施的，应当先由侦查部门填写《逮捕犯罪嫌疑人审批表》，连同案卷材料和证据移送审查批捕部门审查，由检察长决定。

二、逮捕的审核

1. 人民检察院的审查批捕部门对于公安机关提请的批准逮捕应当在7日内作出决定：对于符合逮捕条件的，作出批准逮捕的决定，制作《批准逮捕决定书》；对于不符合逮捕条件的，作出不批准逮捕决定，制作《不批准逮捕决定书》，说明不批准逮捕的理由。

2. 人民检察院侦查部门移送的《逮捕犯罪嫌疑人审批表》及案件材料、证据材料移送批捕部门后，由检察长决定是否逮捕。重大、疑难、复杂的审查批准逮捕，应当报请检察长或者检察委员会讨论决定。决定批准逮捕的，由检察长签发《逮捕决定书》。

3. 人民检察院遇到特殊犯罪嫌疑人需要批捕时，要经过有关部门批准或报请有关部门备案：

（1）人民检察院对于各级人民代表，要经过其所担任代表的人民代表大会主席团或闭会期间的常委会同意之后，才能批准逮捕。

（2）外国人、无国籍人涉嫌危害国家安全犯罪的案件或者涉及国与国之间政治、外交关系的案件以及在适用法律上确有疑难的案件，需要逮捕犯罪嫌疑人的，由省、自治区、直辖市人民检察院审查并提出意见，呈报最高人民检察院。最高人民检察院征求外交部的意见后，决定批准逮捕。经审查认为不需要逮捕的，可以直接作出不批准逮捕的决定。外国人、无国籍人涉嫌其他犯罪的案件，由省、自治区、直辖市人民检察院审查并提出意见，报省级人民检察院审查。省级人民检察院经征求同级政府外事部门的意见后，决定批准逮捕的，报最高人民检察院备案。经审查认为不需要逮捕的，可以直接作出不批准逮捕的决定。

（3）人民检察院审查逮捕危害国家安全的案件、涉外案件以及检察机关直接立案侦查的案件，在批准逮捕后，应当报请上一级人民检察院备案。上级人民检察院对报送的备案材料应当进行审查，发现错误的，应当在 10 日以内将审查意见通知报送备案的下级人民检察院或者直接予以纠正。

4. 对于公安机关移送要求审查批准逮捕的案件、人民法院直接受理的自诉案件，对被告人进行逮捕的，人民法院有权决定。对人民检察院提请公诉的案件，人民法院在审判阶段中可以决定逮捕。

三、逮捕的执行

执行逮捕的权力归属于公安机关，人民检察院和人民法院决定的逮捕均应交公安机关执行。

1. 公安机关在接到执行逮捕通知后，应当由公安局长签发《逮捕证》，立即执行逮捕，并将执行的情况通知人民检察院。执行逮捕的人员不得少于 2 人。执行逮捕时，应当向被逮捕人出示《逮捕证》，宣布逮捕，并责令被逮捕人在《逮捕证》上签字或按手印，并注明时间。被逮捕人拒绝签字的，由执行人员在《逮捕证》上注明。

2. 逮捕犯罪嫌疑人、被告人，在必要的时候可以使用武器和戒具。但要注意坚持适当性原则，防止滥用。

3. 逮捕后，应当对犯罪嫌疑人、被告人在 24 小时内进行讯问，并将注明逮捕的原因和羁押的场所的《逮捕通知书》送达被逮捕人的家属或所在单位。

4. 发现不应当逮捕的，应当立即释放，并发给释放证明，同时通知人民检察院。发现应当变更为监视居住或取保候审的，应当依法变更，同时通知人民检察院。

5. 异地逮捕的，公安机关应当通知被逮捕人所在地的公安机关。公安机关应当携带《批准逮捕决定书》及副本、《逮捕证》、专用办案介绍信及案件主要案卷材料等，当地公安机关应当协助执行。

 **知识链接**

检察院创新审批逮捕模式

人民检察院对于逮捕的审批提出了逮捕公开审查程序，即对案件事实清楚、证据确实充分的审查逮捕案件，由检察机关主持，公开听取公安机关、犯罪嫌疑人或者其辩护律师、其他诉讼当事人意见的审查工作方式。通过公开听证会，邀请相关人员零距离接触办案过程，使其真切地感受到司法的公正性，对检察工作形成更直观清晰的认识。试行审查逮捕案件公开听证制度，增强了审查逮捕过程的公开性和透明性，切实回应了人民群众对司法公正的关注和期待，取得了良好的法律效果和社会效果。

对于逮捕后的审查起诉，提出"捕诉合一"的办案模式。即在审查逮捕条件时，办案组依法对案件进行审查，有序展开阅卷、提讯等工作，查明案件事实，作出批准逮捕与不批准逮捕处理。同时，办案组就案件的进一步侦查提出多条继续侦查取证意见。通过捕诉一体化模式，不断提高专业化水平，严格把握批捕条件，充分发挥检察职能，实现惩罚犯罪、保护人民的根本目的。

能力训练

1. 训练目的：通过分析案例，理解和掌握逮捕的条件。

2. 训练说明：试分析下列案例，说明检察官如何审查批准逮捕？逮捕的条件有哪些？

3. 训练内容：

某检察院受理了某公安局提请批准逮捕的方某涉嫌盗窃案。犯罪嫌疑人方某，现年 21 岁，整日游手好闲，沉迷于赌博和打游戏，2018 年 3 月 20 日，为偿还借款和玩游戏，在自己家中盗窃了其父亲卖猪所得的 1 万元现金，系盗窃近亲属财物案件。

为了保障人权、促进司法公正，主办检察官对犯罪嫌疑人方某涉嫌盗窃案是否批准逮捕举行了审查逮捕诉讼化听证，围绕犯罪嫌疑人方某是否具有社会危险性、现实表现、是否批准逮捕等问题展开讨论。方某父亲说道："他经常当（典当）亲戚的摩托车去玩游戏，我们帮他还过好几次钱，没有办法管他了，给他个教训，同意批准逮捕他。"办案民警说："方某沉迷于赌博，诈骗他人的摩托车、汽车去典当，社会危险性较大，建议批准逮捕方某。"通过讯问犯罪嫌疑人，听取被害人、公安机关办案民警的意见，结合案件证据材料，检察院对方某作出了批准逮捕的决定。

总结与思考

1. 逮捕的条件是什么？
2. 不同类型的被逮捕对象该如何实施逮捕？
3. 逮捕的执行程序是什么？
4. 对犯罪嫌疑人实施逮捕后的处理是什么？

参考阅读

1. 马静华："逮捕率变化的影响因素研究——以新《刑事诉讼法》的实施为背景"，载《现代法学》2015 年第 3 期。

2. 刘计划："逮捕审查制度的中国模式及其改革"，载《法学研究》2012 年第 2 期。

3. 肖中华等："审查逮捕听证制度研究"，载《法学杂志》2013 年第 12 期。

项目七

掌握特殊侦查措施

特殊侦查是指侦查机关在办理刑事案件过程中，针对法定的案件，在穷尽普通侦查措施的情况下，采取的隐蔽身份、目的和手段的方法，在侦查对象不知晓的情况下，发现犯罪线索，收集犯罪证据，抓捕犯罪嫌疑人的活动。由于特殊侦查往往要使用一些专门的科学技术手段，所以又称"技术侦查"。特殊侦查措施，有时又需要秘密进行，所以又常被称为"秘密侦查"。

与普通侦查相比，特殊侦查行为不仅可以在犯罪发生后，犯罪行为已经造成一定后果时，作为一种具有打击功能的被动回应型的侦查行为，也可以在犯罪预备阶段或者正在发生犯罪时作为具有预防功能行使的主动应对式的侦查行为。但是在犯罪行为未发生时使用特殊侦查措施，具有更多侵害法益的可能性，所以特殊侦查措施往往在使用范围上有一定的要求。首先，特殊侦查只能针对某些重罪类案件，如带黑社会性质的有组织犯罪、重特大预谋犯罪、毒品犯罪、走私犯罪等；其次，只有在穷尽其他侦查措施未见成效时实施，不能过度使用；最后，特殊侦查只能针对相关的侦查对象实施。

特殊侦查行为在实施过程中不同于其他普通侦查行为，后者一旦启动就可以顺利实施完毕，而特殊侦查可能因为其秘密优势的丧失而使侦查人员等面临威胁或使特殊侦查变得毫无意义而中止、终止特殊侦查，所以特殊侦查行为必须注意严格保密。首先，在侦查过程中控制知晓使用特殊侦查措施的知情人的范围；其次，对于特殊侦查的对象、具体行为都应该予以保密，同时要做到精心策划、组织、实施，确保万无一失；最后，特殊侦查涉及个人隐私等重要法益，所以其结果必须保密，具体包括对所获取材料的保密和封存。

特殊侦查行为面临着千变万化的犯罪情势和复杂多变的犯罪形态，因此特殊侦查需要有各种形式进行应对。那么，特殊侦查究竟包含哪些侦查措施呢？根据特殊侦查的定义，我们将特殊侦查行为分为三类：内线侦查、外线侦查和技术侦查。内线侦查行为是在案件侦查中，为了尽快查明犯罪团伙内部情况和掌握犯罪嫌疑人的犯罪证据，侦查部门派出侦查人员或协助侦查人员打入犯罪团伙内部进行的侦查，或者在取得犯罪嫌疑人的信任后伺机获取犯罪证据的侦查行为。内线侦查根据其实施主体的不同，又分为卧底侦查和特情侦查。外线侦查，是相对于内线侦查而言的，它是侦查人员以掌握侦查对象的外部活动情况和获取犯罪证据为目的，对侦查对象进行直接观察、监视、控制的一种侦查手段，主要包括跟踪盯梢、守候监视、化装侦查、秘密逮捕、秘密搜查、秘拍秘摄等。技术侦查措施，指在刑事案件侦查中，根据有关法律授权，专业侦查机关在经过特别审批后运用特定技术手段发现犯罪线索、收集证据、查明犯罪事实、查获犯罪嫌疑人的秘密侦查措施，主要包括麦侦、话侦、电讯监控、电子监控、窃视、邮检等。实践中将技术侦查措施简称为"技侦手段"。

工作任务一　了解卧底侦查的方法

工作目标

知识目标：了解卧底侦查的概念、使用条件、实施方法。

能力目标：能灵活运用相关的策略措施开展卧底侦查工作。

工作情景

2015 年 5 月 1 日上午，家住农村的 70 岁老翁徐某接到一个电话，电话里业务员小李说他们公司正在举行回馈顾客抽奖活动，1～9 个数字，随便报一个就可以，差不多100% 中奖。徐老伯一听，认为反正没有什么问题就随便说了一个 8。当天下午 3 点多，业务员小李又打电话来告诉徐老伯他中了三等奖，奖品是一个玉玺，这个玉玺市场价10 万～20 万，现在公司活动只需要支付 4000 元，以邮寄货到付款的方式给予，并且他们公司会每年 8 月份在上海组织拍卖会，到时候就能值十几二十万了。就这样，本来文化水平比较低，从小腿部有残疾以至于生活比较孤寂的徐老伯看到了生活的希望，也想多赚点钱，于是就收下了这个奖品。半年的时间，徐老伯接连收到了玉玺、字画、金砖、世界钱币、青田玉器、清明上河图、智能手机、平板电脑等。之后，业务员小李又打来电话说如果要参加 8 月的拍卖会，需要交纳入会费、鉴定费、终极验证费等费用，徐老伯眼看这些宝贝就要值钱了，就赶紧交纳了这些费用，共计 59 300 多元。吃低保的徐老伯，平时是在工地上看门的，这些钱都是向别人借的。交完这些钱后，徐老伯就在等电话通知去上海参加拍卖会，但是眼看着 8 月份即将过去，徐老伯也再没有接到业务员小李的电话，这时徐老伯意识到不太对劲，于是就向当地的派出所咨询。警察到了徐老伯家里，看着徐老伯的"收藏品"意识到徐老伯被骗了。

思考：上述案例中，侦查机关需要采用何种侦查措施侦破案件？具体应该如何实施？

工作准备

一、了解卧底侦查的概念

卧底侦查，又称"潜入侦查"或"打入侦查"，在我国，卧底侦查一般指警察获取了犯罪嫌疑人或犯罪组织的信任，隐匿真实身份，深入到犯罪组织内部，掌握组织内部的结构，收集犯罪证据并安排适时破案的行为。通常打入敌人内部的人员被称为卧底、线人。而刑事特情，是由侦查机关领导和指挥的，用于侦查刑事案件、搜集犯罪情报、发现和控制犯罪活动的隐秘力量。特情人员从广义上往往包括线人、耳目、特情等。

二、明确使用卧底侦查的条件

卧底侦查作为一种内线侦查，必须经过严格的审批程序才能在既定范围内使用，若使用不当，必会使当事人及卧底人员甚至公安机关蒙受损失。为避免措施的滥用，保护无辜群众的合法权益，许多国家和地区进行了严格的限制，必须符合一定的条件才能实施卧底侦查。

1. 必须要有确定的犯罪事实根据的存在，存在重大的犯罪行为。卧底侦查实施前目标是明确具体的，被实施卧底侦查的对象必须是有充分依据的犯罪嫌疑人。

2. 卧底侦查仅适用于毒品、武器交易、伪造货币或有价证券、有关危害国家安全方面的集团或团伙犯罪、职业性的持续性犯罪、黑社会性质的有组织犯罪或有组织地实施的重大犯罪。

3. 卧底侦查是在其他侦查方法用尽且无功效的情况下才可使用，是不得已而为之的措施，且前提必须是要有明确的犯罪嫌疑及目标。

4. 卧底侦查要有严格的审批程序。在我国，卧底侦查至少要得到县级以上的侦查机关负责人的批准方可使用。

三、掌握选择卧底人员的方法

1. 卧底人员的选择途径一般有三种：①从侦查系统现职人员中择优选择；②从公安院校或普通院校中即将毕业的人员中选择；③从社会上招募合适的人员。

2. 卧底人员要具备一定的基本条件。

（1）年龄。卧底人员的年龄应当与犯罪集团大多数成员相差不大，这样容易拉近与犯罪团伙的心理距离，以便为接近犯罪团伙成员创造条件。

（2）外貌。卧底人员的外貌应当大众化，五官比较平实，没有过于明显的脸部特征，要与扮演的角色基本一致。

（3）气质。卧底人员需要有友善、冷静的心理素质且不能是过于正气凛然的形象。

（4）智力。参与卧底的人员需要足智多谋，要有冷静的头脑、较强的记忆力、观察力和判断能力，有足够必要的自信心，在紧急情况发生时能随机应变。

（5）个人素质。包括政治、业务、法律水平、文化水平和社会经验等，都必须过硬。

（6）个人意愿、背景。参与卧底的人员需要动机纯正、自愿，具有献身精神。同时，其家庭成员应无犯罪记录，社会关系较为单纯，本人无不良嗜好等。

工作程序

图 7-1　卧底侦查的工作程序图

一、卧底侦查的事前准备

1. 了解侦查对象的背景。包括犯罪团伙组织内部成员的姓名、相貌、文化、家庭地址、家属及朋友等；骨干成员的违法、犯罪经历及实施犯罪的手法；吸收、考验新成员的方式方法；组织内首要分子及骨干成员的体貌特征、日常行为方式、性格嗜好、专长等；组织的标志、成员的行为方式、文化认同方式等；组织据点及活动情况。

2. 对前往侦查的区域进行了解。主要有市区及郊区的总体布局和特点，如主要街道走向、位置、两侧的建筑物；该地区的犯罪状况和特点，如作案人的作案手法、种类等；该地区的通信、交通状况等；组成成员经常涉足的当地消费场所的情况；当地风俗习惯、语言习惯和居住习惯等。

3. 制作"个人档案"。将卧底人员前往的地区、侦查的任务、对象及卧底人员的个人特点、卧底的身份、"履历表"、犯罪档案等每一个细节都考虑进去，制定一个详细的个人档案。

二、卧底侦查的实施

卧底人员开展侦查工作，需要对每一个细节都研究透彻，正确灵活运用。

1. 时刻牢记自己所扮演的角色，成为组织一员。使自己的言语、动作、兴趣、打扮等都与犯罪组织人员相符，在交往过程中让犯罪组织人员认为彼此的价值观是相近的。在整个卧底期间都不能暴露自己以前的身份，尽量避免多说话，不要过分卖弄自己的见识，防止言多必失。

2. 积极开展侦查，设法接近侦查对象。一是创造合情合理接近侦查对象的条件，可以采取通过对侦查对象设置障碍，内线路见不平、拔刀相助，帮助侦查对象渡过难关的方法；二是了解侦查对象的困难、爱好、需求，内线尽可能帮其解决，取得侦查对象的信任，"投其所好、助其所需"；三是准备好应对侦查对象的考验，犯罪分子经常利用一切资源，如金钱、女色来考验内线，有些犯罪团伙甚至以"提人头"作为入伙条件；四是博取侦查对象的尊重和感激，内线要有惊人的胆识，这样易受到侦查对象的推崇，对内线佩服得五体投地，才能让侦查对象将有关案情和盘托出。

3. 套取情报，获取证据。通过一定的策略，如加强心理暗示、分化瓦解、激将等方法，对侦查对象施加心理影响进行卧底取证。内线应善于运用策略方法，常见的有：佯顺其意；求计献策；利用矛盾，挑拨离间；引导规劝；直接取证等。同时，为了保证安全，卧底人员需要依靠自己的脑力记忆证据，不要用其他方法固定证据。

4. 卧底人员与指挥员的联系。卧底人员与指挥员应当选择在隐蔽地点会面，或使用电话、书信、网络等方式联系。在卧底活动开始之前，指挥人员应事先设计好与卧底人员的联系方法。实践中，卧底人员一般使用路边的公用电话进行联系，尽量使用暗语且时间不宜过长。

三、卧底侦查的终结

当卧底人员完成任务后，卧底人员不应当无缘无故悄然消失，应找个合理的不被人怀疑的借口妥善撤离犯罪组织，退出侦查。这个理由可以是打入前就部署好的，也可以是内线自己创造的机遇，总的要求是不引起犯罪组织的怀疑。在撤离犯罪组织后，应以新的身份过新的生活，不再参与该案件的侦查，并且保持警惕，降低与卧底侦查对象相遇的可能性。卧底侦查人员将一直保守秘密，直到案件脱密及危险消除。

 知识链接

卧底侦查获取的证据使用问题

随着现代社会工业化、信息化的不断发展以及有组织犯罪与隐形犯罪的日益突出，在司法实践中采取相应的卧底侦查、技术侦查措施已是当前各国的通行做法。但卧底侦查、技术侦查措施以及所获证据的可采性问题并没有法律的直接规定，这就造成了司法实践中法官在秘密侦查获取的证据使用问题上不得不面临两难的抉择。司法实务界采取了一种折中的态度，即侦查机关可以通过一系列的手段对卧底侦查获取的证据进行"转化"，从而使其具有证据能力。如对特情提供的关键线索或重要案件事实，以刑侦人员工作记录的形式出具，即以"情况说明"的形式附卷移交给法院，便于法官全面、准确掌握案情。在极个别的情况下，对卧底或者特情提供的材料还可直接以证人证言的形式向法庭出示。

但这种"证据"转化存在一些问题：首先，不利于被告方辩护权的行使。实践中，侦查部门为了对线人或卧底警察的身份进行保密，在向检察机关移送案卷材料时，通常不提交与秘侦措施有关的证据与信息。这使得被告方在证据获取方面处于天然的劣势，必然会导致证据信息的不对称性，不利于被告人辩护权的行使和维护。此外，由

于司法实践中侦查人员往往不愿出庭作证，而只是以"情况说明"的方式代替，这直接损害了被告方的辩护防御权。因为在侦查人员不出庭作证的情况下，被告方与侦查人员不能进行直接对质，这必然不利于被告人辩护防御权的行使。其次，这种做法也不利于诉讼资源的合理配置。一方面，由于秘密侦查所获取的证据不能直接使用，须经过一系列的环节进行转化，这必然会增加侦查工作的额外负担，造成诉讼资源的重复投入和资源浪费。另一方面，一旦转化工作不成功，则通过技侦手段所获得的证据材料就不能作为证据使用，这不仅会浪费大量的诉讼资源，甚至还可能会使整个案件的审判处于被动的地位，无法及时追究犯罪分子的刑事责任，严重影响诉讼效率以及司法公正。

能力训练

1. 训练目的：通过案例分析，理解掌握卧底侦查的注意事项。

2. 训练说明：试分析下列案例，说明卧底侦查的注意事项以及在新时代卧底侦查的意义。

3. 训练内容：

侦查机关侦破了一起网络赌博案，其中13名主要网络赌博组织者中，平均年龄26岁，年龄最小的21岁，其中7人为女性。侦查发现其犯罪手段是通过群主利用"盼盼""好运比比看"等手机APP，组织赌徒"扎金花"。进入群里的赌徒互相不认识，都以虚拟网名出现，结算也通过微信等渠道。一次牌局大约10分钟，以每分钟1元的价格进行结算，输家通过微信或支付宝把钱转给"财务代收"，庄家则按赢100抽15元、赢200抽20元的比例"抽水"，剩下的给赢家。

由于进群的规制是：新人进群必须有熟人推荐，否则要交300~500元的押金，防止飞单，即进群必须参赌。这给侦查工作着实带来了障碍。警方考虑用卧底侦查的方式开展侦破工作，因此一方面安排卧底民警深入群内"玩两把"，并即时查清这个网络赌场的运作模式及骨干成员信息；另一方面组织专案组连续奋战。最终成功锁定赌场组织者的身份信息，并固定了赌场开设以来的电子交易记录信息等关键性证据。

落网后30岁的卢某交代，他因做生意亏本想通过这个挣钱，虽然知道赌博违法，但以为都是在网上操作比较隐蔽，没想到后果这么严重。令人唏嘘的是，卢某的妻子杨某，本有正当职业，而且已身怀六甲，本来并不懂这些赌博的事，却被卢某拉进群里当起了"财务代收"，成为该团伙的"账房"，也为此被取保候审。杨某悔恨交加，流泪表示"真不该一时糊涂干这个"。

总结与思考

1. 卧底侦查中卧底人员的条件是什么？

2. 卧底侦查的使用条件是什么？

3. 卧底侦查如何实施？实施时的注意事项是什么？

📖 **参考阅读**

1. 肖军："域外诱惑侦查比较研究与启示：以词源为切入点"，载《中国人民公安大学学报（社会科学版）》2015 年第 4 期。

2. 庄乾龙："论卧底侦查所获证据之证据能力"，载《北华大学学报（社会科学版）》2012 年第 1 期。

3. 刘丽梅："卧底侦查的价值冲突与法律规制"，载《净月学刊》2013 年第 1 期。

4. 王彦学："内线侦查在集群事件处置中的应用"，载《铁道警察学院学报》2014 年第 5 期。

工作任务二 　了解刑事特情的选建及使用方法

📖 **工作目标**

知识目标：了解刑事特情的概念、选建条件、选建方法及使用。

能力目标：能在具体侦查案件过程中物色并使用刑事特情。

📖 **工作情景**

巧用特情侦破毒品犯罪

被告人李某，无业人员，与某市吸毒人员王某认识。经某市公安局禁毒队许可，王某与被告人李某联系购买毒品事宜。王某与被告人李某就购买毒品的种类、数量、价款、交易地点谈妥后，即向某市公安局禁毒队作了汇报。某市公安局禁毒队就王某与被告人李某准备在某县光明路附近一加油站处进行毒品交易的具体情况及时向某县公安局禁毒大队作了通报。交易当日，被告人李某驾车携带毒品，行车至某县光明路加油站处，刚与王某接触时，被已布控的某县公安局禁毒大队民警当场抓获。从李某身上搜出三包毒品可疑物，经鉴定其中两包含有海洛因成分，净重 11.8 克。本案公诉机关以李某的行为已构成贩卖毒品罪起诉。

思考：刑事犯罪案件侦查过程中该如何选建和使用刑事特情？

📖 **工作准备**

一、了解刑事特情的概念

刑事特情是侦查机关领导和指挥的，用于侦查刑事案件、搜集犯罪情报、发现和控制犯罪活动的隐蔽力量。

二、明确刑事特情的分类

根据刑事特情所担负的任务，分为专案特情、控制特情和情报特情。

1. 专案特情，主要用于刑事案件侦查中对犯罪集团、犯罪团伙等重、特大案件的内线侦查和对犯罪嫌疑人的内线贴靠，其任务是调查和了解侦查对象的犯罪活动情况，获取侦查线索和犯罪证据，同时，监视和控制侦查对象的活动。

2. 控制特情，是指在一定的活动阵地上发现和掌握犯罪分子犯罪活动的特情。这类特情一般有固定的活动范围，有公开的职业作掩护，多在特种行业、重点地区、复杂场所、边缘结合地带、交通要道等犯罪分子易于涉足的场所发现和控制犯罪活动。

3. 情报特情，是指专门用于搜集犯罪情报的刑事特情。情报特情多无具体的案件和人员目标，也没有固定的活动范围，但多具有流动性职业。

三、掌握刑事特情的选建条件

根据公安部颁发的《刑事特情工作细则》的规定，刑事特情应当具有能够发现和接近犯罪分子，有一定的活动能力，并愿意为警方工作的条件，或具有为警方控制使用的条件。因此，刑事特情的选建就是如何选择符合这些条件的人员。不同类型的刑事特情，其选择的侧重不一。

1. 专案特情的选择。专案特情一般以重、特大刑事案件为工作目标，用于贴靠犯罪嫌疑人，深入到犯罪集团、犯罪团伙内部开展调查，获取侦查线索和犯罪证据。专案特情需要选择易接近犯罪嫌疑人且机敏灵活的人。一般从以下人员中进行选择：共同犯罪人、被关押的犯罪嫌疑人、犯罪人的知情人或犯罪嫌疑人的关系人及能够接近和取信于犯罪嫌疑人的违法人员或犯罪分子。

2. 情报特情的选择。情报特情的主要任务是与犯罪嫌疑人或其他违法人员交往，搜集犯罪情报。对情报特情的选择要重点考察其交往能力和接触条件，可以从以下人员中进行选建：下岗待业人员和社会闲散人员、从事流动性职业的人、工作和居住在公共复杂场所、社会治安形势较为严峻的地区的居民、有条件获取犯罪情报的其他人员。

3. 控制特情的选择。控制特情就是以职业为掩护，在犯罪嫌疑人经常涉足的地区和场所进行阵地控制，可以从以下人员中进行选择：餐饮业的从业人员、旅店业的从业人员、公共电汽车和出租车的从业人员、修理行业和废旧收购行业的从业人员、娱乐行业的从业人员及公共复杂场所和重点地区的从业人员。

4. 境外特情的选择。境外特情主要是搜集境外情报，尤其是走私贩毒、拐卖人口的犯罪线索和逃到境外的犯罪嫌疑人的线索。境外特情一般从以下人员中选建：往来港澳台及其他边境地区的商贸人员、境外的赌场、旅店、餐饮、娱乐等复杂场所的从业人员、流动的边民、在边境地区从事运输的人员、被抓获的境外犯罪嫌疑人等。

四、注意几类不宜选建为刑事特情的人员

由于刑事特情有着特定的工作任务和工作对象，因此，必须具备一定的条件，有些人员具备了一定的条件，但因受其他因素的制约不宜作为刑事特情使用。这类不宜选建为刑事特情的人员包括：

1. 治安积极分子。由于治安积极分子主要从事巡逻、盘查可疑人员和值勤等，其身份一般是公开的，加上长期出现于市井之中，易于被人熟知，因此其接近犯罪嫌疑人的条件受到较大的限制，尽管其有活动能力，愿意为侦查机关工作，但一般情况下，侦查机关不将其选建为特情。

2. 未成年人。未成年人指未满 18 周岁的青少年，他们的生理、心理发育不成熟，社会阅历浅，缺少社会经验，缺乏接近和控制犯罪嫌疑人的基本能力。加上也不符合对未成年保护的国家相关法律，因而不宜将其选建为刑事特情。

3. 罪行严重的犯罪嫌疑人和重大犯罪集团、犯罪团伙的首要分子。由于这类人的恶习很深，本身就是惯犯、累犯，有丰富的逃避侦查打击的经验，难以控制。加之涉及破案后的从轻、减轻处罚的问题不易操作，因此尽管其有较强的发现或接近犯罪嫌疑人的能力，但一般不宜将其选建为特情。

4. 被判处死刑罪犯的近亲属。尽管这类人对犯罪嫌疑人的犯罪行为表示义愤，但是由于其与被判处死刑的罪犯有着情感上的联系，因此会对包括侦查机关在内的司法机关产生强烈的抵触情绪和不满情绪。这种情况下，除非特别需要，一般不宜将其选建为刑事特情。

五、掌握刑事特情的选建方法

选建刑事特情时，需要根据每种特情的具体情况，采用不同的方法进行。

1. 启发教育。这种方法适用于在群众中进行选建，由于有些群众具有同犯罪作斗争的积极性，有较高的思想觉悟。可以采用促膝谈心、阐明事理、启发开导、典型事例等向其阐明同犯罪作斗争的意义，消除其在一些问题上的模糊认识。同时用实实在在的关心和帮助解决其生活、工作上的一些实际困难等行动取信于人。

2. 接触交往。由于一些重点地区、复杂场所、特种行业的有些群众具有较高的思想觉悟，能利用工作的有利条件，经常向侦查机关反映可疑的人和事，经过较长时间的交往和考察，侦查人员可以将其发展为正式的刑事特情。另外，对于有一些劣迹的违法人员，可以对其进行训诫教育，同时责令其发现犯罪嫌疑线索时向侦查机关报告。对于不愿意马上为侦查机关工作的人，可以先耐心地与其继续接触和交往，并用灵活有效的方法，逐渐解决其实际困难，消除后顾之忧，慢慢促使其为侦查机关工作。

3. 秘密介绍。由于重点地区、复杂场所、特种行业的派出所和保卫组织的相关人

员对本单位、本辖区的情况较为熟悉，对违法人员、重点人员等的现实表现较为了解，由他们向侦查机关侧面推荐的选择对象具有针对性。侦查机关再对选建对象进行考察培养后将其发展为正式的刑事特情。

4. 强制控制。又称抓"把柄"，主要适用于在违法人员尤其是犯罪分子中选建。通过抓"把柄"的方法查获选建对象本人的犯罪事实，然后通过一定的控制手段强制其为侦查机关工作。

工作程序

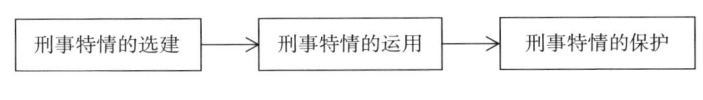

刑事特情的选建 → 刑事特情的运用 → 刑事特情的保护

图 7-2 刑事特情的工作程序图

一、刑事特情的选建

1. 全面调查了解选建对象的情况。当侦查人员发现可以选建为刑事特情的对象时，可以通过基层派出所、单位保卫组织、单位的领导和同事、居住地的居民了解其情况。具体情况包括选建对象的政治态度、思想品质、经济状况、家庭和社会关系、性格爱好、与侦查对象的关系等。如选建对象是违法人员或犯罪人员，需要了解其犯罪事实、认罪态度、处罚情况和有无悔改表现等。

2. 初步与选建对象进行接触。初步接触即侦查人员与选建对象面对面的交流，了解其是否愿意为侦查机关工作或能否为侦查机关所控制。只有其明确表示愿意为侦查机关工作或侦查机关能采取有效措施进行控制的选建对象，才能正式建立为刑事特情。

3. 对选建对象进行考察试用。通过指令其完成一定任务或配置一定的外线进行考察，或运用实际调查核实的方法对选建对象的工作能力及其可靠性进行进一步考察，以判断其是否具有刑事特情应具有的基本条件。

4. 对符合条件的选建对象履行正式的吸收手续。对于经过调查了解、考察试用并符合刑事特情条件的选建对象，侦查人员要填写《刑事特情人员呈批表》，并报请批准，履行正式的吸收手续。凡是被批准正式建立为刑事特情的，侦查机关应为其建立个人档案。

5. 与被吸收为刑事特情的人员进行正式的谈话。正式谈话围绕以下内容进行：向刑事特情表明其工作性质和隶属关系；向刑事特情宣布规定的化名、联络暗号和联络方法，尤其是紧急情况时与侦查人员的联络方式；向刑事特情宣布工作纪律；向刑事特情进行初步的工作安排等。

6. 刑事特情选建失败后要及时采取补救措施。由于对选建对象的调查不全面、审查不细致、吸收方法不正确、采取的措施不周密等，可能会遇到各种吸收不成功的情况。如果发现选建对象不具备刑事特情条件的，侦查人员可以借故把话题引开；在选建过程中发现选建对象不诚实、有欺骗侦查机关的行为时，侦查人员要采取严厉批评措施，责令其承认错误，作出不泄露侦查工作秘密的保证，必要时要求其出具保证书；对于拟抓"把柄"吸收为刑事特情的，在选建过程中若其不愿意为侦查机关工作，则应在进行保密教育的同时，采取必要的强制措施，如拘留、逮捕等。

二、刑事特情的运用

由于刑事特情的情况不同，其活动能力、接近犯罪嫌疑人的能力以及为侦查机关工作的动机和目的各不相同，因此在使用特情时需要根据刑事特情的具体情况，量才使用；根据侦查工作的时机情况，精心使用；根据刑事特情工作的实际情况，依法使用。同时，针对不同的刑事特情在具体指挥和使用时也有所不同。

（一）专案特情的指挥和使用

1. 指挥专案特情接近侦查对象。

（1）打入侦查。侦查机关在熟悉和掌握敌情的基础上，创造条件，指派尖子特情或侦查员打入犯罪集团和犯罪团伙内部进行调查。可以分为两种类型：直接打入法和间接打入法。后者即揭示侦查对象的社会关系，侦查人员或特情凭借侦查对象的社会关系间接渗透进去。刑事特情打入到重、特大犯罪集团或犯罪团伙内部，在发现重大犯罪嫌疑对象后，主动与重大犯罪嫌疑对象进行接触，了解其犯罪意图，是否实施犯罪，进而获取犯罪证据等。

（2）"拉出来逆用"。即在犯罪集团、犯罪团伙内部，选择具有一定条件的犯罪成员，将其密捕突审，在抓住"把柄"、启发教育、指明出路的基础上，将愿意立功赎罪的犯罪成员建为特情，再放回犯罪集团、犯罪团伙内部，配合侦查机关工作。这类特情的理想人选是犯罪集团、团伙中的中层人员，与首犯有矛盾，善于团结下层人员，这类人知道一些内幕又能左右一定的人员。

（3）全面架网。一方面在刑事案件发生后确定了侦查范围时，调动各方面的刑事特情布建秘密调查控制的网络，收集与案件有关的线索，控制赃物，发现犯罪嫌疑。另一方面可以使用两个特情同时渗透到团伙内部，广泛收集犯罪集团内部的情况，相互印证情报，互为补充，发挥特情的协调作用。这种情况应该注意的问题有：单线领导，分别经营；要严格控制特情的活动范围和方式，不能让特情和特情之间产生横向联系，防止他们争功斗气；不能用同一方法布置两个特情完成同一任务；不能在同一地点接待同案的两个特情；对复线特情报告的情况要相互核对，找出矛盾原因。

（4）狱内侦查。对已经被拘捕关押但拒不供述犯罪事实的犯罪嫌疑人，侦查人员可使用刑事特情在关押场所进行调查。这类特情的来源有：将原来专案中的特情同犯罪嫌疑人一同拘留、逮捕关押于同一监房；选择经历多、见识广、随机应变能力强的特情深入贴靠；在狱内由侦查人员临时物色选建；在看守耳目中临时调用等。选建时应注意：选择罪行程度相当、种类相当的人，使其产生"同病相怜"的感情，建立贴靠的基础；给特情讲案件的性质，但不能讲细节，防止特情说漏嘴暴露身份；规定好联络暗号，以便内线及时汇报情况。

2. 让刑事特情尽量取信于犯罪嫌疑人。

（1）为了让刑事特情顺利地接近犯罪分子，侦查人员要提供一定的条件，如创造机会或偶遇等让接触比较自然，不引起侦查对象的怀疑。

（2）侦查人员要尽可能详尽地为刑事特情提供侦查对象的有关情况，如侦查对象的性格特点、兴趣爱好、思想状况、活动规律、犯罪手法等，以便刑事特情选择合适的取信于侦查对象的方式方法以及采取有效对策获取证据、线索。

（3）侦查人员要善于指挥刑事特情应付侦查对象的各种考验。由于刑事特情往往需要经受侦查对象的各种考验，如指令其进行某种犯罪活动，要求刑事特情代为处理赃物等。因此，侦查人员要培养刑事特情随机应变的能力，以及指挥和配合刑事特情有效地应对侦查对象的各种考验。

（4）侦查人员要重视指导刑事特情博取侦查对象的信任、尊重和感激。侦查人员应当根据具体情况，积极配合刑事特情，使刑事特情表现得或有主见、或讲义气、或有能耐、或有特长，能够在侦查对象内部树立威信。

3. 指挥刑事特情有效地获取证据、套取情报。

（1）指挥刑事特情用言行激励侦查对象，刺激其自我暴露。如用事实或虚构的情节，刺激侦查对象的要害，观察其反应，从其反常现象上发现线索。

（2）指挥刑事特情假装顺从侦查对象的意图，引诱侦查对象暴露其犯罪计划、犯罪过程、犯罪同伙等。必要时刑事特情可以参加研究犯罪计划，选择犯罪目标，窥探犯罪路线，处理犯罪赃物等不具有直接危害后果的行为。

（3）指挥刑事特情向侦查对象献计献策，套取有关犯罪活动的情况，或诱使侦查对象按照侦查意图活动。

（4）指挥刑事特情利用犯罪分子之间的矛盾，在犯罪分子之间进行离间，制造混乱，借机获取情报。

（5）指挥刑事特情对侦查对象进行引导规劝，通过正面的说服教育，引导侦查对象投案自首。

（6）指挥刑事特情运用公开或秘密的方法直接获取证据或比对样本。

4. 妥善安排刑事特情撤离。

（1）缉捕犯罪嫌疑人时，安排刑事特情不在缉捕现场。

（2）安排刑事特情在缉捕现场"脱逃"，可让能侦查控制的犯罪集团或犯罪团伙次要人员一起与刑事特情"脱逃"。

（3）在缉捕现场将刑事特情"抓获"后，编造刑事特情被关押的经历，或安排刑事特情"脱逃"，而实际上将刑事特情秘密转移阵地。

（4）在只有刑事特情和侦查对象二者活动和接触的情况下，一般不宜在刑事特情提供情况后离间抓捕，而应采取被害人指认或群众扭送等方式直接抓获犯罪嫌疑人。

（二）情报特情的指挥和使用

1. 指挥和使用情报特情。

（1）广泛布建网点，指挥情报特情搜集情报。首先，侦查机关应根据犯罪活动的规律和特点，在犯罪分子涉足的社会各行业、各领域布建情报特情，形成一个严密的、纵横交错的情报网络。同时，情报网络中心的情报特情要多方面、大范围地进行活动，对不正常商贸活动、不正常聚集活动、不正常交往活动等进行观察了解，从中发现犯罪线索。

（2）建立情报中心，定期搜集特情情报。侦查机关需要设计专门的机构和专门人员，对情报特情提供的情况进行认真分析、评估。同时，指挥情报特情重点搜集某方面的情报，为打击特定犯罪服务。

（3）选择犯罪活动的多发区域，如居住地、工作或活动区域为固定的情报搜集点，调动情报特情在这一范围内搜集情报。

（4）选择一些重点人口、流动人口等为重点对象，通过情报特情对其进行正面交往、侧面了解等搜集与犯罪有关的情报。

2. 指挥和使用情报特情的注意事项。

（1）搜集范围要广。凡涉及犯罪嫌疑人的衣、食、住、行、销、乐的场所均应布建情报特情搜集情报。

（2）速度要迅捷。犯罪情报本身具有很强的时效性，情报特情搜集情报、传递情报、分析和处理情报都需要及时、迅捷。

（3）情报质量要高。侦查人员需要及时向情报人员介绍犯罪活动的特点和规律，让情报特情有针对性地搜集高质量情报。

（三）控制特情的指挥和使用

1. 特种行业控制特情的使用。特种行业主要指旅店、旧货、修理、刻字印铸行业等，这些犯罪分子落脚藏身、销赃和进行犯罪活动所要涉足的场所。

（1）根据控制特情所在的行业，有针对性地布置特情开展工作。

（2）培养和提供特种行业控制特情的工作能力。

（3）要尽量顾及特种行业的刑事特情的本职工作和经济效益。

2. 重点地区、复杂场所控制特情的使用。重点地区、复杂场所一般包括车站、码头、机场、公共电汽车、商场、娱乐场所、集贸市场、名胜古迹等。

（1）在案件高发的重点地区和复杂场所运用控制特情打击扒窃犯罪。

（2）在犯罪嫌疑人经常涉足的场所和犯罪场所的关键部位，以职业为掩护，在工作过程中发现犯罪线索。

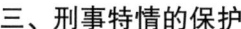

三、刑事特情的保护

对刑事特情的保护包括对特情人员的保护和对特情工作秘密的保护两个方面。

1. 给特情布置工作时要严格控制，充分考虑刑事特情的工作方式和活动范围。尤其是多个刑事特情侦查同一案件和同一对象时，更应严格控制，不能让彼此知晓，避免特情争功斗气。

2. 与刑事特情联络时强调隐蔽。侦查人员与刑事特情联络主要有直接会面、秘密通信和电话联络，无论哪种方式都要注意隐蔽和安全。

3. 查证刑事特情提供的犯罪线索时要掌握时机，另寻借口。在查证刑事特情提供的线索时，一般采用个别走访的形式，以查证检举揭发线索为借口，在有关人员中进行调查核实。如果刑事特情和侦查对象二者在场时，侦查人员可以采用制造假象、转移视线的方法，如调查侦查对象的亲属或与侦查对象关系密切的有关人员。

4. 刑事特情有暴露危险时，要及时采取补救措施。

（1）在犯罪集团或犯罪团伙内部制造矛盾和混乱。如侦查人员可以利用犯罪成员之间的矛盾，通过一定方式放出风声，将"泄密"责任转嫁给犯罪集团或犯罪团伙的有关成员，扰乱犯罪嫌疑人的视线。

（2）为刑事特情提供受过打击处理的假证明，如拘传通知书、搜查扣押清单、释放证明等，以迷惑侦查对象。

（3）虚张声势，对刑事特情进行假关押。必要时，可以将刑事特情与有疑虑的犯罪嫌疑人一同拘留，在审讯室佯装信任犯罪嫌疑人，动员犯罪嫌疑人揭露刑事特情。

（4）安排刑事特情转移阵地。在有暴露危险的时候，若为专案特情，可以转移到其他专案上继续进行调查工作；若是情报特情和控制特情，可以在侦查人员的安排下，改变其活动范围和方式。必要时，暂停其为侦查机关工作。

（5）及时与检察机关和法院沟通，做好在起诉和审判过程中对刑事特情的保护工作。如对犯罪嫌疑人和被告人审讯时应注意保护刑事特情和侦查工作的秘密，尽量避免让刑事特情出庭作证，注意将刑事特情提供的情况转化为能够在刑事诉讼中公开验证的证据形式等。

 知识链接

毒品犯罪案件中刑事特情与诱惑侦查的区别

侦查机关往往采用刑事特情侦破毒品犯罪案件。但刑事特情在介入侦破案件过程中有可能会引诱他人实施毒品犯罪行为。实践中要根据引诱的形式进行区别对待。引诱一般分为犯意引诱和数量引诱两种情况。犯意引诱是指被引诱人本没有实施毒品犯罪的主观意图，而是在特情诱惑促成下形成贩卖毒品的故意，进而实施毒品犯罪。对

具有这种情况的被告人，应当从轻处罚，无论毒品数量多大，都不应判处死刑立即执行。数量引诱是指行为人本身具有实施毒品犯罪的主观意图，在特情诱惑下实施的毒品交易，甚至可能在毒品数量上有所增加。这种情况需要与犯意引诱区别对待，不能按照其主观上没有犯罪意图进行减轻处罚。还有一种特殊的引诱方式叫"双套引诱"，即特情既为被引诱人安排上线，又为其提供下线的双重引诱。在这种情况下实施毒品犯罪的，处刑时可予以更大幅度的从宽处罚或者依法免予刑事处罚。

从上述几种情况可以看出刑事特情在参与侦查过程中往往具有诱惑侦查的性质，即特情侦查与诱惑侦查存在交叉关系，但不能将刑事特情进行的侦查活动，等同于诱惑侦查。特情侦查与诱惑侦查的区别有：

第一，从主体看，刑事特情侦查的实施者只能是非侦查人员。而诱惑侦查的主体原则上应为负有侦查使命的侦查人员。

第二，从适用范围看，刑事特情不仅可用于已立案的重特大案件的侦查，还用于控制特种行业、重点地区、复杂场所以及发现和控制预谋犯罪。而诱惑侦查的使用范围相对狭窄，一般是针对毒品犯罪案件。

第三，从实施方式看，在刑事特情侦查中不一定会使用引诱、欺骗等手段。而诱惑侦查往往会使用一定的欺骗性手段来诱惑被侦查对象，使其暴露犯罪意图，从而获取有关犯罪证据。

综上所述，在毒品犯罪案件中认定刑事特情的行为时需要认真分析情形，进行恰当的区分。

能力训练

1. 训练目的：通过案例分析，了解侦查实践中侦查机关如何开展刑事特情工作，并掌握对刑事特情的选建和使用方法。

2. 训练说明：试分析下列案例，说明侦查机关采取何种方式选建并使用刑事特情？在选建和使用刑事特情工作中应该注意些什么？

3. 训练内容：

孔某在甲市一个网吧内与费某认识并了解到其可以往周口送冰毒，后双方互留手机号码。后来在公安禁毒活动中，孔某被抓获。孔某为立功即配合公安机关联系费某，双方约定，孔某以2500元价格向费某购买15克冰毒，由孔某将钱转到费某指定的账户上。因孔某担心付款后拿不到毒品，提出让费某找一个朋友与其一起汇款。后费某与张某联系向其告知了此事。张某在见到了孔某后与孔某一起汇款至费某账号上，然后二人在某宾馆开了房间等费某送毒品。费某拿到钱款后，随即赴乙县（上线处）购买毒品并将毒品从乙县带回。三人正在交易毒品时，甲市公安局民警将费某抓获，并当场从费某身上搜出白色晶体一包，连同包装袋称重为15.3克。经周口市物证鉴定所理化检验鉴定，从费某身上搜出的白色晶体中检测出甲基苯丙胺成分。除去包装袋和理化检验损耗,上缴周口市禁毒委员会,毒品称重为 13.7 克。

总结与思考

1. 刑事特情的选建条件有哪些?
2. 刑事特情的选建方法有哪些?
3. 刑事特情该如何使用?
4. 如何对刑事特情进行保护?

参考阅读

1. 翟金鹏、简远亚:"机会提供型诱惑侦查行为非犯罪化问题研究",载《中国人民公安大学学报(社会科学版)》2012 年第 2 期。

2. 邓立军:"中国现代秘密侦查史稽考",载《四川警察学院学报》2014 年第 3 期。

3. 姚淑记:"刑事特情侦查之正当性解读及其法治化改良",华东政法大学 2015 年硕士学位论文。

工作任务三　了解技术侦查的方法

工作目标

知识目标:了解技术侦查的形式和方法。

能力目标:掌握技术侦查的方法,并在实践中加以运用。

工作情景

秘密侦查是否等同于技术侦查?

我国法律没有关于秘密侦查的规定。《刑事诉讼法》第 150~154 条规定了技术侦查措施。技术侦查是指侦查机关出于侦查特定类型犯罪之必要,在经过严格的法定批准程序后,采用技术性设备或方法进行证据收集和查处犯罪嫌疑人的特殊侦查措施的总和。

技术侦查分为一般技术侦查和特殊技术侦查。一般技术侦查,泛指除特殊技术侦查以外的其他技术侦查,即使用刑事技术所为的勘验、检查、鉴定等侦查行为。我国侦查实务部门通常所说的技术侦查即指特殊技术侦查,一般是指为了侦查犯罪而采取的特殊侦查措施,包括电子侦听、电话监听、电子监控、秘密拍照或录像、秘密获取某些物证、邮件检查等秘密的专门技术手段。

一些秘密侦查行为，如电话监听、电子监控等高度依赖科学技术的支持，称为技术侦查并不为过，但诸如卧底侦查、诱惑侦查、跟踪监视等秘密侦查也一并冠之以技术侦查，于实情不符。秘密侦查和特殊技术侦查是一种种属关系。因此，从概念的外延来看，技术侦查只是秘密侦查的一种表现形式。把秘密侦查等同于技术侦查，混淆了两者的内涵和外延。

工作准备

一、了解技术侦查的概念

技术侦查，是指因调查犯罪事实、收集证据、查获犯罪嫌疑人的特殊需要而由法律加以规定和授权的一些经过特别审批手续而秘密采取的侦查方法。包括电子侦听、电话监控、秘密拍照或录像、秘密获取某些物证、邮件检查等秘密的专门技术手段。

二、掌握技术侦查的形式

以实施的对象为标准，技术侦查可以分为：

1. 以犯罪嫌疑人的通信为实施对象的技术侦查。如利用专门的技术方法或技术装备，秘密获取侦查对象的通信内容的侦查措施。如固定电话监听、手机监听、电子监听、网络查控等。

2. 以人为实施对象的技术侦查。指运用专门的技术和方法，对侦查对象进行秘密跟踪、秘密调查、秘密拘捕的侦查措施。如秘密跟踪、密拍密录。

3. 以物为实施对象的技术侦查。指运用专门的技术和方法，秘密进入侦查对象的住所及落脚点，进行秘密取证、秘密调查的侦查措施。如邮件检查、密搜密取等。

三、了解技术侦查的注意事项

1. 技术侦查措施只能适用于严重犯罪的侦查，如危害国家安全犯罪、有组织犯罪（黑社会性质犯罪）、恐怖犯罪、毒品犯罪等。

2. 技术侦查的实施对象只能是有线索确认具有重大嫌疑的犯罪嫌疑人或与犯罪有关的人员。在实施过程中，不能也无权干涉与犯罪无关的第三人的任何权利。

3. 技术侦查必须经过严格的审批。侦查机关使用监听、密拍密录等技术措施进行侦查，应由办案单位呈报书面材料报批。

4. 严格保密所获取的材料。使用技术侦查获取的材料时，需要将其转化为诉讼证据的形式进行使用。同时，该材料应严格在本案的诉讼中使用，不得扩大其使用范围，尽量保护相关当事人。

图 7-3　技术侦查措施的工作程序图

一、技术侦查的审批

实践中，应综合分析案件的性质、具体情况，决定是否采取技术侦查措施及何种侦查措施。同时，严格执行技术侦查的批准手续，写明申请使用具体的技术侦查措施的事实依据、相关法律法规、实施的侦查人员、设备、场所及期限等，一般由市级以上的侦查机关负责人进行审查批准。

二、技术侦查措施的实施

根据案件及侦查对象的不同，技术侦查措施也有不同的手段，每一种技术手段实施时也有所不同。

（一）秘密监听

1. 秘密监听，也叫"电子监听""侦听""秘密录音"等，是侦查人员根据需要未经过监听对象的许可，采取窃听等秘密手段而获取与犯罪有关的信息的秘密侦查手段。通常用于贿赂犯罪、黑社会犯罪、毒品犯罪等高智能犯罪。

2. 实施方式：使用电子装置听取他人在住所或落脚点等场所的谈话；在通信线路、通讯设备上安装窃听装置获取通话的内容；利用电子设备对监视的对象或涉及的人、物以及相关场所进行监视录音等。

（二）密拍密录

1. 密拍密录，是指侦查人员以隐蔽的方式秘密录制侦查对象的活动情况，从而获取犯罪线索和证据的一种秘密性侦查措施。通常与守候监视、跟踪盯梢等侦查措施相配合，主要针对有组织犯罪、危害国家犯罪、煽动他人犯罪等重大案件。

2. 实施方式：在跟踪过程中，秘密拍摄犯罪分子与同案犯、嫌疑人联络、接头的照片和录像以及犯罪分子转移、销赃、隐藏、变卖赃物等罪证的照片和录像；在守候监视中，秘密拍摄犯罪分子接头、集会、踩点等活动的照片和录像；根据案情需要，在秘密搜取、秘密逮捕过程中，拍摄赃物、痕迹、可疑物品的照片和录像。

（三）邮件检查

1. 邮件检查，指侦查机关根据国家法律及有关规定，在侦查对象未察觉的情况下，与邮电部门密切配合，对侦查对象的邮件进行扣押检查的秘密性侦查措施。

2. 实施方式：一般是针对危害国家安全的犯罪嫌疑人及严重的刑事犯罪嫌疑人，

采用检查邮件、信件、电子邮件等，获取犯罪情报信息和证据，也可扣押和拦截泄露国家机密、搜集突发事件的前兆信息等。

（四）网络查控

1. 网络查控，是指针对网络犯罪，侦查机关经过严格审批程序，利用互联网相关知识和技术，对发现的网上违法犯罪线索、对犯罪对象的网上犯罪活动，进行跟踪、定位和密取等的一种技术侦查措施。

2. 实施方式：通过监控、数据扫描、信息分析、线索跟踪等手段对犯罪分子在网上进行的反动信息宣传、诈骗、贩毒、贩黄等违法活动进行查控、跟踪、定位、取证等。

三、技术侦查措施的终结

技术侦查措施实施完毕后，应采取妥善的方式安全撤掉相应的设备，防止犯罪嫌疑人发现后逃跑、隐匿、毁弃作案工具、改变原定的犯罪活动路线、方式等。技术侦查措施获取的证据，需要严格保密且需要经过合法的转化程序才能作为证据使用。同时，技术侦查工作必须要保护个人隐私，与侦查活动无关内容不得使用或滥用，且必须只用于侦查诉讼活动。

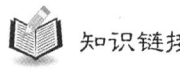 知识链接

技术侦查措施适用的制度和规范仍需完善

2018 年《刑事诉讼法》第 150~154 条对技术侦查措施作了相关规定：一是公安机关运用技术侦查措施用于危害国家安全犯罪、恐怖活动犯罪、黑社会性质的组织犯罪、重大毒品犯罪或者其他严重危害社会的犯罪案件中。二是人民检察院对于利用职权实施的严重侵犯公民人身权利的重大犯罪案件，根据侦查犯罪的需要，经过严格的批准手续，可以采取技术侦查措施。三是新增了通缉逮捕过程中采用技术侦查措施，即追捕被通缉或者批准、决定逮捕的在逃的犯罪嫌疑人、被告人，经过批准，可以采取追捕所必需的技术侦查措施。由于我国规制技术侦查的相关法律规范内容较少，特别是缺乏对技术侦查措施相应的监督、救济机制等，导致实践中技术侦查措施的适用有时不能最大限度地发挥打击犯罪的作用，也不利于充分保障当事人的合法权益。技术侦查措施制度仍存在如下问题：

第一，技术侦查措施的审批、监督及救济方式规定不明。尽管《刑事诉讼法》以及公安部《公安机关办理刑事案件程序规定》和最高人民检察院《人民检察院刑事诉讼规则》中对技术侦查措施作出了明确规定，但关于审批仅有"经过严格的批准手续"这一原则性表述。显然，笼统抽象的审批程序无法有效规范技术侦查措施的运用。刑

事诉讼法未对违反技术侦查措施的制约机制作出细致规定，既无实体性制约，也无程序性制约，这使得技术侦查措施在适用过程中存在一定的风险。《刑事诉讼法》虽然规定了一些保障技术侦查措施被适用对象权利的措施，如第152条规定，侦查人员对采取技术侦查措施过程中获悉的秘密内容应当保密，以及侦查人员对采取技术侦查措施获取的与案件无关的材料应当及时销毁，但未规定被适用对象对技术侦查措施的事后知情权以及求偿权等救济性权利。

第二，通过技术侦查取得证据的使用规定不完善。《刑事诉讼法》第154条前半段的规定"依照本节规定采取侦查措施收集的材料在刑事诉讼中可以作为证据使用"，会使当事人及其辩护人不能完整知悉证据的全部内容，在一定程度上不利于犯罪嫌疑人、被告人及其辩护人的知情权与质证权；而第154条后半段规定对通过技术侦查措施获得的证据可以进行庭外核实，这也会影响犯罪嫌疑人、被告人及其辩护人对证据的知情权、质证权。

能力训练

1. 训练目的：通过相关案例的学习，了解大数据时代智慧警务的特点和功能，学会用先进技术为侦查助力。

2. 训练说明：试分析下列案例，思考人脸识别技术在侦查中有哪些作用？

3. 训练内容：

人脸识别技术助力智慧安防

随着智慧城市建设进程加快，大数据、人工智能等技术日渐成熟，人脸识别技术迎来了爆发期。那么，人脸识别在刑事侦查和智能安防过程中有何作用？

1. "喷水"装置整治"中国式"马路。有数据显示，53%的致人死亡交通事故是由行人和非机动车过马路闯红灯引起的，这在一定程度上加重了城市的交通拥堵，带来了事故隐患。某地街头就设立了一个"喷水"装置，该装置的"自动识别抓拍系统"主要通过视频检测行人闯红灯的行为，对人脸进行实时提取和识别，自动储存闯红灯的人脸数据并上传至市公安局大数据侦查实验中心，通过联网搜索比对核实违法人员的真实身份，给侦查创设了一条轨迹侦查途径。另一个"激光彩虹道闸系统"是由激光彩虹设备、红绿灯提示设备和语音警示设备组成，在行人横过马路时，不仅可以"看得见"红绿灯、"听得见"语音提示，还能真实地感受到水雾的喷射提醒，如当有行人闯红灯时，系统会发出"现在是红灯，请不要通行，通行危险"的语音提示并自动喷射水雾以警告闯红灯的行人。

2. 面部识别系统。有幼儿园安装了面部识别系统，这些系统采用人脸识别加 IC/ID 卡（非接触式智能卡）双重认证：每一位幼儿在入学注册时进行相关登记：资料、面像、IC/ID 卡号、接送者、接送者面像。入园要刷卡，放学要刷卡并进行家长人脸认证。认证成功即可放行，认证不成功就会通知警务人员，系统会记录每个被识别的图像。通过系统的识别、存储、对比，给侦查工作掌握犯罪嫌疑人人身形象留下机会，进一步给孩子的安全加了一把保护锁。

3. 小区安全门禁卡系统。对于老旧小区，存在外来人员占比高、流动性强等特点，长期以来，外人可以随意进出，小区发案率高，治理难度大。启用人脸识别门禁之后，系统里不曾登记过信息的人无法自由出入，有效杜绝陌生人随意进出，进一步强化社区安全管理。人脸识别技术改变了传统社区安全管理方式，使得社区管理更加智能化、人性化和自主化。

总结与思考

1. 技术侦查的形式有哪些？
2. 技术侦查的使用范围是什么？
3. 技术侦查如何实施？

参考阅读

1. 王东："技术侦查的法律规制"，载《中国法学》2014 年第 5 期。
2. 胡铭："技术侦查：模糊授权抑或严格规制——以《人民检察院刑事诉讼规则》第 263 条为中心"，载《清华法学》2013 年第 6 期。
3. 兰跃军："比较法视野中的技术侦查措施"，载《中国刑事法杂志》2013 年第 1 期。

工作任务四　了解外线侦查的方法

工作目标

知识目标：了解外线侦查的种类和方法。
能力目标：掌握外线侦查的方法，并在实践中运用一定的策略实施这些方法。

工作情景

3 月 18 日早上，在某社区经营杂货店的刘女士一大早就起来打开店门经营，一名头戴建筑工地安全帽的中年男子走进店来，表示要买四包高档中华烟。对于小小店铺来说，这也算一笔不小的交易。店老板刘女士心中窃喜，连忙带着该名男子到货架取烟。取完烟后，刘女士回到收银柜台与该男子结账，该男子随后离开。一切看似并无异常，至当日 9 时许，刘女士发现放在收银柜台里的 3 万元货款已经不翼而飞，才心急如焚地在店内翻找。最后，刘女士翻看了店内的视频监控录像，才对一个多小时前店内发生的一切恍然大悟。监控显示，当刘女士带着那名男子离开收银台去取烟时，另一名戴着鸭舌帽的男子迅速进入店内，直奔收银台，拉开收银抽屉一番搜刮，迅速将抽屉内用袋子装着的 3 万元货款揣进怀里，并快速离开。刘女士立即报警。

接报警后，公安机关高度重视，立即抽调精干警力组成专案组开展侦查。通过多日的外线侦查、调查排摸，发现赵某伟（男，49 岁）、王某（男，40 岁，与赵某伟均为四川省南充市人）、"老润"（绰号）三人有重大团伙作案嫌疑。掌握以上重大线索后，专案组民警夜以继日对三名嫌疑人的踪迹进行搜寻，最终，锁定三名嫌疑人藏匿于中山市黄圃镇一村落内。至此，见时机成熟，专案组决定收网。3 月 22 日晚 20 时，专案组民警兵分三路，以迅雷不及掩耳之势同时出击，在某镇一村落内抓获赵某伟、王某，现场缴获涉案摩托车 1 台、助力车 1 台、赃款 5000 余元。经审讯，赵某伟、王某对盗窃收银台的犯罪事实供认不讳。

思考：上述案例中侦查机关采用了哪些外线侦查措施？有什么作用？

工作准备

一、了解外线侦查的概念

外线侦查，是侦查人员采取跟踪盯梢、守候监视等以户外活动为主的方式，对重大犯罪嫌疑人和其他侦查对象进行秘密侦查、控制的一种专门手段。

二、掌握外线侦查的种类

1. 跟踪盯梢。指侦查人员以运动的方式，对侦查对象进行秘密观察，监视犯罪嫌疑人、重大犯罪分子的行踪，控制掌握其外部活动，以获取线索或证据的一种侦查手段和方法。

2. 守候监视。指侦查人员在侦查对象的住宅、经常出入的场所以及可能进行隐身藏赃、接头联络或实施现行犯罪和与案件有关的区域场所周围，选择隐蔽地点，设立秘密监视点，对侦查对象进行监视控制的一种侦查方法。

3. 化装侦查。指侦查人员为了适应侦查活动所涉及的环境和对象，掩护自己并麻痹侦查对象，以实现侦查目的而专门改变自己的相貌、装束、言语、身份的一种特殊侦查技能。

4. 秘密逮捕。指根据侦查破案的需要，对重大犯罪集团或团伙中的某个成员采取秘密拘押、突击审讯，以查清集团（团伙）内幕，物色特情，为实施某些侦查措施创造条件，或直接获取侦查线索和破案证据的一种特殊侦查措施。

5. 密搜密取。指侦查人员以秘密的方式对重大犯罪嫌疑人的住宅和其他可能隐藏赃物罪证的场所进行搜查的一种秘密侦查措施。

6. 密拍密录。指以隐蔽的方式秘密录制和摄拍重大犯罪嫌疑人活动情况的一种外线侦查手段，如摄取重大犯罪嫌疑人和同伙接头、联络、踩点，以及转移、销毁、隐藏、变卖赃物等活动时的照片和录像。

📖 **工作程序**

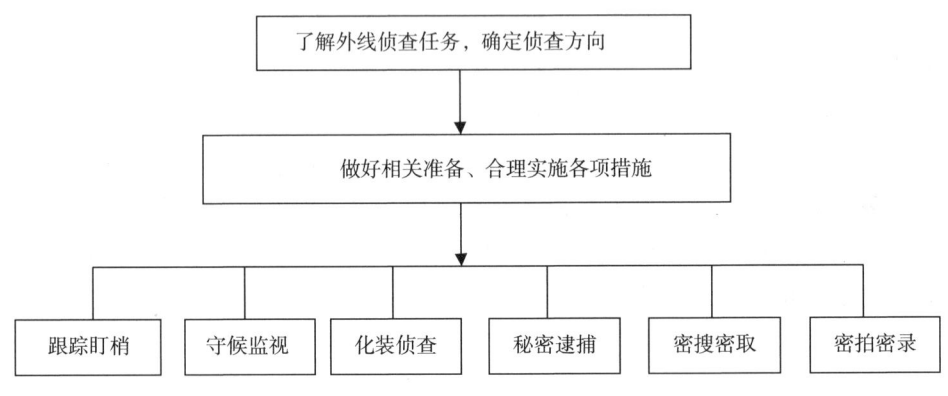

图7-4 外线侦查的工作程序图

一、了解外线侦查任务，确定侦查方向

外线侦查是侦查人员以掌握刑事犯罪嫌疑人的外部活动情况和获取犯罪证据为目的，对侦查对象进行监视控制的专门侦查手段。在专案侦查中，几乎都离不开外线侦查。实践证明，只有将公开调查和秘密侦查、内线侦查和外线侦查紧密结合，才能有效侦破大案、要案、疑难案件。实践中，每起案件开展每项外线侦查的任务都不相同，主要有以下任务：

1. 根据专案侦查的需要，在一定时期内严密监视控制侦查对象的活动，发现和扩大侦查线索；

2. 查证、核实其他侦查措施发现的重大犯罪线索；

3. 秘密取证，即通过秘密搜查、密拍密录等手段发现犯罪嫌疑人从事犯罪活动的证据；

4. 缉捕控制犯罪分子，防止其逃跑或进一步实施犯罪行为；

5. 对重大预谋犯罪嫌疑分子进行监视，防控犯罪；

6. 与内线侦查里应外合，协同侦查。

二、做好相关准备，合理实施各项措施

（一）跟踪盯梢

1. 做好跟踪盯梢的准备工作。跟踪盯梢是侦查人员对侦查对象进行流动的、隐蔽的尾随监视，以获得侦查对象的活动情况及犯罪证据的一种秘密侦查措施。实际跟踪

监控目标的过程中，侦查人员要随时根据案情的变化随机果断判定采取"不露不丢""宁丢不露""宁露不丢"等方案，这需要侦查人员的深厚的专业素质。同时，跟踪盯梢工作常常在户外进行，需要接受恶劣地理、天气、环境和自身身体素质的双重考验，是一项艰苦而又具有危险性的工作。因此，要保证圆满完成任务，必须做好充分的准备工作。

（1）熟悉案情，明确任务。参加跟踪的侦查人员需要全面熟悉掌握跟踪对象的姓名、绰号、体貌特征、个人特长习惯、嗜好、交往关系、落脚点和工作单位等基本信息，做到知根知底，心里有数。

（2）确定跟踪人员。一是要选择身高、体态、相貌、年龄等人身特征不引人注目的侦查员参与跟踪计划；二是保障数量充足的侦查员，在跟踪过程中交替使用或更换；三是参与跟踪的侦查人员最好具有侦查经验，掌握擒拿格斗、射击驾驶等技能，具备行动时沉着老练、机智灵活、临危不惧、处变不惊，能果断处置各种复杂突变情形的基本素质。

（3）识别侦查对象。通过阅卷、看照片和直接暗中观察等途径了解侦查对象的体貌特征，最好通过直接观察识别，由远及近地感知侦查对象，记准、记牢被跟踪对象的人身形象。

（4）准备跟踪器材、交通工具和其他物品。根据各种情形的不同需要，准备各种通信、监控器材，如照相机、防截听功能的数码对讲机；准备各种交通工具，如自行车、摩托车和各种型号的汽车及更换的号码牌照；准备侦查人员化装的服装和物品等。

（5）制定跟踪方案，做好跟踪前的最后检查。侦查人员相互核实联络暗号，商讨跟踪对象反跟踪时的预处置方案等，将可能出现的细节都考虑在内，保证侦查人员临阵不乱、镇定应对。

2. 以合适方法开展跟踪盯梢。

（1）确定合适的跟踪形式。

第一，尾随跟踪。即侦查员尾随在目标之后进行监视，这是实践中最基本的跟踪形式。

第二，迂回跟踪。侦查员在不易尾随跟踪的地段，采取短距离不尾随，而从街巷两侧或两建筑物之间的空隙迂回先行包抄的方法进行监视控制。

第三，交换跟踪。为了不引起目标的察觉，采取正、副梢轮换位置的方式跟踪。

第四，分段接力跟踪。在掌握目标活动规律之后，为了减少暴露的可能性，在其前往地区必经之路或来往场所预伏兵力，分段接力控制。

第五，预伏跟踪。在获知目标去某地接头、聚会、就餐等活动时，侦查员事先到达对象所要去的地方先隐蔽埋伏，等待目标出现后再监视其活动。

第六，间接跟踪。在某些特殊情况下，暂时无法跟踪侦查对象时，对其同案关系人、家属亲友、有关物件的携带人或者物品进行跟踪监视控制，以达到寻找侦查对象下落的目的。

实践中，以上跟踪的形式常常混合或交替使用，同时联合公开秘密结合、内线外线协同的方式来进行，共同为跟踪工作服务。

（2）采用不同的方法开展跟踪。

第一，徒步跟踪。徒步跟踪时，应随时调整梢位与目标之间的距离，确保"不丢不露"。基本战术是"近跟远吊，拐弯抢角"，就是在人、车拥挤的闹市，利用人群、车辆作掩护"近跟"（5米~19米）；在行人稀少的地段，拉开距离，采取迂回堵截、主副梢随时换位等方式进行远距离监控，即"远吊"；"拐弯抢角"是在拐弯处，副梢要抢先到十字路口的某一角上，策应主梢，监控目标。

第二，车辆跟踪。在跟踪前，侦查员要牢记被跟踪车辆的外形、特征，跟踪车辆要选择普通车辆，不能引人注目。跟踪时，要求主梢尾随紧跟目标，与副梢保持联系。在交通拥挤的情况下，跟踪车必须紧跟对象，否则容易丢梢；在车辆稀少的路段和乡村大马路上，跟踪车要采取远吊的方式进行跟踪；当跟踪对象停车后，侦查员可以下车找一个监视点，观察目标的活动情况。必要时徒步跟踪，主梢副梢两辆车交替跟踪等。

第三，长途跟踪。即在侦查对象离开居住地，去外地活动时，侦查人员对目标采取的一种跟踪方法。长途跟踪根据侦查对象所乘交通工具，如火车、轮船、飞机、长途汽车等的不同，而采取不同的跟踪策略。长途跟踪应由两名以上侦查员进行，事先应设计好周密的跟踪方案和准备好各种必需的物品。途中要随时与有关乘警取得联系，到达侦查对象要去的目的地之后，侦查人员要立即与当地侦查机关取得联系，或者在出发前就争取有关方面的配合和协助，请求接梢。

第四，农村地区跟踪。农村地区由于地广人稀、村落分散，村民之间相互了解，甚至村民的亲戚朋友，大家都互相认识。这种地区的跟踪，极易惊动侦查对象和暴露侦查人员的身份，一般采取跟踪和定点控制相结合的方法，如远吊眺望与分段预伏接力相结合、结伴同行、徒步和自行车配合跟踪、先遣布控等方式。

（3）跟踪的注意事项。

第一，掌握跟踪时机和条件。在专案侦查中，一旦决定使用跟踪盯梢，首先要明确任务和要求，然后要选好时机、创造条件，因案施策、因人施法，力争取得预期的侦查效果。

第二，按法律要求获取证据。跟踪中如发现侦查对象可能转移、隐藏或销售赃物及其他犯罪证据，要按照法律程序，公开搜查，获取犯罪证据，因此，必要时预先办理相关的法律手续。

第三，提高警惕，加强戒备，防止脱梢、反跟踪。跟踪过程中容易出现梢位被发觉、脱梢、反跟踪等问题，对此，首先要保持冷静，加强侦查人员之间的联系，保证信息畅通。接着，可以通过主副梢易位应对梢位被发觉的危险；脱梢时研究脱梢周围环境和目标活动规律，设法寻找主犯；梢位被反跟踪时，可以交梢退出，或者由其他侦查人员接梢跟踪主犯。

（二）守候监视

1. 做好守候监视的准备工作。守候监视，即侦查人员在犯罪嫌疑人经常出入的地方或可能要出现的地方安排侦查人员定点、秘密监视，以查明犯罪嫌疑人的活动情况和有关犯罪的各种情报。守候监视要求侦查员聚精会神，紧盯目标，时刻保持临战状态，处理和应对各种复杂的环境和问题。为了保证圆满完成侦查任务，防止打草惊蛇甚至发生伤亡事故，事先必须做好充分的准备。

（1）熟悉案情，掌握侦查对象的情况。事先熟悉案情，了解侦查对象的相貌特征、身体状况、着装打扮、特长、有无携带凶器及凶器的种类等，做到知己知彼、因案施策、因人而异，有针对性地监视。

（2）组织精干侦查力量，明确责任分工。整个行动小组要统一行动，服从命令，听从指挥，确保完成各项任务。同时充分估测事件的各种突变，制定周密的应变对策。

（3）实地考察，确定恰当的监视点。如对守候处所的周围环境、公共汽车的发收车时间、交通情况、住（场）所出入口、窗户等进行实地考察了解，必要时要制成立体图或进行模拟实验，选择恰当地点作为监视点。

（4）做好器械设备准备。主要有枪支弹药（狙击步枪、麻醉枪、催泪弹等）、观测仪器（红外线夜视仪、望远镜）、照相录像器材、通信器材（无线电台、无线电话、对讲机）、交通工具（自行车、摩托车、汽车）以及防护装备（头盔、防弹背心）等。使用前做好最后检查，保证性能良好。

2. 以合适方法开展守候监视。守候监视时需要针对不同的案件、对象、地点、季节、时间而确定不同的方式。

（1）定点守候。定点守候是指在侦查对象的住处、落脚点及其他有关场所周围选择相对固定的监视点，凭借视线或通过器材，对侦查对象的活动进行监视控制的方法。选择守候监视点，应当遵循既隐蔽又适宜观察、监视控制侦查目标的活动为原则。监视点一般选择在侦查对象住地的侧面相临房屋，也可以选择在侦查对象的同院同楼或侦查对象出入的必经之地。

（2）伏击守候。伏击守候是指侦查员为保护可能被犯罪分子侵害的目标，或在犯罪分子经常活动的场所或连续发生同类案件的地点，选择隐蔽守候点，对侦查对象进行监视或适时捕获的一种侦查方法。其适用于侦查对象可能销赃或取赃的场所；要挟被害人家属见面或放钱赎票的地点；强奸犯约定被害人"赴约"的地点；预谋实施作案的地点；罪犯可能会面联络的场所；犯罪嫌疑人的家里或亲戚朋友处等。

（3）拘捕守候。拘捕守候是对已经批捕的犯罪嫌疑人，因侦查工作的需要不宜采取公开的方式拘捕而由侦查人员隐蔽在目标的住所或其他场合，待其出现予以拘捕的侦查方法。拘捕守候分为守候捕人和捕人后守候两种方法：守候捕人是指为了抓捕犯罪嫌疑人或通缉对象，在其可能到达、逗留、出现的住所或地点进行守候，等待对象出现后立即拘捕的一种方法。捕人后守候是指为了查明侦查对象是否用暗记（号）与同案犯联系以及关系人出入情况等，在捕人后留下侦查员守候监视，以便扩大侦查线索，发现同案犯。

（4）寻查守候。即在侦查对象可能作案或经常出现的场所进行流动巡查，以发现和捕捉犯罪嫌疑人的守候方式。不宜采用定点守候时，由侦查员化装成流动商贩或者修理、运输、收废品人员，在一定区域内进行巡查，从而发现犯罪嫌疑人并将其捕获。寻查守候是刑事外线经常通过以人找人、以物找人、以照片找人等方式，并借助与被寻找的犯罪嫌疑人有关联的人、物、照片等对犯罪嫌疑人进行寻找发现，在其可能活动落脚的地点守候，捕获犯罪嫌疑人。

（三）化装侦查

化装侦查，即侦查人员为了掩护自己并麻痹侦查对象，故意改变自己的相貌、言语、装束、身份等，接近并监视犯罪分子的一种特殊侦查技能。

1. 做好化装侦查的准备工作。化装侦查应根据侦查工作的实际需要，因地制宜、适应环境、合情合理、不露形迹，以便于侦查工作的顺利进行。因此需要做好相关的准备：①熟悉所化装身份，如职业习惯、行业知识、举止风度、神态精神、面貌等。②语言上，要掌握职业行话、流行口语、方言以及黑话等。③外表上，衣着打扮、携带物品、使用的交通工具，都要与化装身份相一致。④侦查员的外表化装，要与当时当地的社会环境、群众衣着习俗等相适应，尽量做到大众化、社会化，不引人注目。侦查人员要准备可供临时改变外貌形象的化装用品，如眼镜、帽子、围巾、外套、假胡须、随身携带的小件物品等。

2. 以合适方法开展化装侦查。

（1）外表化装。化装时要根据化装的身份、行为目的、当时当地的环境情况，选择与之相适应的衣饰和随身携带的物品。外表化装包括相貌化装和服饰化装。相貌化装，可以通过配戴眼镜、改变发型、配假发、假胡须、男扮女装或女扮男装等方式达到化装目的。服饰化装时，选择的衣着、鞋帽要适应身份、环境，并随季节和地区特点选换不同颜色、款式的衣服，以免引人注意而暴露身份。

（2）身份化装。即指侦查人员以其他行业人员的身份为掩护，隐藏自己的真实身份进行侦查。由于侦查工作的实际需要，侦查人员往往需要改变自身身份，以某种特定的身份进行活动。注意化装时应穿戴适宜身份的装束，拥有与所化装身份相适应的行业知识和技能、实践经验和行话，甚至举止风度、职业习惯、细微动作、手势、神态都应与所化装身份一致，以免引起怀疑。

（3）言语化装。由于不同地区的言语差异很大，所以在化装侦查时，最好选用与侦查对象同语言区域的侦查员。同时，针对不同的掩护身份，侦查人员应掌握并熟练使用与掩护身份相适应的行话、流行口语、方言土语和违法犯罪人员常用的各种隐语和黑话等。

（4）特型化装。指侦查人员装扮成某特定的对象与侦查对象接触，监视目标的活动。这要求化装的特型不仅外表要与特定对象相似，而且还要了解该对象的个人历史、生活习惯、兴趣爱好、知识经验、技能、交往关系等基本情况，化装后要进行必要的训练和演习，使侦查人员表里一致，达到以假乱真的效果。

（四）秘密逮捕

秘密逮捕，指侦查人员为了查清案情，扩大线索，查清犯罪团伙、集团内幕，对个别成员进行秘密逮捕、突击审讯而采用的特殊侦查手段。秘密逮捕准备工作是否周密和充分对于行动是否成功有效至关重要。因此秘密逮捕时应遵循"周密计划、措施得当、行动迅速、绝对保密"的原则。

1. 做好秘密逮捕的准备工作。

（1）选择和确认密捕对象。密捕的对象往往是罪行较轻，熟悉内部情况，与主犯有一定矛盾，易于争取的人员。在侦查实践中，通常选择下列人员：①集团（团伙）内部的中层，这类人既掌握内幕又能独立行动，密捕后不易引起同伙怀疑；②为主犯所信任，熟知同伙情况，罪行不重，愿将功赎罪，能为警方利用的犯罪嫌疑人；③与主犯和同伙有矛盾的犯罪嫌疑人；④已掌握其犯罪证据的成员，以便掌握集团其他犯罪嫌疑人的情况。

（2）确定密捕的时间、地点。根据案件侦查的进展情况，研究密捕对象的活动规律以及犯罪嫌疑人活动的情况，选择不易引起犯罪嫌疑人、被密捕对象及其他群众注意的时间和地点实施密捕行动。

（3）做好化装器材和审批手续准备。准备好密捕所需的械具、交通工具和通信工具，并确保性能完好。同时，根据选定的密捕环境，侦查人员应适当化装并办理密捕审批手续。

（4）做好突击审讯准备。事先安排好突审地点和人员，制定好讯问的策略方法，充分预估讯问中可能出现的问题以及想好应对之策。

2. 以合适方法开展秘密逮捕。

（1）跟踪密捕。对密捕对象采用跟踪的方式，尾随到适当地点将其捕获，同时就地突审或押解到事先准备好的讯问地点。

（2）守候密捕。根据密捕对象的活动规律在其住所、单位周围或出行必经之路，秘密布置力量守候。待其到达预伏地点，或借用特情或群众力量将目标引诱到事先布置好的地点时突然将其捕获。

（3）借故密捕。以适当的借口将其进行捕获。应注意，借口可以是密捕对象的违法行为，但是借口应当适当，达到传讯、拘留条件即可，不宜过轻、过重。同时，不应以对方把柄在手而诱惑密捕对象犯罪，也应预先准备好释放的退路。

（4）旅途密捕。利用密捕对象外出探亲、出差等机会或有意通过单位安排其外出，在旅途中将其捕获。旅途密捕应注意：取得单位的配合；密捕的地点最好选择在目标中转站；如果得知目标所在的地方有其同伙，应注意为密捕对象准备好应付同伙盘问的借口。

（五）密搜密取

密搜密取，即因为案件需要，侦查人员对犯罪嫌疑人住所、单位或经常出入的地方，以隐蔽的方式进入开展秘密搜查，以期获得关键证据和相关线索的侦查措施。

1. 做好密搜密取的准备工作。

（1）做好事前的调查准备。事先了解被侦查对象及其家人的生活习惯、作息时间、职业等情况以及房屋构造，以便进入室内搜查时节省寻找犯罪证据的时间。

（2）确定搜查时间。搜查时间的选择是否准确，在侦查工作中占有举足轻重的地位。如果没有经过缜密的调查及判断而随意进入，可能会在搜查时被及时归来的侦查对象发现，不仅易导致案件无法继续侦查，还可能危及侦查工作人员的人身安全。所以进入现场的时间，一定要结合前期调查进行综合判定，切不可贸然行进。

（3）选定侦查小组的成员。密搜小组的成员应由指挥员、侦查员、开锁技术人员及相关的技术鉴定人员组成。参加的人员要做到业务精通、分工明确、协同配合。

（4）制订详细的行动计划。行动计划的内容主要包括：搜查的时间、被搜查人的住址、搜查的具体安排、参加的人员及各自分工、保密措施、应急措施等。

（5）办理手续。由主管部门领导进行审批。

（6）行动前检查落实设备仪器是否正常。在行动前，侦查人员要对所持的工具及设备进行最后的检查，包括与密搜同时进行的检验、鉴定等工作的落实情况及通信联络工具的准备等。

2. 以合适方法开展密搜密取。

（1）公开掩护。利用单位职工身份进行掩护，如以下水道修理工、水电修理工、查户口人员、上门服务人员、社区回访人员等名义进入侦查对象所居住的场所，伺机收集证据。

（2）秘密入室。主要是趁侦查对象及其同居住的家庭成员不在现场或者编造理由让侦查对象及家人主动调离以后，进入其室内搜查。

（3）室外密搜。室外搜查范围较大，且不易控制，具有暴露性，所以要尽量采取公开的名义和合法的借口来掩护密搜密取。

（六）密拍密录

密拍密录，即侦查人员以隐蔽的方式秘密录制和拍摄重大犯罪嫌疑人的活动情况，以获取犯罪线索和证据的一种秘密性侦查措施。密拍密录的目的是获得与案件有关的证据，所以侦查人员要善于观察判定侦查对象的企图和去向，积极寻找机会进行拍摄，不漏掉重要的证据物品和犯罪过程，获取证实犯罪的有关场面。

1. 做好密拍密录的准备工作。

（1）侦查员事先要精通拍照、录像拍摄业务，掌握精湛的拍摄技术，做到在各种条件、各种场景下都能拍摄出高质量的照片和录像。

（2）准备性能优良的拍摄工具。如各种特种微型相机、特殊用途的红外照相机或有望远变焦镜头的摄录工具。

（3）侦查人员要掌握外线侦查的掩护措施，如对摄录器材进行巧妙的化装，再如将拍摄工具伪装在打火机、伞柄、钢笔等中，或将相机、摄影器材装在手提包、提篮、饭盒、自行车灯、半导体收音机、旅行水壶里。

2. 以合适方法开展密拍密录。

（1）超越拍摄法。在跟踪盯梢过程中超越目标，在其前面选好拍摄点，等候目标到来之时抓住机会对其进行拍摄。侦查人员为了不使目标发现自己的意图，应先将摄像机或照相机偏离目标，做好拍摄准备，然后向目标靠近，当目标的影像出现在取景器内时，按下快门，完成拍摄。然后侦查人员继续移动摄像机或照相机，直到远远偏离目标为止。

（2）轮换拍摄法。在外线侦查中掌握时机，采用多人轮换对侦查对象从不同角度进行抓拍。侦查人员于拍摄前预定好焦距、曝光量及拍摄角度，将拍摄设备固定于某位置，如挂在胸前、拿在手中、固定于拍摄架等物体上，自己持机行走或等待目标进入取景器时，启动快门拍摄。

（3）预伏拍摄法。根据侦查对象的活动规律，在其住所、单位周围或出行必经之路，事先选择有利地形进行预伏守候，在监视点把拍摄设备安装固定好，待侦查对象经过时进行拍摄。

（4）无线电遥控拍摄法。在侦破重大犯罪案件或预谋案件时，经过内、外线侦查，掌握犯罪分子准确的接头、聚会或预谋犯罪的地点，事先在内线力量的协助下，秘密安装无线电遥控拍摄装置，由侦查员在监视点遥控拍摄。

 知识链接

实战中的外线侦查频频面临障碍

在刑事案件侦办过程中，外线侦查是掌握侦查对象动态、获取侦查线索、发现赃物和证据、控制犯罪活动、避免危害后果发生的重要侦查措施，对刑事案件的侦破具有至关重要的作用。但是实践中刑侦部门开展外线侦查时却遇到诸多问题，最主要表现在两个方面：

1. 侦查对象伪装以规避跟踪识别，甚至袭警逃跑。在外线侦查的对象识别和对象跟踪环节中，侦查对象采用各种伪装方式逃避侦查。如有的采取身份化装甚至毁容、自残等极端手段来改变相貌、体型、性别；有的采取昼伏夜出、折返行走、反复测梢、途中频繁更换交通工具、使用假动作、使用假证件或假牌照等方式，利用城市环境中复杂的交通路况，力图发现并甩掉侦查员；有的侦查对象身负重案，在被跟踪后铤而走险，设伏攻击侦查员后伺机逃遁。

2. 获取情报不及时、不准确，贻误侦查战机。刑侦部门在制定外线侦查方案时，由于所掌握的刑事情报滞后或有误，侦查方案在实施过程中失效，易造成无法甚至错误跟踪识别的尴尬局面，不仅面临巨大的执法风险和舆情压力，更重要的是暴露了侦查策略和侦查手段，使侦查工作陷入被动局面。

📝 **能力训练**

1. 训练目的：通过案例分析，让学生掌握具体案例中侦查机关实施外线侦查的方式，并掌握外线侦查技能。

2. 训练说明：试分析下列案例，说明侦查机关应该采取哪些外线侦查措施？

3. 训练内容：

1月4日上午，民警接到群众举报，34岁的赤壁人陈某从事贩毒，民警开展了前期侦查，发现举报线索属实，而且涉案人员较多。

1月15日，公安局正式立案调查，并联合其他几个地区的警方共同侦办。专案组民警通过大量侦查发现，一个以陈某和杨某夫妇为首的贩毒团伙逐渐浮出水面。陈某负责管理毒资，其丈夫杨某负责毒品交易，该团伙经常活跃在当地一带，而且每次交易的毒品数量都在公斤级以上。

1月20日，专案组民警在开展外线侦查时，确定了陈某夫妇的上线在武汉，下线人员来自咸安、嘉鱼、洪湖等地，并锁定了毒品交易车辆。

侦查期间，指挥部收到线索，杨某等人将于1月30日在嘉鱼进行一次毒品交易。专案组民警立即在交易地点布下天罗地网，同时对该团伙成员进行24小时严密布控。但是发现犯罪分子非常狡猾，交易当天这伙人临时更换了交易车辆和交易地点以至于第一次抓捕不顺利。为了避免打草惊蛇，指挥部决定暂时放弃抓捕行动，让专案组民警继续24小时严密布控，等待收网时机。

2月7日即春节前三天，该团伙准备进行第二次交易，但交易当天又临时取消。不过民警却发现另外一条重要线索，杨某的上线换成了云南某嫌疑人。

通过进一步侦查，3月下旬，陈某的银行卡有一笔30万元转账记录，专案组民警分析，这应该是一笔购买毒品的定金，而且毒品数量比较大，该团伙近期肯定会有行动。果不其然，3月29日，杨某的马仔金某有一个从云南西双版纳寄到嘉鱼的快递。专案组民警判断，嫌疑人通过快递邮寄毒品的可能性比较大。在包裹到达目的地之前，专案组民警找到了这个包裹，但包裹的重量与民警收到的情报有出入，随后通过检查发现，包裹内只有几张电话卡。这是狡猾的嫌疑人在试探警方，所以先寄一个包裹。专案组发现金某还有一个包裹是 3 月 30 日从云南寄来的，而这个包裹的重量与情报数据吻合，民警通过检查，进一步证实了包裹内藏有大量毒品。

　　指挥部决定将专案组民警分成五个小组，两组人员跟踪包裹，其余三组人员严密监视团伙成员动向。根据快递物流信息，金某的两个包裹将于 4 月 2 日上午到达嘉鱼。专案组民警一大早就来到嘉鱼某快递公司监视，跟了快递车 5 个多小时后，金某成功拿到了包裹。随后，金某驾车将包裹带回家，外围侦查民警发现，金某家中窗户旁有一名男子四处张望，疑似在放风。当天下午，陆续有人走进了金某的家中，眼看收网时机逐渐成熟，但指挥部领导担心，如果强拆防盗门，在这个过程中，嫌疑人销毁全部毒品，那就功亏一篑了，所以决定继续等待更佳的收网时机。在进行严密监控时，正好有一名马仔外出买东西，但返回时老练狡猾的马仔担心被人跟踪，并没有直接上二楼回家，而是继续往三楼走。躲藏在楼梯间的便衣民警迅速将这名马仔控制，并从其身上搜出一把房门钥匙和多个保鲜袋。"立即收网！" 4 月 2 日下午 4 时许，随着指挥部一声令下，专案组民警迅速打开了房门，冲进卧室，将正在分包称重冰毒的杨某等三名男子抓获，现场缴获 5 公斤冰毒。

总结与思考

　　1. 外线侦查的任务有哪些？

　　2. 外线侦查的方式有哪些？

　　3. 跟踪盯梢、守候监视、化装侦查等该如何实施及实施过程中该注意些什么？

参考阅读

　　陈旭："实战背景下的外线侦查所遇问题初探"，载《广州市公安管理干部学院学报》2017 年第 1 期。

项 目 八

几类特殊犯罪案件的侦查策略与措施

本项目内容主要介绍三类特殊犯罪案件的侦查策略与措施：毒品犯罪案件的侦查策略与措施、狱内犯罪案件的侦查策略与措施、电信网络犯罪案件的侦查策略与措施。这三类犯罪案件能反映当代社会主要矛盾斗争，其犯罪主体、犯罪客体、犯罪行为的发生地都比较特殊，故选择这几类案件进行介绍，并称之为特殊类型的犯罪案件。随着科技不断进步、经济不断发展、社会问题不断涌现，这几类案件的发案率越来越高，犯罪方式越来越隐蔽，犯罪手段也越来越高超，给侦查工作带来诸多困难，因此本项目主要对这几类案件的侦查及预防进行阐述。

工作任务一　掌握毒品犯罪案件的侦查策略与措施

工作目标

知识目标：了解毒品犯罪案件的现状、特点。

能力目标：掌握毒品犯罪案件的侦查方法。

工作情景

物流涉毒犯罪案件侦查困难重重

郑某被控通过物流邮寄冰毒 5 公斤，公安机关以贩运输毒品罪申请将其逮捕。律师通过与人民检察院侦查监督科沟通，提出公安机关可以通过检查郑某寄出去的包裹里是否含有毒品，且在毒品包裹外包装上是否检测出犯罪嫌疑人的指纹，以及对快递单上的字体进行鉴定是否为犯罪嫌疑人所书写等途径认定犯罪嫌疑人。本案郑某具有自己的店铺，有正当工作。公安机关仅在快递包裹里的音箱上检测到郑某的指纹，没有在毒品包装上检测到郑某的指纹，这只能证明郑某接触过音箱，不能证明郑某接触过毒品，因此本案的证据只能证明郑某客观上运输（邮寄）了毒品，但不能证明郑某主观上具备运输（邮寄）毒品的故意。另外，与郑某一起居住的刘某目前处于关机状态，逃之夭夭，不知所踪，因此本案无法排除涉案毒品是刘某运输的可能性。人民检察院最终在第七天作出了证据不足不予批准逮捕的决定。最后，公安机关对郑某变更强制措施为取保候审。

思考：毒品犯罪案件侦查过程中需要注意哪些问题？

🖊 **工作准备**

一、了解毒品犯罪的概念

毒品犯罪案件是指违反国家毒品管制法规，实施与毒品有关的、危害社会治安秩序和人民群众身心健康的行为构成的犯罪案件。《刑法》第347～355条根据毒品犯罪行为的类型、特点，将毒品案件分为走私、贩卖、运输、制造毒品，非法持有毒品，包庇毒品犯罪分子，窝藏、转移、隐瞒毒品、毒赃，非法生产、买卖、运输制毒物品、走私制毒物品，非法种植毒品原植物，非法买卖、运输、携带、持有毒品原植物种子、幼苗，引诱、教唆、欺骗他人吸毒，强迫他人吸毒，容留他人吸毒，非法提供麻醉药品、精神药品等。其中，贩卖毒品是我国当前毒品犯罪中极为突出的犯罪行为。

二、掌握毒品犯罪的特点

1. 涉案毒品的数量增多、危害增大，即毒品犯罪大、要案增多。涉案毒品数量通常有上千克，过"吨"的案件也屡有发生；毒品犯罪有团伙化、家族化、集团化趋势；毒品犯罪再犯的比例也在增大。

2. 毒品种类增多，新类型毒品不断出现。除海洛因外，制造、贩卖"冰毒""摇头丸"的案件呈上升趋势，同时，新类型毒品如氯胺酮（K粉）、美沙酮、安眠酮、三唑仑、盐酸丁丙诺啡（又名舒美啡）、普鲁卡、苯巴比妥、麻古（含甲基苯丙胺成分）、卡苦（主要含鸦片成分）等犯罪案件也不断出现。

3. 毒品犯罪形式多样化，呈现内外勾结态势，重特大毒品犯罪案件多为集团犯罪，甚至为数不少的犯罪集团与国（境）外黑社会组织或毒品贩毒集团勾结犯罪。

4. 犯罪手段多样、狡诈隐蔽、智能化趋势明显。犯罪人为了逃避打击，在实施犯罪的过程中，采用的犯罪手段多种多样，如贩卖毒品寻找买主时异常谨慎小心；采取人货分离网络销售、改装车辆、雇人携带、伪装邮寄等手段运输毒品；采取人体藏毒、货物夹带等方式藏匿毒品；采取毒款分流、赊货交易、异地结算等方式交易毒品等。

5. 特殊群体从事毒品犯罪现象越来越突出。近年来，在我国西南地区出现了利用孕妇、哺乳期妇女等特殊群体贩卖、运输毒品的现象，参与人员逐年递增，并呈组织化、集团化和规模化的趋势。

6. 犯罪复杂性强、发现证据的难度大。我国的毒品主要来源于境外。在我国国境的毒品犯罪案件中，由于毒源在外，需要在境内同伙的参与下，多次辗转、倒手、经港澳地区销往欧美。这就必然增加过关的次数和大量的中间环节，涉及的面也相应扩大。此外，贩毒案件还要有毒品走私入境、境内运输、储存以及毒品交换、走私出境等过程，涉及点也相应地增加，涉及面势必扩大，给侦查取证工作带来困难。

📖 工作程序

图 8-1　毒品犯罪案件的侦查工作程序图

一、了解毒品侦查的现状

近年来，伴随电子证据、技侦证据的广泛使用及毒品打击力度的加大，毒品犯罪人员反侦查意识越来越强，毒品案件也随之呈现出越来越多的特殊形态，如人货分离、单线联系、地下现金交易、暗语丛生、团伙分工作案、跨境交易、新型毒品出现等，侦查机关获取有效证据的难度日趋加大，激增的毒品"零口供"案件也使办案一线部门压力剧增。司法实务中对于技侦证据和电子证据的提取及合理使用，在办案中成为一剂解题良药，虽非可解所有毒品案件的疑难复杂问题，但对于这类案件的处理有重要作用。

二、分析毒品犯罪案件的形成原因

1. 涉毒人员往往文化程度低，对毒品的辨识能力有限，对毒品犯罪活动缺乏法律认识，对于毒品只有毒品能"上瘾"、能使人"快乐"、"贩毒能赚钱"、被抓会"坐牢"等简单的思想认识，对毒品的严重危害性认识不清。同时，涉毒人员往往有不良的人际交往并对他人过度信赖，以至于在巨额利润的刺激和冒险、侥幸、从众心理的促动下，在朋友、熟人甚至亲戚的引诱、指使下从事涉毒犯罪。

2. 不良的家庭结构、教育方式和经济状况与涉毒人员犯罪有很大关联。不完整的家庭结构或不和谐的家庭关系，使涉毒人员厌弃家庭，向外人寻求慰藉，也有人寻找刺激或自暴自弃。加之，有的价值观存在偏差却缺乏正确的引导，常常把吃喝享乐当作一种追求，在自己的需求受到客观条件所限而难以得到满足，又无法抑制对纸醉金迷的腐化生活的向往时，极易沦为毒贩转嫁风险、贩运、窝藏毒品的"工具"。

3. 地理、社会环境为毒品犯罪提供了良好契机。我国本土有许多地方种植毒品以及合成毒品，加之云南地区靠近"金三角"地带，这给我国毒品贩卖提供了源源不断的供货渠道。另外，高科技、信息化、网络化等高智能的方式为涉毒人员提供了更隐蔽的贩毒方式。

三、掌握毒品犯罪案件的侦查策略与方法

1. 巧用技术侦查。技术侦查是指公安机关经过批准后，通过各种通信监控、窃听、邮件检查、秘密拍照、录像、录音等手段，对毒品犯罪分子的人、物、活动、环境进行秘密监控。技术侦查能够在涉毒人员不知情的情况下收集到犯罪证据，成为精准高效打击毒品的有效手段。但是技术侦查过程中收集到的证据不能直接作为证据使用，必须通过转化才能作为证据使用。

2. 设法开展控制下交付。控制下交付是指公安机关已经确定毒品的流向，或者已经查获了毒品后却佯装不知，让毒品继续"正常"流通，然后监控毒品的每个去向，以货寻人，以实现人赃俱获。对于控制下交付的案件，有的人认为属于犯罪既遂，但由于毒品一直处于公安机关的掌握当中，不可能流入社会，因此也有很多人认为属于犯罪未遂，既、未遂之争，针锋相对。加之运用时具体情形的不同，所以此类案件在法庭认定时还存在争议，实际实施时需分情形依法处理。

3. 秘密进行诱惑侦查，又称特情侦查。诱惑侦查是指公安机关为毒品犯罪分子设立某种犯罪场景或犯罪机会，为其提供上线卖家、下线买家，等到犯罪分子实施具体的犯罪行为时，将其当场抓获。诱惑侦查在现实生活中，又称警察圈套，只能针对那些本来就有实施毒品犯罪意向的人。如果运用不当将导致本没有犯罪意图的人实施了犯罪活动，就会变成犯意引诱或数量引诱。因此机会提供型诱惑侦查与犯意诱惑型侦查存在认定时南辕北辙的差异，在实践运用中更需要谨慎对待。

4. 设法打入卧底侦查。卧底侦查是指侦查人员隐瞒真实身份，深入毒品犯罪组织内部进行侦查。由于深入内部，侦查人员可以提前获取毒品犯罪的相关情况，全面了解毒品犯罪组织的组织架构、人员结构，清晰掌握"谁是老大、谁是马仔，有没有保护伞"等详情。当公安机关采取行动进行精准集中打击时，卧底还可在内部进行策应，协助公安机关抓捕犯罪分子。

5. 及时进行金融查控。金融查控是指公安机关在银行、保险等金融机构的协助下，利用金融手段追查涉毒资金的来源及去向，并且可以没收毒品犯罪分子的收益，切断毒品犯罪分子资金的来源，从资金流动中抓到毒品犯罪活动中的幕后大佬。总体来说，它的目的是让毒品犯罪分子人财两空。但是金融查控运用不当，可能会错误查封、扣押他人的合法财产，给他人生产、经营活动造成极大的不便，而且即使及时发现错误，由于已经进入刑事诉讼程序，解封也会相对困难。

 知识链接

新时期毒品犯罪新形势

近年来毒品犯罪案件数量大，禁毒形势依然严峻。虽然从 2016 年起，检察机关起

诉的毒品犯罪案件数量有所下降，国家禁毒工作取得了积极成效，但毒品犯罪案件总数、涉案人数仍十分巨大。

1. 三类毒品犯罪案件数和人数巨大，即走私、贩卖、运输、制造毒品罪，容留他人吸毒罪，非法持有毒品罪三个罪名。五年来，该三类犯罪案件数和人数分别占全部毒品犯罪总数的98.8%、98.4%。

2. 全国各省市区（包括新疆建设兵团）均有毒品犯罪案件，其中广东、湖南、四川、云南和贵州等案件量居前5位的省份，案件量之和占全国毒品犯罪的40%以上。案件量前10位省份包括浙江、广西、重庆、江苏、湖北等，案件量之和占全国毒品犯罪的60%以上。

3. 零包贩卖等末端毒品犯罪增长迅速，10克以下零包贩卖毒品案件占比很高。与此同时，走私、贩卖、运输、制造毒品大宗化明显，公斤级的案件猛增。

4. 毒品犯罪团伙组织严密、分工明确，一些大宗毒品罪犯还配备了枪支弹药。反侦查意识强化，往往采取单线、假名、暗语、密码联系；频繁更换联络方式、银行账户；人货分离、钱货分离、住货分离等。

5. 当前网络毒品犯罪高发，犯罪分子利用现代化的通信、交通和金融服务体系进行毒品犯罪活动，查缉、打击难度加大。

能力训练

训练目的：通过案例分析，掌握毒品犯罪的侦查措施，并依法开展侦查。

训练说明：试分析下列案例，说明侦查机关采取的侦查方式是否合法。

训练内容：

犯罪嫌疑人高某系吸毒人员，因经济拮据开始贩卖毒品。2015年1月28日和31日，高某两次将甲基苯丙胺（冰毒）贩卖给王某，每次1包，收款100元，共得赃款200元。同年2月2日，王某至公安机关称毒品毁了其生活，举报贩毒人员高某，并愿意协助公安人员开展抓捕行动。后王某像前两次一样致电高某要求购买毒品，公安人员则在约定交易地点布控。2月3日，高某如约交易，第三次将甲基苯丙胺1包贩卖给王某，得赃款100元。公安人员随即实施抓捕，并从高某、王某处各扣押红色圆形片剂10粒（0.922克）、白色晶体1包（0.569克）。上述物品中均检出甲基苯丙胺成分。

总结与思考

1. 毒品犯罪的特点是什么？
2. 毒品犯罪的侦查方法有哪些？

参考阅读

1. 张晶等：《毒品犯罪案件侦查要略》，群众出版社2004年版。

2. 薛风雷："毒品犯罪侦控若干问题研究"，吉林大学 2012 年博士学位论文。

工作任务二　掌握狱内犯罪案件的侦查策略与措施

工作目标

知识目标：了解狱内犯罪案件的特点、形成原因。

能力目标：掌握狱内犯罪案件的侦查策略与措施。

工作情景

2003 年，38 岁的张某平和 18 岁的侄子张某一起跑运输。5 月 18 日晚上，帮忙搭载一名女孩王某到杭州。19 日凌晨 1 时 30 分左右，叔侄俩在杭州艮秋立交桥附近让王某下车去坐出租车，张某平还把自己的手机号码留给了王某。几天后，张氏叔侄从上海回来，快到家时，却突然被警方抓捕。原来，2003 年 5 月 19 日上午，杭州市公安局西湖区分局接到报案，在杭州市西湖区留下镇留泗路东穆坞村路段的路边溪沟里发现一具女尸，经指认系王某。警方根据尸检报告推断其死亡时间是 5 月 19 日凌晨 1 点半左右，正好与王某借用张某平手机给王某乙打出的最后一个电话的时间相吻合，从抛尸现场与扔背包相距甚远的情况看，初步判断犯罪嫌疑人有汽车等交通工具辅助作案，警方由此锁定张氏叔侄二人为最大的犯罪嫌疑人，并实施了抓捕。

侦查期间，张某、张某平都否认强奸杀人，只交代了捎带王某到杭州，王某在艮秋立交桥下车准备乘出租车到钱江三桥等经过。为获取张某、张某平的有罪供述，公安机关在两人被控制期间增加讯问力量并加大讯问力度，同时使用狱侦耳目配合审讯。与张某同监室犯人袁某芳，系侦查机关的狱内耳目，称张某在看守所关押期间曾向他讲述了强奸搭车女同乡，并不小心将其掐死的经过。尽管各种证据都有瑕疵，但最终省高级人民法院终审判张某死刑，缓期二年执行；张某平 15 年有期徒刑。

2011 年 11 月 22 日，杭州市公安局将 "5·19" 案被害人王某指甲内提取的 DNA 材料与警方的数据库比对，发现了令人震惊的结果：该 DNA 分型与 2005 年即被执行死刑的罪犯勾某峰高度吻合，而真凶勾某峰已于 2005 年被枪决。2013 年 3 月 26 日，浙江省高级人民法院依法对张某、张某平强奸再审案公开宣判，撤销原审判决，宣告张某、张某平无罪。

思考：上述案例中，使用狱内耳目进行侦查时容易出现哪些问题？应该怎样使用？

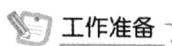 工作准备

一、了解什么是狱内犯罪案件侦查

狱内犯罪案件侦查，又称狱内侦查，是指我国监狱部门根据法律规定，为防范和办理罪犯在监狱内犯罪案件而实施的专门调查工作和有关强制性措施组成的刑事司法活动。根据我国《刑事诉讼法》第 308 条的规定，对罪犯在狱内的犯罪案件，由监狱进行侦查。监狱在对狱内犯罪案件进行侦查时，必须严格依照法律规定的程序，所采取的各种侦查措施也必须根据法律规定的条件实施，整个侦查活动要注意保障当事人的合法权益，必须接受法律监督。

二、掌握狱内犯罪案件的特点

1. 狱内侦查主体的特定性。我国《刑事诉讼法》第 308 条和我国《监狱法》第 60 条均规定，对罪犯在狱内犯罪的案件，由监狱进行侦查。监狱是国家的刑罚执行机关，也是国家的刑事侦查活动的主体之一，依法实施对管辖内的刑事案件的侦查。监狱的侦查活动，由监狱的狱内侦查工作机构具体实施，由监狱的狱内侦查科或狱内侦查处、各监区的专职和兼职的狱内侦查人员负责。监狱上级管理机关的相关业务部门对监狱的狱内侦查工作进行指导。

2. 狱内侦查管辖的确定性。根据我国《刑事诉讼法》和《监狱法》的规定，监狱的刑事案件管辖范围是罪犯在监狱内的犯罪案件。监狱刑事案件侦查管辖，要同时满足两个条件：一是犯罪的行为主体，是在监狱内服刑的罪犯；二是案件发生在监狱内，即案件发生在监狱的常设监管区域内，在监狱押解罪犯的途中发生的案件也应由监狱侦查。如不能同时满足以上两个条件，则不属于监狱的侦查管辖范围。

3. 狱内侦查任务的双重性。监狱的侦查工作担负着双重任务，一是防范狱内又犯罪的发生，二是办理狱内又犯罪的案件。一般来说，国家的刑事侦查是在刑事案件发生后进行的专门调查工作和采取的强制措施，其工作的特点是"有案查案"，而监狱的侦查工作则是"有案查案，无案防案"。可以说，狱内侦查具有防范和侦办刑事案件的双重任务，而狱内犯罪案件相对于社会上的刑事案件案发率较低，所以狱内侦查工作具有重在预防犯罪的特点。这是狱内侦查区别于其他机关刑事侦查之处，也突出体现了狱内侦查的特色。

4. 狱内侦查手段的特殊性。狱内侦查作为国家刑事侦查的组成部分，与其他机关的侦查一样需要使用法律规定的侦查手段和侦查措施。由于狱内侦查带有许多特殊性，特别是狱内侦查强调对案件的防范，所以狱内侦查也形成了一些独特的侦查手段和侦查措施以保障狱内侦查工作得以顺利实施。

工作程序

了解狱内犯罪案件的现状 → 分析狱内犯罪案件形成的原因 → 掌握狱内犯罪案件侦查的策略与措施

图 8-2　狱内犯罪案件的侦查工作程序图

一、了解狱内犯罪案件的现状

近几年来，刑事案件中涉黑、涉毒和暴力、团伙犯罪等反社会倾向突出的犯罪行为不断增多，涉案人员的作案手法穷凶极恶、不择手段。在这种情况下，进入监狱服刑的部分狱内服刑人员则把犯罪的矛头指向狱内的干警和工人，由于狱内监管严密，他们会千方百计地寻找、利用监管工作中的漏洞和薄弱环节，采取更加隐蔽、暴力和智能的犯罪手段实施其犯罪活动，如杀害干警脱逃、劫持干警脱逃、罪犯脱逃后连续作案等。狱内恶性犯罪案件时有发生，这些案件严重破坏了监狱的监管改造秩序，威胁着监管安全，同时极大地影响了社会的稳定，造成了严重的后果。

二、分析狱内犯罪案件形成的原因

1. 服刑人员自身具有再犯罪倾向。首先，在押服刑人员中，财产型犯罪、暴力型犯罪、性犯罪的占绝大多数，有些人性情暴躁，好逸恶劳，放荡不羁，追求腐朽的生活方式，他们难以适应狱内艰苦的生活、严格的管束，为逃避惩罚而预谋逃跑。其次，盗窃类服刑人员大多心理定势较强，是累犯、惯犯，他们很容易在狱内继续实施盗窃行为，追求腐化生活。最后，刑期长的服刑人员多有郁闷、烦躁、不安、悲观、绝望心理，特别是暴力型服刑人员，他们遇事极易冲动，为了发泄心中的郁闷、烦躁，为日常生活小事而行凶伤人，从而造成伤害犯罪增多。

2. 狱侦工作队伍建设不够规范，狱情分析研判不精准。大多数监狱不够重视狱侦队伍建设，导致专职狱侦民警配置比例过少。同时，狱侦工作理念陈旧，许多监狱都未建立起一整套狱内侦查工作的办法。加之，狱侦岗位的民警专业素质相对较低，狱侦业务不够精通，普遍缺乏专业培训和侦查经验，对狱内隐藏的深层次狱情评估不足，难以应对狱内复杂、隐蔽的犯罪形势。同时，犯情分析会、狱侦工作会上，雷同、浮夸、表面的问题相对较多，对犯情预测抽象、空洞，犯情摸排等工作存在形式主义现象，不利于有针对性地采取防范措施。

3. 狱内耳目选建、管理、使用不科学、不合理。狱内耳目建设流于应付、形式，导致不知敌情、不明犯情，不能及时发现问题，培养的耳目中不能发挥作用的占到一定比例，未能对侦查工作真正发挥"为我所用、为我服务"的积极作用，难以预防和制止监管安全事故的发生。

4. 情报网络信息不畅，耳目奖惩制度、激励机制不尽合理。狱内犯罪近年来出现了许多新的犯罪形式，但狱内各个部门之间的情报信息网络不够灵敏和畅通，工作效率比较低下，不能精确科学地分析和预测狱内各种犯罪情况，难以应付当前狱内案件"反侦查"的现实需要。同时，对耳目的奖惩、激励机制不健全，部分耳目提供信息的积极性不高、疏忽懈怠应对工作，发现、识别、分析异常狱情的能力、敏感性差，同时受利益驱使甚至出现制造假情报等情形，导致狱内耳目收集的情报质量大打折扣。

三、掌握狱内犯罪案件侦查的策略与措施

1. 调查访问、摸底排队和公布案情，确定侦查对象，寻找侦查突破口。通过反复的调查访问，及时补充和纠正，充实情况，扩大线索，寻找和确定嫌疑对象。摸底排队需注意充分发挥基层干警和有关人员的作用，同时严格保密。公布案情这种方法应视案件具体情况而定，并须经领导批准方可实施。通过调查访问、摸底排队、公布案情等手段的运用，可能会发现一定数量的犯罪嫌疑人，并通过反复核实，逐个进行筛选，就会突出重点嫌疑对象，为深入侦查提供有利条件。同时，根据对案情的分析判断，选择和利用罪犯中的弱点、矛盾，寻找突破口。

2. 采取有效措施，监控侦查对象。通过监控侦查对象，发现和控制其行为轨迹，防止其销毁罪证，或铤而走险实施犯罪。监控侦查对象可采取包夹控制、耳目监视、技术侦查措施等方法，必要时还可以实行禁闭措施，以便及时突破案情，防止造成严重后果。

3. 适时使用专案耳目。专案耳目一方面能查找线索、审查嫌疑对象，另一方面还能挖掘狱内又犯罪分子的犯罪事实，是专案侦查中不可忽视的侦查力量。正确使用专案耳目力量，特别是在侦查犯罪集团和有组织的案件中，会对推动专案侦查工作的顺利进行起到重要作用。在专案耳目的使用上，要特别注意以下几点：

（1）"打进去"耳目。"打进去"耳目是在选择适当时机和方法，选择可信耳目的基础上打入犯罪集团内部，逐步接触取信于侦查对象，挖掘犯罪线索。这类耳目的优点是较为稳妥，易于麻痹并且不易惊动侦查对象；这类耳目的不足是时间较长，需有一个接触取信的过程。在使用中需注意：耳目要忠实可靠，有一定的活动能力，并有接触侦查对象的条件；要准备充分，计划周密，不能盲目行事，更不能急于求成，引起对方的警觉；要严禁耳目诱人犯罪或以反动面目去引诱他人犯罪。

（2）"拉出来"耳目。即通过将犯罪团伙里的人"拉出来"为侦查机关所用，为侦查机关提供团伙内幕情况和犯罪线索。这类耳目的优点是培养时间短，见效快，不致引起对方怀疑；不足是危险性大，容易倒向对方，搞两面派活动。在使用中需注意：使用的耳目必须是彻底缴械认罪并愿为警方工作的；要提高警惕，严密掌握和控制耳目的行踪，防止其搞两面派活动；要对耳目加强教育，严密监督。

（3）复线耳目。复线耳目在侦查过程中经常使用，通过架设复线的形式一方面查找犯罪线索，另一方面审核耳目传递情报的真实可靠性。复线耳目的优点是耳目的力

量得以加强，并可相互印证情报；不足是使用和指挥较为复杂。在使用中需注意：要保证复线耳目之间互不知情，不能发生横向联系；不能在相同时间、地点与耳目接头联系，以免暴露耳目的身份；不能给耳目布置相同的侦查任务；要严格对耳目进行考察，及时掌握耳目的活动情况，发现问题及时解决，对他们汇报的情况，应及时查证，以免上当受骗。

（4）由于狱内犯罪案件的特点，开展专案侦查往往需要内线外线的相互配合。侦查人员既要控制内线耳目以开展侦查，又要在该案的外部周围布置一定侦查力量，进行监控。必要时需建立专案耳目进行监控，以便随时掌握案情动态。

（5）专案耳目能否发挥作用和发挥作用的大小，关键取决于领导耳目人员的指挥艺术。根据实践经验的总结，指挥耳目需要知人善任、量材使用、精心设计、取信对方，趋善就利、防止危害，以防为主、攻防结合，恩威并重、赏罚严明，严正思想教育，实现为我所用。

4. 侦技结合，充分发挥刑事技术手段的作用。痕迹、文书的检验、材料的鉴定等，对于确定作案对象、取得罪证都具有重要作用。因此，刑事科学技术是专案侦查中不可缺少的重要手段。在部署专案侦查时，应充分有效地利用已建立起来的技术基础，及时解决侦查过程中遇到的各种各样的技术性专门问题，把侦查和技术检验、物证鉴定等密切结合起来。争取有关技术部门的协助，做好委托技术鉴定，从而使各项物证检验、鉴定工作配合得更加及时，检验结论更加准确、可靠。

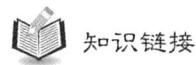 **知识链接**

数字化监狱

近年来，随着社会治安形势和在押犯结构的变化，监狱安全稳定面临着新的考验和挑战。在推进监狱治理创新过程中，部分监狱牢固确立信息主导警务理念，坚持问题导向，强化实战引领，注重科技创新，拟构建以指挥中心为中枢，智能管理大平台为依托，监、测、控、处信息技术为支撑的"全方位、多层次、一体化"安全技术防范新体系，基本实现"精准感知、超前预警、整体联动、有效管控"的工作目标，为维护监狱安全稳定发挥了重要作用。实务建设过程中主要开展了以下数字化建设：

1. 监狱风控平台将门禁控制系统、人脸识别、周界报警、智能对讲等安防子系统全部集成，通过这个平台可以快速调取每一个监控画面，及时了解罪犯离监外出押解情况，精准跟踪重点人员行动轨迹，实施三维全景巡防，筑起一道无形的铜墙铁壁。

2. 建设监狱智能管理大平台为狱情研判提供技术支撑。例如，江苏监狱利用J3C预警系统筛选出4952名重点危险人员，成功防范罪犯企图自杀案例31起，企图行凶案例2起，阻止罪犯企图脱逃案例2起。

3. 出门刷脸紧盯脱逃。在监狱大门的某个部位，装设自动"刷脸"高清摄像机。

出监人员将被这个"刷脸"机器的人脸识别系统自动采集，并与在押罪犯数据库进行比对，一旦人脸相似度超过70%，系统自动报警、闭合门禁，等待值班人员复核查验后方可放行。

4. 罪犯"一卡通"系统，运用物联网技术和空间地理位置信息技术等记录罪犯活动轨迹，实时对罪犯进行动态监控。其中电子地图可以随时查看罪犯的分布情况和流动情况。进出监狱的车辆同样要经过车辆管理系统核查，车辆驶出监狱必须等"地图"系统确定监内罪犯数量无误后，才能放行。

能力训练

1. 训练目的：理解狱内侦查的含义，掌握狱内侦查的方法及防控。

2. 训练说明：试分析下列案例，说明侦查机关应该如何对该案开展侦查工作。

3. 训练内容：

李某军、吴某贵、蓝某、周某均为北江监狱二监区二分监区服刑人员。2014年8月底9月初，蓝某与李某军、吴某贵密谋实施脱逃，随后蓝某又串通了被告人周某。10月31日上午，周某与蓝某决定放弃逃跑并通知了李某军和吴某贵。但李某军和吴某贵商量后仍决定实施逃跑。2014年11月1日，李某军、吴某贵趁人不备汇聚一起，假装倒垃圾，一路躲藏，来到事先看好的位置，以搭人梯的方式爬上围墙。最终李某军避开电网跃出围墙，而吴某贵在跃过电网时，触电掉入围墙内被立即抓获，而李某军也在越狱第二天中午，被追捕的监狱干警抓获。

总结与思考

1. 狱内侦查的特点是什么？

2. 狱内侦查的侦查策略与措施有哪些？

3. 在实施各项狱内侦查措施时需要注意些什么？

参考阅读

1. 万林玲："狱内犯罪侦防对策研究——兼论监狱干警狱内犯罪侦防能力的培养"，西南政法大学2007年硕士学位论文。

2. 王亮主编：《狱内侦查工作实务》，中国政法大学出版社2018年版。

工作任务三　掌握电信网络犯罪案件的侦查策略与措施

工作目标

知识目标：了解电信网络犯罪案件的特点、方式。

能力目标：学会采用合适的侦查方法侦破电信网络犯罪案件。

工作情景

跨境电信网络犯罪案件侦查

2015 年 4～10 月，陈某等 29 名犯罪嫌疑人被境外人员招募，在印度尼西亚租用房屋，安装网络电话、网关等设备，利用改号软件，假冒中国国家工作人员、电商客服、银行客服等，诱使被害人将账户内的钱款转至"安全账户"进行保管，骗取受害人大量钱款。中国警方与印尼有关方面合作，抓获一批犯罪嫌疑人。2015 年 12 月 7 日，市人民检察院以涉嫌诈骗罪，批准逮捕陈某等 29 名犯罪嫌疑人。

思考：电信网络诈骗有哪些侦查方法？

工作准备

一、了解什么是电信网络犯罪案件

电信网络犯罪是一种新型的智能犯罪，是指行为人利用网络专门知识，以计算机为工具对存在于网络空间的信息进行侵犯的严重危害社会的行为。随着信息产业的蓬勃发展，网络空间的犯罪案件每年都以几倍甚至十几倍的速度增长。网络犯罪具有极强的跨国性、专业化程度高、隐蔽性强、取证困难等特点，而且犯罪主体年轻化，犯罪分子常常连续作案，造成的社会危害后果十分严重。

二、掌握电信网络犯罪案件的特点

1. 以侵财类为主，诈骗案件最多。网络犯罪案件涉及网络诈骗、网络盗窃、网络传播淫秽色情、网络开设赌场、破坏计算机信息系统等近 10 个罪名，其中，以侵财类犯罪为主，网络诈骗占大多。同时，由于网络购物和网络支付的普及，交易诈骗是网络诈骗中最为高发的诈骗类型。

2. 犯罪主体具有特殊性、产业化特征，受骗群众多为 90 后和中老年。犯罪主体往往是具有相当高的计算机专业技术知识水平和娴熟的计算机操作技能的人。作案主体分工明确，很多网络犯罪从提供作案工具、雇佣人员犯罪到职业取款洗钱已形成一条完整的产业链，一些地区甚至形成了数量众多的犯罪集群。同时，正在读书或刚步入社会的年轻人（18～21 岁）因为经济能力有限，成为支付返利、免费送、低价利诱、招聘兼职等骗术的主要实施对象；而有一定工作经验的年轻人（22～28 岁）由于存在情感、婚恋方面的客观需求，在色情、网络交友、金融信用等方面遭遇诈骗的比例较高；中老年面临健康问题增加、收入来源减少等现状，养生保健和拓展收入渠道需求明显，加之触网时间较短，相关专业知识不足，在金融投资、养生保健、网络技术等方面容易被骗。

3. "精准诈骗"和"随机诈骗"交织，犯罪具有极强的隐蔽性。犯罪行为人通过广撒网式发布诈骗信息，设法获取公民个人信息，让被害人防不胜防。同时，计算机犯罪的侵害对象是存储在计算机内的无形的电子数据和信息，数据和信息被窃取后，就不易被人们的肉眼看到；加之犯罪分子作案后对犯罪行为的掩盖、删除，使人们在短期内难以察觉犯罪行为的发生。另外，非接触性犯罪整个过程基本都在网上完成，被害人与作案人无见面过程，往往无法提供作案人的真实有效信息。

4. 犯罪时空具有广泛性、跨区域化。网络犯罪不受时间和空间的限制，犯罪活动可对工作状态或待机状态的计算机系统进行攻袭，也可渗透到计算机系统任何领域。同时，作案人几乎都不在一个地方，而是跨几个省市，一些人甚至在境外。例如，某犯罪团伙由台湾人组织策划，内部分工严密，下设"电话机房""开卡团伙""转账水房"等子团伙。为逃避打击，诈骗团伙多将诈骗电话窝点设在菲律宾、泰国等东南亚国家，转取赃款窝点设在我国境内。

5. 犯罪手段具有特殊性，方式多样。不断革新的网络技术给作案人提供了便利的伪装条件：在"情感攻势""高利诱惑"和"赌徒心理"的综合影响下，将被害人骗入"杀猪盘"而越陷越深；通过群聊群控做迷局，并利用人工智能对这些场景进行控制，将被害人引入迷局；多平台、跨平台的引流，精心设计场景，将被害人诱骗至其他平台进一步实施诈骗；利用朋友圈转发分享，开展裂变式诈骗等。

✍ 工作程序

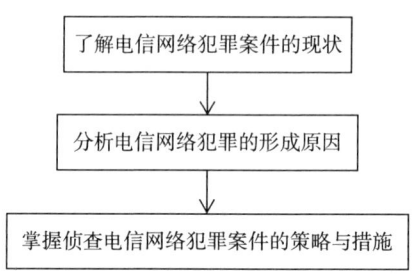

图 8-3 电信网络犯罪案件的侦查工作程序图

一、了解电信网络犯罪案件的现状

近年来，随着各种传统违法犯罪活动与电信、互联网手段结合，电信网络已经成为不法分子进行诈骗、赌博、走私、传播淫秽色情等违法犯罪的重要工具。电信网络犯罪呈现高发蔓延态势，已严重侵害人民群众的合法权益，严重影响人民群众的安全感。笔者通过对 2019 年各种电信网络诈骗手法的举报情况的盘点归总、聚类分析发现，交易诈骗、兼职诈骗、交友诈骗、返利诈骗合计占比超 70%，免费送诈骗、盗号

诈骗少量存在，其余诈骗类型比例相对较低，诈骗场景总体呈现多样化。

二、分析电信网络犯罪的形成原因

1. 刑事打击困难。犯罪成本低，收益高；被害人分散，打击成本高；跨境作案，侦查取证难；分工细化，法律适用难；跨境打击难，打击成本高等突出因素，加之电信网络侵财类犯罪利益链条较为成型，这些都是电信网络犯罪高发的原因，特别是侵财类犯罪高发的主要原因。

2. 信息网络对生活的高渗透，客观上也给电信网络诈骗提供了更多的空间场域。网络聊天的兴起致使利用网络交友实施的诈骗犯罪频现，网络微博的兴起致使利用微博进行违法广告、涉黄、诽谤等犯罪案件相继出现，网络购物的兴起致使网络钓鱼诈骗案件迅速增高。

3. 高技术手段的应用助推网络诈骗高效运转。高技术手段的应用能帮助诈骗行为人获取数据、快速整理数据、智能分析数据。同时为了控制系统、获取数据，犯罪行为人更求"道高一尺、魔高一丈"的效果，突破各系统设置的安全技术措施。如诈骗行为人制作恶意 SDK 植入 APP，获取大量公民个人信息数据，利用计算机人工智能算法等技术，对杂乱无章的数据进行分类整理、智能挖掘情况，最终实现对被害人的精准分析，并定向设置不同的诈骗场景，提高诈骗成功率。

4. 被害人方面，受年龄、性别、职业、受教育程度、触网时间等因素的影响，在蹭热点、炫科技、装专业等诈骗套路面前容易陷入错误认识。尤其是区块链、5G、虚拟币、MT4 平台等概念，对普通网民来说知其然而不知其所以然，诈骗行为人利用网民专业知识上的缺口，包装概念、虚拟平台，骗取被害人的钱财。

三、掌握侦查电信网络犯罪案件的策略与措施

（一）及时发现计算机犯罪线索，深入调查

计算机网络犯罪虽然具有很强的隐蔽性，不易被发现，但也往往会通过一些表象反映出来，如计算机操作记录上记录的无法解释的操作活动，计算机主机档案中不完整或不正确的资料，计算机的错误率居高不下、数据异常等。根据这些表征，可及时发现计算机犯罪线索。对于发现的此类线索，侦查人员要根据案件的实际情况及时地进行深入的调查访问。调查访问应当根据计算机系统异常现象的不同类型，确定调查访问的对象、内容和重点。一般应当查明以下问题：系统管理、授权访问系统的范围、操作监督、以前系统是否出现类似情况及排除情况、进入系统主机控制室或计算机房的人员情况、终端用户情况及所造成的损失情况。明确以上情况，对于发现线索和收集犯罪证据具有积极的作用。深入调查方式可以灵活多样，既可以公开调查，也可以秘密调查，还可以利用网络开展网上调查。

（二）勘查犯罪现场

计算机网络犯罪现场，一般是指犯罪分子实施犯罪所使用的计算机系统以及其他留有有关痕迹和其他物证的处所。尽管计算机犯罪具有隐蔽性，一旦暴露，则有与之紧密联系的电子数据反映在有关计算机系统内，电子数据证据容易灭失，并且缺乏犯罪客体的特有属性，证据收集和认定性强。因此，计算机案件的现场勘查不同于一般刑事案件的现场勘查。计算机犯罪现场勘查的关键是发现问题的计算机及网络服务器。计算机案件现场勘查的重点是计算机系统、通信设备及相关线路，遗留有关痕迹物品的部位。勘查通常采用由中心向外围的顺序进行。勘查过程中应确保不破坏计算机系统内的信息，必要时，应聘请计算机专家。

（三）科学地收集犯罪证据，必要时进行技术鉴定

收集在计算机系统中已存储或处理的数据，是调取证据的关键环节。由于储存在计算机系统中的证据会在极短的时间内被销毁或被删除、修改而使证据无效，迅速及时地用科学方法进行调查取证非常重要。取证时注意以下几点：对个人计算机可直接依法扣押并搜寻存储器，对网络计算机主要是搜寻服务器及终端的存储器；搜寻时，不要轻易关机或输出、输入任何指令，以防数据丢失或被删除、破坏；收集电子证据时，应了解在变造前的原始形态如何，是在什么情况下形成的，有无失真现象，是机器直接产生的原始资料还是复制产生的，形成时间是否有篡改，是否为该案中的计算机和技术设备产生等问题；收集时应有计算机专家配合进行，收集到的电子证据必须通过鉴定，鉴别是否经过伪造或变造等；案件勘查中还需要注意收集笔迹、打印机字迹、司法会计资料等其他相关证据。

（四）利用秘密侦查的方法进行辅助侦查

为了对付网络犯罪，可以在上网的人群中物色、建立计算机水平高的技术人员作为隐蔽力量。执法人员也可以将自己扮成黑客或利用其他的假身份，通过网上聊天、谈生意等方式贴靠犯罪嫌疑人，收集其犯罪证据，最终将其逮捕。还可以进行监控追踪，利用先进的工具，借助监视系统，监视犯罪嫌疑人的行踪；设置"陷阱"，守候非法访问者，让其自投罗网；也可以在其他部门的配合下，在网络上进行跟踪、追查作案人。

（五）建立健全网络犯罪侦破机构

成立专门的电信网络犯罪办案机构，组建专业网络办案部门，研发通信网络诈骗信息平台等。同时，对于跨地区和部门的网络犯罪，建立网安、刑侦、经侦、法制、宣传等多警联合作战机制；对于跨越国境的网络犯罪，积极开展国际合作，共同打击电信网络违法犯罪活动。

（六）培养网络犯罪侦查人员

网络犯罪的专业性和智能性，要求我们的侦查人员不仅要具备良好的专业素质，懂得相关领域的专业知识，善于利用先进的科技手段，还必须具有敏锐的洞察能力、准确的分析判断能力、快速的反应能力，以及计算机、金融证券、现代通信、电脑网络等方面的专业知识和操作能力。因此，在警察培养或培训中要开设计算机调查技术课程，通过对案件的讨论、网络系统的分析，掌握作案人如何非法进入他人网络、用何种操作系统在档案中做何手脚等。

 知识链接

新型网络犯罪取证的注意事项

新型网络犯罪形态在不断进化，其取证的难度也在不断加大。从法律法规的顶层设计、协作机制的变革到具体案例证据链的构建，都需要各界共同的努力。

第一，关联虚拟世界的数据和现实社会人员身份。网络环境下的 IP、域名、邮箱、社交网络账号、网络流量、恶意代码、设备指纹信息等数据，要落地转换为现实世界的地址、交通工具、银行账号、电话、亲友关系等。取证过程应注意从网络数据追溯到现实世界的具体信息。

第二，转变取证思维，构建完整证据链。跳出传统的依赖主机取证的技术，结合多层次、多方位的取证思维，做到资金流、通信流、网络流等大量数据的调取、分析与运用。

第三，健全证据调取快速反应机制，及时取得证据。网络犯罪的打击讲究一个"快"字，机制的畅通是首要保障。因此，理顺内部和外部证据调取快速反应机制，才能保证迅速及时调取证据。

第四，完善相关的法律法规。明确相关的法律以保护个人隐私，明确互联网企业与执法机关双方的权利、责任与义务，实现企业发展与执法机构证据调取需求之间的平衡。

第五，运用生物特征检验、破解虚拟身份落地问题。

能力训练

1. 训练目的：理解和掌握网络犯罪的特点及侦查方法。

2. 训练说明：阅读下列案例，分析案件中推销员的行为是否构成犯罪？如果是犯罪行为，该如何侦破？

3. 训练内容：

2007 年，周姨通过电话方式购买了第一份保健品，保健品公司的推销员开始用各种手法"攻克"这位退休金丰厚的大客户。他们送汤探望、帮忙跑腿、嘘寒问暖甚至帮忙看护住院的邹伯，渐渐"渗透"进两位老人的生活，推销员像亲生儿女一样随叫随到。关怀的另一面是保健品公司的榨取，两位月退休金近 2 万元的老人成了"月光

族"。

2016 年 6 月的一张提货单上，周姨一口气购买 2.5 万余元保健品，其中"双参口服液"一瓶 50ml 售价 100 元。每人每天喝 2 瓶，两位老人至今仍在坚持服用，一天要花费 400 元。周姨的记忆力逐年减退，问起购买保健品的种种细节，都说记不住了，一个口服液礼盒上，写着"辅助改善老年人记忆"。大量保健品来不及吃完均已过期，但推销员告诉周姨 2 年保质期是国家要求印上去的，实际上产品并未过期。

总结与思考

1. 电信网络犯罪的特点有哪些?

2. 电信网络犯罪侦查的难点有哪些?

3. 电信网络犯罪侦查的方法有哪些?

参考阅读

1. 任惠华:"法治视野下的侦查效益问题研究"，西南政法大学 2008 年博士学位论文。

2. 廖根为、陈珏:"破坏网络信息系统犯罪案件侦查策略"，载《犯罪研究》2005 年第 6 期。